ŚWIADOME RODZICIELSTWO

Daniel J. SIEGEL
Mary HARTZELL

ŚWIADOME RODZICIELSTWO

WYCHOWAJ SZCZĘŚLIWE DZIECKO DZIĘKI WIĘKSZEJ SAMOŚWIADOMOŚCI

Z języka angielskiego przełożyła
Karolina Bochenek

Tytuł oryginału
PARENTING FROM THE INSIDE OUT. HOW A DEEPER SELF-UNDERSTANDING CAN HELP YOU RAISE CHILDREN WHO THRIVE

Projekt graficzny okładki
AGATA GOŁDYKA

Redakcja merytoryczna
AGNIESZKA STEIN

ISBN 978-83-62445-56-1

PRINTED IN POLAND

Wydawnictwo MiND
ul. Sarnia 21
05-807 Podkowa Leśna
tel./fax 22 729 02 82
tel. 505 455 151
www.wydawnictwomind.pl
mind@wydawnictwomind.pl
Wydanie pierwsze
Skład i łamanie: Mateusz Staszek
Druk i oprawa: ReadMe

Dla naszych dzieci
za radość i mądrość, jaką wnoszą do naszego życia
oraz
z podziękowaniami dla naszych rodziców
za cenny dar życia i za wszystko, czego się od nich nauczyliśmy.

Przedmowa do dziesiątego wydania

Zapraszamy do zapoznania się z dziesiątym, jubileuszowym wydaniem *Świadomego rodzicielstwa.* W opracowaniu swojego podejścia inspirowaliśmy się najnowszymi badaniami naukowymi, które wykazały, iż sposób, w jaki dorosły postrzega swoje doświadczenia z dzieciństwa, jest czynnikiem decydującym o stylu przywiązania do niego dziecka. Naszym zamiarem było stworzenie programu umożliwiającego zastosowanie istotnych odkryć naukowych w praktyce, aby mogli z niego skorzystać rodzice na całym świecie. W ciągu ostatnich dziesięciu lat przebadano ponad dziesięć tysięcy dorosłych i dzieci z różnych kultur świata, środowisk społecznych i ekonomicznych, a wyniki tych badań potwierdziły istotną rolę zasady „Zacznij od siebie", która głosi, że nadanie sensu własnemu życiu jest najlepszym darem, jaki możemy ofiarować swojemu dziecku i samemu sobie.

Bezpieczny styl przywiązania służy rozwijaniu wewnętrznej siły oraz zachowaniu dobrego samopoczucia u dzieci. To tylko jeden z wielu czynników wpływających na rozwój człowieka. Ważne są także geny, kontakty z rówieśnikami, doświadczenia szkolne i społeczeństwo. Jednak rodzice mogą mieć bezpośredni wpływ na życie swoich dzieci, jeśli zastosują zasadę: „Zacznij od siebie". To, co przydarzyło się nam w dzieciństwie, niczego nie przesądza – najważniejsze, abyśmy zrozumieli, w jaki sposób wydarzenia te wpłynęły na nasze życie.

Biorąc pod uwagę obecne ustalenia nauki, opracowaliśmy przewodnik dla rodziców i opiekunów, służący nie tylko poprawie relacji z dziećmi, ale także z dorosłymi. Wszyscy na tym skorzystają: twoje dzieci będą mogły rozwijać się bez przeszkód, a kontakty międzyludzkie staną się dla ciebie bardziej satysfakcjonujące. Twoja relacja z samym sobą również ulegnie poprawie – pojawi się w niej więcej współczucia.

Charakter naszej więzi z dzieckiem wpływa na jego rozwój już od najmłodszych lat. Nigdy nie jest za późno, aby wyciągnąć wnioski z własnego życia i pomóc swojemu dziecku, niezależnie od tego, czy jest niemowlęciem, nastolatkiem czy już osobą dorosłą. Rozwijamy się przez całe nasze życie i każdy może czerpać korzyści z podróży do własnego wnętrza.

Zależało nam, aby nasz program nie tylko czerpał z osiągnięć nauki, ale także oferował praktyczne narzędzia i wsparcie. Wyciąganie wniosków ze swojego życia nie zawsze jest łatwe. Dlatego pragniemy wesprzeć cię w tym procesie, zamieszczając tu wiele praktycznych wskazówek i informacji. Wielu ludzi z różnych zakątków świata wyznało nam, że nasza książka należy do ich ulubionych, co potwierdza, że warto podjąć wysiłek podróży do własnego wnętrza. Otrzymaliśmy entuzjastyczne informacje zwrotne od ludzi w różnym wieku – młodych i starych, nawet osiemdziesięcio- i dziewięćdziesięciolatków!

Korzystaj z tej książki i daj nam znać, w czym ci pomogła!

Dan i Mary

Wprowadzenie

ŚWIADOME RODZICIELSTWO

Sposób, w jaki interpretujesz własne doświadczenia z dzieciństwa, w dużym stopniu decyduje o tym, jak wychowujesz swoje dzieci. Na łamach tej książki zastanowimy się nad wpływem samoświadomości na postawę rodzicielską. Głębsze zrozumienie samego siebie pomoże ci zbudować bardziej satysfakcjonujące relacje z dziećmi.

Jeśli rozwijamy się i rozumiemy siebie, jesteśmy w stanie dać dzieciom podstawę dobrego samopoczucia i bezpieczeństwa, zapewniając im optymalny rozwój. Badania psychologii rozwojowej wykazały, że sposób, w jaki rodzic interpretuje doświadczenia z wczesnych lat swojego życia, ma silny wpływ na kształtowanie się bezpiecznego stylu przywiązania u dziecka. Jednak wbrew powszechnej opinii, wczesne doświadczenia życiowe nie przesądzają o naszym losie. Jeśli miałeś trudne dzieciństwo, ale udało ci się zrozumieć swoje przeżycia, nie jesteś skazany na odtwarzanie tych samych, negatywnych relacji ze swoimi dziećmi. Nauka pokazuje, że to brak takiego zrozumienia zwiększa prawdopodobieństwo, iż historia zatoczy koło, a negatywne wzorce relacji rodzinnych zostaną przekazane kolejnym pokoleniom. Książka ta została napisana po to, by pomóc ci zrozumieć twoje przeżycia – zarówno z przeszłości, jak i teraźniejszości – i zwiększyć twą samoświadomość na temat tego, jak twoje dzieciństwo wpływa na twoje życie i rodzicielstwo.

Gdy zostajemy rodzicami, otrzymujemy niezwykłą szansę rozwoju osobistego, ponieważ powracamy do intymnej relacji rodzic–dziecko, tym razem jednak w roli rodzica. Wielu rodziców powtarza: „Nigdy nie przypuszczałem, że zrobię lub powiem mojemu dziecku to, co tak bardzo mnie raniło, gdy sam byłem dzieckiem. A jednak tak właśnie się dzieje". Rodzice mogą wpaść w pułapkę powtarzalnych, bezcelowych schematów, które nie służą budowaniu relacji pełnej miłości i wsparcia, jaką sobie początkowo wyobrażali. Zrozumienie własnych przeżyć może uwolnić ich od wzorców z przeszłości, które ich zniewalają.

KIM JESTEŚMY?

Jako autorzy wnieśliśmy do tej książki własne unikatowe doświadczenia zawodowe w pracy z rodzicami i dziećmi. Dan jest psychiatrą dziecięcym, a Mary nauczycielką edukacji wczesnoszkolnej i rodzicielskiej. Oboje jesteśmy rodzicami: dzieci Dana wyrosły już z wieku dojrzewania, a Mary ma dorosłe dzieci i wnuki.

Mary od ponad czterdziestu lat prowadzi przedszkole i pracuje jako nauczycielka z dziećmi i rodzicami. Uczy dzieci i rodziców, szkoli nauczycieli oraz prowadzi indywidualne konsultacje. Dzięki swemu doświadczeniu zawodowemu uczestniczyła w życiu wielu rodzin oraz zdobyła ogromną wiedzę na temat frustracji i radości związanych z rodzicielstwem. W trakcie prowadzenia autorskich kursów dla rodziców odkryła, że potrafią oni dokonywać znacznie bardziej korzystnych wyborów wychowawczych, gdy mają możliwość zastanowienia się nad tym, czego sami doświadczyli w dzieciństwie.

Mary i Dan poznali się, gdy córka Dana uczęszczała do przedszkola prowadzonego przez Mary. Przedszkole to reprezentuje podejście oparte na głębokim szacunku do dziecięcych przeżyć emocjonalnych, promuje godność oraz kreatywność wśród dzieci, rodziców i nauczycieli. W owym czasie Dan zasiadał w komisji edukacji rodziców i wygłosił parę wykładów dla rodziców oraz kadry wydziału na temat rozwoju mózgu. Gdy Mary i Dan uświadomili sobie, jak zbieżne są ich poglądy na temat rodzicielstwa, postanowili rozpocząć współpracę nad stworzeniem zintegrowanego seminarium.

Dan – psychiatra dziecięcy zainteresowany naukowym podejściem do rozwoju człowieka – wniósł inną perspektywę. Od ponad dwudziestu lat pracuje nad połączeniem szerokiego zakresu dyscyplin naukowych w zintegrowany program rozwojowy, mający na celu zrozumienie funkcjonowania umysłu, mózgu oraz relacji międzyludzkich. Tym zbieżnym podejściom naukowym nadano nazwę neurobiologii interpersonalnej. Włączono ją obecnie do wielu profesjonalnych programów edukacyjnych zdrowia psychicznego. Gdy wydano książkę Dana *The Developing Mind. Toward a Neurobiology of Interpersonal Experience* (1999/2012), razem z Mary prowadziliśmy już wtedy własny zintegrowany kurs.

Entuzjastyczne reakcje rodziców zainspirowały nas do nawiązania współpracy nad niniejszą książką. Rodzice biorący udział w seminarium relacjonowali, że nasze podejście pomaga im zrozumieć samych siebie oraz budować głębokie relacje z własnymi dziećmi. Wielu z nich namawiało nas: „Dlaczego nie napiszecie czegoś razem, aby inni ludzie mogli korzystać z tej fascynującej nauki, mądrości i energii, jakie wnosicie do swoich seminariów?”.

Z ogromną przyjemnością korzystamy więc z możliwości podzielenia się z wami tym podejściem. Mamy nadzieję, że ta książka w przystępny sposób przekaże pewne praktyczne idee na temat sztuki i nauki budowania wspierających relacji oraz rozwijania samoświadomości. Żywimy nadzieję, że pozycja ta pomoże wam oraz waszym dzieciom odnaleźć więcej radości we wspólnym życiu każdego dnia.

BUDOWANIE RELACJI A ROZUMIENIE SAMEGO SIEBIE

Sposób, w jaki porozumiewamy się z naszymi dziećmi, ma ogromny wpływ na ich rozwój. Nasza zdolność do prowadzenia uczuciowego, obustronnego dialogu wzmacnia poczucie bezpieczeństwa, a pełne zaufania, bezpieczne relacje pomagają im radzić sobie z wyzwaniami w wielu obszarach życia. Zdolność skutecznego porozumiewania się i budowania poczucia bezpieczeństwa w dużej mierze zależy od tego, czy zrozumieliśmy swoje własne doświadczenia z dzieciństwa. Nadanie im sensu pozwala zintegrować ich pozytywne i negatywne aspekty oraz zaakceptować je jako część swojego życia. Nie możemy zmienić tego, co wydarzyło się w dzieciństwie, ale możemy zmienić sposób, w jaki to postrzegamy.

Zmiana sposobu myślenia o swoim życiu daje większą świadomość obecnych przeżyć i zrozumienie, że przeszłość wciąż ma wpływ na nasze życie. Ale jak zrozumienie własnych doświadczeń może pomóc naszym dzieciom? Dopiero gdy wyzwolimy się z ograniczeń przeszłości, możemy zaoferować dziecku relację, która umożliwi mu optymalny rozwój. Pogłębienie zdolności rozumienia własnych emocjonalnych doświadczeń pozwala nawiązać bardziej empatyczny kontakt z dzieckiem, wspierać jego samoświadomość oraz zdrowy rozwój.

Historia lubi zataczać koło: gdy brakuje autorefleksji, rodzice stają się bardziej skłonni do przekazywania niezdrowych wzorców reagowania z przeszłości swoim dzieciom. Zrozumienie własnych przeżyć może uchronić nas od zadawania krzywdy, której sami doświadczyliśmy w dzieciństwie. Wyniki badań pokazują, że nasze doświadczenia z dzieciństwa oddziałują na naszą więź z dzieckiem, jeśli nie zajmiemy się nimi i ich nie zrozumiemy. Nadając im sens, uzyskujemy większą spójność – emocjonalną i światopoglądową – oraz nawiązujemy lepszy kontakt z naszymi dziećmi.

Naturalnie, na rozwój osobowości dziecka wpływa także wiele innych czynników: geny, temperament, zdrowie fizyczne oraz jego doświadczenia życiowe. Relacja rodzic–dziecko stanowi jednak niezwykle istotny element wczesnych doświadczeń, który w sposób bezpośredni kształtuje jego osobowość. Inteligencja emocjonalna, poczucie własnej wartości, zdolności poznawcze oraz umiejętności społeczne rozwijają się właśnie na bazie tej wczesnej relacji przywiązania.

Nawet jeśli uda nam się dobrze zrozumieć samych siebie, nasze dzieci i tak będą musiały przejść własną podróż przez życie. Dzięki głębszej samoświadomości możemy dać im podstawę bezpieczeństwa, ale nasza rola jako rodziców ogranicza się tylko do ich wspierania - co nie gwarantuje pewnych rezultatów. Jednak badania sugerują, że dzieci bazujące na pozytywnej więzi z rodzicami mają większe zasoby siły wewnętrznej i lepiej radzą sobie z wyzwaniami. Budowanie takiej pozytywnej relacji wymaga gotowości rodzica do własnego rozwoju.

Dzięki procesowi autorefleksji możesz nie tylko nadać sens historii swojego życia, ale także poprawić relację z dzieckiem.

Nikt nie miał idealnego dzieciństwa, a niektórzy z pewnością mieli trudniej niż inni. Ale nawet osoby, które doświadczyły traumatycznych przeżyć, są w stanie rozwiązać swoje problemy i nawiązać głębokie, satysfakcjonujące relacje ze swoimi dziećmi. Wyniki badań są budujące: rodzice, którzy sami nie mieli „wystarczająco dobrych rodziców", a nawet doświadczyli traumy, wciąż mogą nawiązywać zdrowe relacje. Z perspektywy naszych dzieci istotne jest więc to, jak radzimy sobie z wydarzeniami z własnej przeszłości i jak je interpretujemy. Możemy rozwijać się i zmieniać przez całe życie.

PARĘ SŁÓW O TEJ KSIĄŻCE

Książka pokazuje, w jaki sposób funkcjonujemy. Nie przynosi prostych instrukcji postępowania. Zagłębiamy się w niej w nowe odkrycia na temat rodzicielstwa, badamy procesy zapamiętywania, postrzegania, odczuwania, komunikowania się, tworzenia więzi, rozumienia, zrywania i ponownego nawiązywania więzi, a także proces wspólnej refleksji nad naturą doświadczeń naszych dzieci. Poruszamy kwestie związane z najnowszymi badaniami relacji rodzic–dziecko oraz zestawiamy je z odkryciami nauki o mózgu. Przyjęcie perspektywy naukowej pozwala nam zaprezentować nowe podejście, które służy głębszemu zrozumieniu samych siebie, swoich dzieci i wzajemnych relacji.

Ćwiczenia „Wgląd w siebie" podpowiadają, jak można pogłębiać samorozumienie oraz udoskonalać komunikację. Zachęcają do przemyśleń, pomagają zrozumieć obecne oraz przeszłe doświadczenia, a także poprawić relację z dzieckiem.

Zapisywanie w dzienniku swoich przemyśleń daje doskonałą okazję do poszerzania samoświadomości. Pisanie pomaga wyzwolić umysł z ograniczeń przeszłości, dzięki czemu można siebie lepiej zrozumieć. Wpisy w dzienniku mogą mieć dowolną formę: rysunków, refleksji, opisów lub opowieści. Niektórzy ludzie nie lubią pisać – wolą przemyśleć sobie coś w samotności lub porozmawiać z przyjacielem. Inni chcą prowadzić dziennik i piszą w nim każdego dnia lub wtedy, gdy poczują chęć opisania jakiegoś przeżycia. Rób to, co najbardziej ci odpowiada. Zachowaj otwarty umysł i miej czas na przemyślenia, a wtedy najlepiej skorzystasz z zaprezentowanych tu ćwiczeń.

Ramki zatytułowane „Co na to nauka?" na końcu każdego rozdziału zawierają dodatkowe informacje na temat różnorodnych aspektów rodzicielstwa z naukowego punktu widzenia. Zapoznanie się z nimi nie jest konieczne, aby móc korzystać z tej książki. Prezentują poszerzoną, szczegółową wiedzę i podstawy naukowe przedstawionych koncepcji. Mamy nadzieję, że informacje w nich zawarte skłonią cię do przemyśleń i okażą się przydatne. Każda ramka nawiązuje do głównej treści książki, ale stanowi też odrębną całość, zupełnie niezależną od pozostałych. Możesz w nich zapoznać się z interdyscyplinarnym spojrzeniem na naukowe aspekty rodzicielstwa. W nauce funkcjonuje powiedzenie: „Przypadek pomaga dobrze przygotowanym umysłom". Zdobycie wiedzy na temat ludzkiego rozwoju i doświadczeń pomoże ci lepiej zrozumieć sferę emocjonalną – zarówno własną, jak i twojego dziecka.

NASZE PODEJŚCIE DO RODZICIELSTWA

Niniejsza książka zachęca do przyjęcia takiego podejścia do rodzicielstwa, które opiera się na pewnych podstawowych zasadach, związanych z rozumieniem swojego wnętrza oraz więzi z ludźmi. Do najważniejszych aspektów relacji rodzic–dziecko zaliczamy: uważność (*mindfulness*), uczenie się przez całe życie, elastyczność reagowania, psychowzroczność* oraz radość życia.

Uważność (*mindfulness*)

Uważność to kluczowy aspekt wspierających relacji. Gdy jesteśmy uważni, żyjemy w chwili obecnej i jesteśmy świadomi własnych myśli i uczuć oraz otwarci na myśli i uczucia swoich dzieci. Zdolność do bycia tu i teraz oraz zachowania wewnętrznej jasności pozwala nam być w pełni obecnym z innymi oraz szanować ich indywidualne przeżycia. Nie ma dwojga ludzi, którzy postrzegają świat w dokładnie ten sam sposób. Uważność zakłada poszanowanie indywidualności i wyjątkowości umysłu każdego człowieka.

Gdy jesteśmy uważnymi i obecnymi rodzicami, nasze dzieci również mogą doświadczać siebie w chwili obecnej. Dzieci zdobywają wiedzę o sobie dzięki komunikacji z rodzicami. Gdy zajmujemy się przeszłością lub martwimy o przyszłość, jesteśmy co prawda fizycznie obecni przy dziecku, ale mentalnie nas przy nim nie ma. Dzieci nie potrzebują, byśmy byli zawsze dostępni, ale pragną czuć, że naprawdę z nimi jesteśmy, gdy nawiązujemy z nimi kontakt. Bycie uważnym rodzicem oznacza działanie z określoną intencją: świadomie decydujesz o swoim zachowaniu, biorąc pod uwagę dobro emocjonalne swojego dziecka. Dzieci bardzo szybko wykrywają nasze intencje, a głębokie interakcje służą ich rozwojowi. Poprzez więź emocjonalną z rodzicami rozwijają poczucie „ja" oraz umiejętność nawiązywania relacji z innymi.

---

* Jest to określenie stworzone przez Daniela Siegela. Oznacza ono zdolność obserwacji własnego umysłu oraz umysłu innych ludzi. Inni autorzy używają terminów: „teoria umysłu" lub „mentalizacja" (przyp. red. meryt.).

Uczenie się przez całe życie

Nasze dzieci umożliwiają nam dalszy rozwój i skłaniają nas do przyglądania się problemom, które mają swoje źródło w naszym dzieciństwie. Jeśli potraktujesz te wyzwania jako obciążenie, rodzicielstwo stanie się dla ciebie katorgą. Ale możesz wykorzystać je także jako okazję do nauczenia się czegoś nowego o sobie. Przekonanie, że uczymy się przez całe życie, pozwala zachować otwarty umysł na nowe odkrycia, jakie czekają na nas w przygodzie zwanej rodzicielstwem.

Umysł rozwija się przez całe życie. Jest on rezultatem aktywności mózgu, dlatego też badania naukowe na temat pracy mózgu pomagają nam lepiej rozumieć siebie. Ostatnie fascynujące odkrycia z dziedziny neurobiologii wykazały, że w niektórych obszarach mózgu ciągle powstają nowe połączenia, a nawet nowe neurony. Połączenia między neuronami decydują o charakterze procesów umysłowych człowieka. Nasze doświadczenia życiowe kształtują więc połączenia neuronowe w mózgu, a co za tym idzie – nasz umysł. Relacje międzyludzkie i proces autorefleksji sprzyjają temu nieustannemu rozwojowi mózgu. Dzięki byciu rodzicem możemy wciąż uczyć się czegoś nowego oraz przyjmować nową perspektywę wobec naszych życiowych doświadczeń. Rodzicielstwo umożliwia nam również budowanie postawy otwartości u naszych dzieci poprzez wspieranie ich ciekawości świata. Interakcje z dziećmi niosą ze sobą wiele wyzwań, dzięki czemu są dla nas doskonałą okazją do rozwoju, a my sami możemy stwarzać również okazje do rozwoju naszym dzieciom.

Elastyczność reagowania

Umiejętność reagowania w elastyczny sposób to jedno z największych wyzwań rodzica. Jest to zdolność umysłu do rozważania wielu różnych procesów mentalnych – bodźców, wyobrażeń i uczuć – a następnie reagowania w przemyślany sposób. Zamiast automatycznie reagować na daną sytuację, możemy zastanowić się i świadomie podjąć odpowiednio ukierunkowane działanie. Elastyczność reagowania to przeciwieństwo reakcji odruchowej. Wymaga zdolności odraczania gratyfikacji oraz zahamowania impulsywnych zachowań. Umiejętność ta jest podstawą dojrzałości emocjonalnej oraz relacji opartych na współczuciu.

W pewnych okolicznościach elastyczność reagowania może zostać zahamowana. Gdy jesteśmy zmęczeni, głodni, sfrustrowani, rozczarowani lub zdenerwowani, możemy utracić zdolność autorefleksji, a umiejętność wyboru określonego zachowania staje się mocno ograniczona. W takich sytuacjach ogarniają nas emocje i „tracimy głowę". Zachodzi wysokie ryzyko, że nasza reakcja będzie przesadna i nieprzyjemna dla naszego dziecka.

Dzieci stawiają przed nami wielkie wyzwanie: pozostać elastycznym, a zarazem zachować równowagę emocjonalną. Połączenie elastyczności z koniecznością zapewnienia dziecku struktury nie jest łatwym zadaniem. Rodzice mogą jednak nauczyć się tej równowagi oraz rozwijać własną elastyczność. Dzięki elastyczności jesteśmy w stanie dokonać wyboru własnego zachowania oraz decydować o wartościach i podejściu w relacjach ze swoimi dziećmi. Nie musimy być reaktywni – możemy być proaktywni. Elastyczność reakcji umożliwia powściągnięcie różnych emocji, wzięcie pod uwagę perspektywy dziecka oraz reagowanie w przemyślany sposób. Gdy rodzice umieją reagować elastycznie, zachodzi większe prawdopodobieństwo, że ich dzieci także rozwiną elastyczną postawę.

Psychowzroczność

Psychowzroczność to umiejętność obserwacji własnego umysłu oraz umysłu innych ludzi. Umysł tworzy reprezentacje obiektów i idei. Możemy wyobrazić sobie kwiat lub psa, ale nie oznacza to, że w naszym umyśle znajduje się jakaś roślina lub zwierzę. To neurony tworzą symbol, który zawiera informację o tych obiektach. Psychowzroczność bazuje na zdolności umysłu do tworzenia symboli mentalnych samego umysłu. Dzięki tej umiejętności potrafimy skoncentrować się na własnych myślach, uczuciach, spostrzeżeniach, wrażeniach zmysłowych, wspomnieniach, przekonaniach, nastawieniu oraz intencjach. Są to podstawowe elementy składowe umysłu, które zauważamy i wykorzystujemy w celu zrozumienia samych siebie oraz naszych dzieci.

Rodzice często skupiają się na zachowaniu dzieci, zamiast na tym, co one myślą i czują. Wszyscy dostrzegamy zachowania innych ludzi, ale rzadko zauważamy wewnętrzne procesy mentalne, które nimi kierują. A przecież poza zachowaniem istnieje umysł, który popycha nas do działania. Dzięki psychowzroczności możemy wykroczyć poza zewnętrzne przejawy zachowania naszych dzieci i spojrzeć na ich psychikę. Rodzice, którzy to robią, wzmacniają rozwój współczucia i sfery emocjonalnej dziecka. Rozmowa z rodzicem o myślach, wspomnieniach i uczuciach jest niezbędnym doświadczeniem, którego dziecko potrzebuje, aby rozumieć siebie i rozwijać umiejętności społeczne.

Psychowzroczność pozwala rodzicom „zobaczyć" ich dziecko. Można wykorzystywać do tego informacje werbalne (to, co mówią) oraz niewerbalne (kontakt wzrokowy, wyraz twarzy, ton głosu, gesty i dotyk, postawa ciała oraz szybkość i intensywność reakcji), które są równie ważnymi elementami komunikacji i zwykle trafniej odzwierciedlają procesy wewnętrzne. Wrażliwość na komunikację niewerbalną pozwala lepiej rozumieć nasze dzieci, wziąć pod uwagę ich punkt widzenia oraz nawiązywać z nimi współczujący kontakt.

Radość życia

Czerpanie radości z przebywania z dzieckiem i zachwyt związany ze wspólnym doświadczaniem życia w tym niezwykłym świecie są niezbędne, aby dziecko rozwinęło pozytywne mniemanie o sobie. Gdy jesteśmy pełni współczucia i szacunku dla siebie i swoich dzieci, uzyskujemy świeżą perspektywę, która pozwala nam czerpać większą radość ze wspólnego życia. Wspólne przywoływanie wspomnień i zastanawianie się nad codziennymi przeżyciami stwarza poczucie więzi oraz zrozumienia.

Dzieci zachęcają rodziców do zwolnienia tempa życia oraz docenienia piękna i poczucia więzi, jakich możemy doświadczać na co dzień. Rodzice często odczuwają presję, by realizować wszystkie punkty rodzinnego harmonogramu. Dzieci nie potrzebują jednak, byśmy nimi zarządzali, lecz byśmy cieszyli się z tego, że są i doceniali je. Często skupiamy się na problemach życiowych, a nie na możliwościach nauki i czerpania radości z życia. Gdy jesteśmy zbyt zajęci wykonywaniem różnych działań, zapominamy, jak ważne jest, by zwyczajnie z dziećmi poprzebywać. Rozkoszujmy się tą niezwykłą możliwością wspólnego rozwoju z naszym dzieckiem. Dzielenie się radością życia jest istotą satysfakcjonującej relacji dziecka z rodzicem.

Gdy zostajemy rodzicami, często wydaje się nam, że stajemy się nauczycielami dla swoich dzieci, ale szybko odkrywamy, że one również wiele nas uczą. Nasza przeszłość, teraźniejszość i przyszłość nabierają nowego znaczenia w tej intymnej relacji, w której przeżywamy wspólne chwile wzbogacające nasze życie. Mamy nadzieję, że książka ta przyda ci się do twojego osobistego rozwoju – jako człowieka i rodzica – dzięki czemu będziesz mógł pogłębiać swoją relację z dzieckiem przez całe życie.

ROZDZIAŁ 1.

PAMIĘĆ. JAK KSZTAŁTUJĄ NAS NASZE DOŚWIADCZENIA?

WPROWADZENIE

Gdy zostajemy rodzicami, mamy za sobą pewien bagaż przeszłości, która wpływa na to, jak wychowujemy swoje dzieci. Przeżycia, z którymi sobie do końca nie poradziliśmy, mogą być źródłem problemów wewnętrznych rzutujących na naszą rodzicielską postawę. Takie problemy z łatwością ujawniają się w relacji z dzieckiem. Gdy do tego dochodzi, mogą pojawić się intensywne emocje, impulsywne zachowania, zniekształcona percepcja lub nieprzyjemne odczucia fizyczne. Silne stany emocjonalne zaburzają wtedy naszą zdolność myślenia i elastyczność w kontakcie z dzieckiem. W takich sytuacjach nie zachowujemy się jak rodzice, jakimi chcielibyśmy być. Później zastanawiamy się, dlaczego rodzicielstwo „wyciąga z nas to, co najgorsze".

Bagaż emocjonalny z przeszłości w nieprzewidywalny sposób może zaburzyć relację z dziećmi. Nierozwiązane problemy, traumy lub porażki z wczesnych lat życia wciąż mogą na nas oddziaływać, zwłaszcza jeśli ich nie przemyśleliśmy.

Jeśli twoja matka często wychodziła z domu bez pożegnania, ponieważ nie chciała słyszeć jak płaczesz, twoje zaufanie mogło zostać nadwątlone: być może stałeś się nieufny i czułeś się niepewnie, zwłaszcza w sytuacjach związanych z rozłąką. Gdy wychodziła, szukałeś jej i cierpiałeś z powodu jej braku. Sytuacja ta mogła być jeszcze bardziej stresująca, jeśli osoba dorosła, która się tobą opiekowała, nie pozwalała ci płakać. Czułeś się zdradzony i zrozpaczony z powodu nieobecności matki i nie miałeś żadnych szans, żeby poradzić sobie z tym bólem, gdyż twój opiekun nie próbował cię pocieszyć. Nikt cię nie wysłuchał, nikt nie okazał współczucia ani nie dał poczucia więzi i zrozumienia.

Jeśli przeżyłeś coś takiego jako dziecko, to sytuacja rozłąki z własnym dzieckiem może wywoływać w tobie podobne reakcje emocjonalne. Możesz doświadczać poczucia porzucenia lub niepokoju związanego z pozostawieniem dziecka. Ono zaś wyczuje twoje emocje, co wzbudzi w nim niepewność i nasili jego rozpacz, a to z kolei jeszcze bardziej wzmocni twoje nieprzyjemne uczucia. Tak oto zostaje uruchomiony łańcuch reakcji odzwierciedlających twoją historię z przeszłości. Jeśli nie zastanowisz się nad tym, możesz oczywiście zinterpretować to jako „normalny" element trudnego przeżycia, jakim jest rozłąka z dzieckiem. Większa samoświadomość pomoże ci jednak poradzić sobie z takimi „pozostałościami" z przeszłości.

Nasze nierozwiązane problemy wpływają na to, jak wychowujemy swoje dzieci, oraz stanowią źródło niepotrzebnej frustracji i nieporozumień. A oto przykład z życia Mary.

Kupowanie butów

Jako rodzic odkryłam wiele nierozwiązanych problemów z własnego dzieciństwa, które wpływały na relację z moimi dziećmi i uniemożliwiały czerpanie nam pełnej radości. Kupowanie butów było jednym z nich. Odkryłam, że drżę na sam widok zniszczonych tenisówek moich synów, ponieważ oznaczało to, iż będę musiała iść z nimi do sklepu obuwniczego. Jak wiele innych dzieci, uwielbiali kupować buty i na początku nie mogli się doczekać tych wypraw. To mogły być przemiłe wycieczki, ale, niestety, nigdy takie nie były.

Moi synowie sami dokonywali wyboru, do czego ich zresztą głośno zachęcałam. Byli całkiem zadowoleni ze swoich decyzji, ale wtedy ja zaczynałam wszystko psuć swoimi wątpliwościami dotyczącymi koloru, ceny, rozmiaru lub czegoś podobnego. Ich zadowolenie dokonanym wyborem powoli ustępowało miejsca uczynnemu: „To ty zdecyduj, mamo". Wahałam się i zastanawiałam nad zaletami poszczególnych butów, robiąc przy tym spore zamieszanie, po czym wykończeni wychodziliśmy ze sklepu z zakupami.

Nie chciałam zachowywać się w ten sposób, a jednak powtarzało się to wielokrotnie. Po wyjściu ze sklepu często przepraszałam dzieci. Zawsze kończyło się to dla mnie poczuciem emocjonalnego rozdarcia. „To śmieszne, robić takie zamieszanie o buty" – ganiłam samą siebie. Dlaczego jednak wciąż odtwarzałam ten sam schemat?

Pewnego dnia po kolejnej rozczarowującej wyprawie mój sześcioletni syn, najwyraźniej przybity, zapytał: „Mamo, a ty lubiłaś kupować buty, kiedy byłaś mała?". Na samo wspomnienie tych frustrujących dni, w których wybierałam się na zakupy po nowe obuwie, moje ciało zalało przytłaczające „Nie". Byłam jednym z dziewięciorga dzieci. Moja matka miała mnóstwo butów do kupienia, więc zawsze korzystała z wyprzedaży, kiedy sklepy były bardzo zatłoczone. Nigdy nie wybrałam się sama do sklepu z mamą, bo zawsze troje lub czworo z nas potrzebowało nowych butów w tym samym czasie. Za każdym razem szukałam więc nowej pary butów w zatłoczonym sklepie, targana mieszanymi uczuciami. Wiedziałam, że mam nikłe szanse, aby dostać to, czego naprawdę bym chciała. Miałam tego pecha, że rozmiar mojej stopy był idealnie przeciętny, więc na wyprzedażach pozostawał mi dość ograniczony wybór. Zwykle zakochiwałam się w obuwiu z nowej dostawy, które nie było objęte promocją. Wiedziałam, że matka nigdy nie zgodzi się na ich zakup.

Moja siostra miała za to „wyjątkowo" wąską stopę i mama zawsze pozwalała jej wybrać, co chciała, ponieważ jej rozmiar i tak rzadko był na wyprzedaży. Czułam się pokrzywdzona i złościłam się, ale powiedziano mi, że mam się cieszyć, bo wszystko na mnie pasuje. Gdy w końcu matce udało się znaleźć buty dla nas wszystkich, była wyczerpana i zdenerwowana. Stopniowo nasilała się jej niepewność co do słuszności naszych wyborów oraz lęk związany z wydawaniem pieniędzy. Niepokoiło mnie jej zachowanie. Gubiłam się w tym morzu emocji i marzyłam tylko o powrocie do domu, zanim wybuchnie kolejna afera. Nie odczuwałam żadnej radości w związku z zakupem nowych butów.

Po wielu latach przyłapałam się na tym, że odtwarzam ten sam schemat z moimi dziećmi - i że wzbudza to w nich taki sam niepokój, jaki sama przeżywałam w dzieciństwie. Moja mama nie miała czasu, aby zaprowadzić nas wszystkich z zakupami do samochodu i jeszcze po drodze wysłuchać naszych emocji. Mój syn, zadając mi swoje pytanie, sprawił, że przypomniałam sobie tamte przeżycia z dzieciństwa. Zrozumiałam, że niepokój, który wtedy odczuwałam, wpływa na moje obecne zachowanie wobec dzieci i uniemożliwia czerpanie radości ze wspólnych zakupów. Moje reakcje miały niewiele wspólnego z zakupami moich synów – były uwarunkowane doświadczeniami z przeszłości. Reagowałam na swoje nierozwiązane problemy wewnętrzne.

Nieprzepracowane traumy są bardziej skrajną formą nierozwiązanych problemów wewnętrznych – mają większy, bardziej dezorganizujący wpływ na nasze życie wewnętrzne i relacje międzyludzkie. Ich źródłem mogą być ciężkie doświadczenia życiowe związane z głębokim poczuciem bezradności, rozpaczy, straty, przerażenia lub zdrady.

Posłużmy się ponownie przykładem separacji, lecz w nieco bardziej ekstremalnych okolicznościach. Wyobraźmy sobie, że matka małej dziewczynki jest hospitalizowana przez dłuższy czas z powodu depresji, a dzieckiem zajmują się różni opiekunowie. Dziewczynka doświadczy głębokiego poczucia braku i rozpaczy. Rozłąka z matką prawdopodobnie wpłynie w sposób negatywny na naturalny proces separacji z jej własnym dzieckiem, gdy sama będzie matką – nasili odczuwany przez nią wówczas lęk. Może mieć trudności w nawiązaniu więzi z dzieckiem, ponieważ jej własna więź z matką została gwałtownie zerwana bez żadnego wsparcia z zewnątrz. Jeśli nie będzie miała okazji przetworzyć ani zrozumieć swoich traumatycznych przeżyć z dzieciństwa, będą one oddziaływać na jej emocje, zachowania, spostrzeżenia oraz reakcje fizyczne, gdy sama zostanie rodzicem.

W sytuacjach stresowych rodzice są wyjątkowo podatni na reakcje zależne od traum z przeszłości. Oto przykład takiej traumy, którą Dan uświadomił sobie wkrótce po tym, jak został ojcem.

Przestań płakać!

Miałem bardzo dziwne odczucia, gdy mój nowo narodzony syn płakał, a ja nie potrafiłem go uspokoić. Ogarniała mnie panika i przerażenie. Zamiast być dla niego źródłem spokoju, cierpliwości i mądrości, czułem strach i rozdrażnienie.

Spróbowałem spojrzeć w głąb siebie, aby zrozumieć te odczucia. Przypuszczałem, że moje reakcje wiążą się jakoś z tym, że w dzieciństwie zostawiano mnie samego, gdy płakałem. Nie potrafiłem sobie tego przypomnieć, ale wiedziałem, że zjawisko amnezji dziecięcej uniemożliwia uzyskanie świadomego dostępu do wspomnień autobiograficznych z tak wczesnego okresu życia. Nie przychodziło mi do głowy żadne inne przekonujące wyjaśnienie odczuwanej paniki.

Stworzyłem więc następującą historię: „Tak, zapewne byłem przerażony, gdy płakałem jako dziecko. Z czasem musiałem oswoić się z poczuciem porzucenia. A teraz, gdy płacze mój syn, doświadczam podobnego uczucia paniki". Długo i intensywnie nad tym rozmyślałem. Nie pojawiły się jednak żadne odczucia potwierdzające słuszność mego przypuszczenia, żadne obrazy, wrażenia zmysłowe, emocje ani impulsy behawioralne. Innymi słowy – wyjaśnienie to nie wzbudziło we mnie żadnych wspomnień, które mogłyby je poprzeć. Uważałem jednak, że wcale nie musi to oznaczać, że moje przypuszczenia są niesłuszne.

Pewnego dnia mój syn znów zaczął płakać, a ja ponownie poczułem bezradność: nie umiałem go uspokoić i poczułem tę panikę, której towarzyszyło pragnienie ucieczki. Wówczas w moim umyśle pojawił się pewien obraz. Na początku było to tylko odczucie „pełnej głowy". Panika stała się bardziej skupiona, mniej rozproszona. Następnie pojawił się przed moimi oczami obraz ze stażu, który odbywałem w trakcie studiów: niemowlę na stole lekarskim z wyrazem przerażenia na twarzy. Podtrzymywał je mój współpracownik. Musiałem ignorować krzyki dziecka i odwracać wzrok od jego twarzy. Przypomniałem sobie tamto pomieszczenie szpitalne na oddziale pediatrii: gabinet lekarski, w którym pobieraliśmy dzieciom krew. Obudzono nas w środku nocy w trakcie dyżuru, żebyśmy sprawdzili, dlaczego chłopczyk ma gorączkę. Był rozpalony, musieliśmy mu pobrać krew, aby stwierdzić, czy ma infekcję.

Dzieci w Centrum Medycznym Uniwersytetu Kalifornijskiego, podobnie jak w każdym innym szpitalu klinicznym, były bardzo chore. Wiele z nich było wręcz weteranami szpitalnego życia, ale to wcale nie zmniejszało ich lęku – częste badania krwi jedynie go nasilały. Razem z moim współpracownikiem musieliśmy pobierać krew każdej nocy, gdy mieliśmy dyżur. Tamtej nocy była moja kolej.

Gdy dziecko jest przerażone, jego żyły „chowają się" i trudno je nakłuć. Czasem wymagało to podjęcia wielu nieudanych prób. Obaj z kolegą na zmianę pobieraliśmy krew i trzymaliśmy dzieci. Musieliśmy stępić swój słuch i zamknąć swoje serca. Nie mogliśmy patrzeć na przerażenie malujące się na ich twarzach, nie mogliśmy zwracać uwagi na łzy spływające na nasze dłonie ani wsłuchiwać się w echo płaczu w naszych uszach.

Wtedy jednak słyszałem krzyki tego chłopca. Nie udało mi się pobrać krwi. Musiałem nakłuć w innym miejscu. „Jeszcze tylko raz" – powiedziałem do dziecka, które nie mogło mnie usłyszeć, a nawet gdyby mogło, to nie zrozumiałoby mnie. Chłopiec miał gorączkę, był chory, przerażony, rzucał się, krzyczał i nie można go było uspokoić.

Otworzyłem oczy. Byłem cały mokry. Trzęsły mi się dłonie. Mój sześciomiesięczny syn wciąż płakał. A ja razem z nim.

Zaskoczyło mnie to wspomnienie. Nigdy nie zastanawiałem się zbytnio nad tamtym stażem. Myślałem raczej, że był to „dobry rok" i cieszyłem się, że dawno mam go za sobą. Przez kolejne dni dużo myślałem o tamtym doświadczeniu i rozmawiałem o nim z kilkoma bliskimi osobami i kolegami po fachu. Gdy zaczynałem mówić o tych nocnych dyżurach, odczuwałem mdłości. Bolały mnie dłonie i czułem się, jakbym miał się rozchorować. Wspomnienia tych cierpiących dzieci wprawiały mnie w rozpacz i przerażenie. Mówiłem sobie: „Nie mogę na to patrzeć, muszę pobrać mu krew". Próbowałem odwrócić wzrok – zarówno we wspomnieniach, jak i podczas rozmów z przyjaciółmi. Czułem wstyd i poczucie winy związane z zadawaniem bólu. Nie było czasu na rozmowę o cierpieniu tych małych pacjentów ani o tym, jak bardzo się nas bali. Nie było okazji, aby zastanowić się, jak bardzo sami jesteśmy przeciążeni i przerażeni. Musieliśmy działać, a gdybyśmy poświęcili choćby chwilę na refleksję, ból uniemożliwiłby nam dalsze działanie.

Dlaczego ta trauma sprzed lat nie wyszła na jaw w postaci wspomnienia, emocji, zachowania lub wrażenia zmysłowego przed narodzinami mojego syna? Pytanie to dotyczy kwestii związanych z odzyskiwaniem wspomnień oraz wyjątkowych konfiguracji nieprzepracowanych, traumatycznych wydarzeń z przeszłości. Przywoływanie danego wspomnienia zależy od kilku czynników. Są to: skojarzenia ze wspomnieniem, jego treść lub inaczej motyw, faza życia, w jakiej się obecnie znajdujemy, kontekst interpersonalny oraz indywidualny stan umysłu w czasie kodowania i odzyskiwania wspomnienia.

Jestem najmłodszym dzieckiem w rodzinie, a mój syn był moim pierworodnym. Ani przed, ani po odbyciu tego rocznego stażu nie przebywałem sam na sam z rozpaczliwie płaczącym dzieckiem. Gdy tylko znalazłem się w takiej sytuacji, pojawiły się we mnie silne emocje. Moją panikę można rozumieć jako niewerbalne wspomnienie aktywowane w tej określonej sytuacji. W moim umyśle uruchomił się proces przywoływania wspomnień. Poszukiwałem odpowiadającego mu wydarzenia z przeszłości, ale niczego nie znalazłem: nie miałem żadnego wspomnienia związanego z tamtym rocznym stażem pediatrycznym. Staż był dla mnie „przygodą, która się skończyła" i nie zastanawiałem się nad nim więcej. Dopiero później doświadczyłem tak zwanego *flashbacku*.

Zawsze trudno nam przywołać traumatyczne wydarzenie, które nie zostało w odpowiedni sposób przetworzone. W sytuacji kryzysowej nastawiamy się na tryb przetrwania, który wymaga odwrócenia uwagi od negatywnych informacji. Ponadto stres (nadmierne wydzielanie hormonów stresu) w czasie traumy może w bezpośredni sposób upośledzać funkcjonowanie pewnych obszarów mózgu, niezbędnych do przechowywania wspomnień autobiograficznych. Gdy dana sytuacja przeminie, przypominanie sobie związanych z nią szczegółów może wzbudzać skrajnie nieprzyjemne emocje.

Przytłaczało mnie współczucie, jakie odczuwałem wobec tamtego przerażonego dziecka w szpitalu. Ów rok był niezwykle intensywny: wymagająca praca, mnóstwo pacjentów cierpiących na naprawdę poważne choroby, a personel wciąż się zmieniał. Moja wytrzymałość została wystawiona na ciężką próbę. Czułem wstyd i poczucie winy, że jestem dla dziecka źródłem bólu i przerażenia. Po zakończeniu stażu mogłem powiedzieć sobie: „Dobrze, a teraz spróbuję przypomnieć sobie cały ten ból, który musiałem zadać tym ciężko chorym dzieciom". Ale nie zrobiłem tego.

Wszyscy stażyści próbowali dystansować się od przeżyć pacjentów. Musieliśmy przyjąć rolę aktywnych, silnych i niewrażliwych pracowników medycznych. Wrażliwość dziecka stała się zagrożeniem dla naszych nieświadomych dążeń, aby uciec od swojej własnej wrażliwości i bezradności. Z perspektywy czasu widzę, że bezradność była naszym wrogiem. Najczęściej niewiele mogliśmy zrobić, aby wyleczyć dzieci z wyniszczających chorób, i ten fakt potęgował nasz smutek.

W trakcie tego męczącego i bezsennego roku walczyliśmy z chorobami, z egzystencjalną rzeczywistością śmierci i własną rozpaczą. Musieliśmy odciąć się od swojej bezsilności – w przeciwnym wypadku załamalibyśmy się. Skierowaliśmy więc na nią swój gniew.

Ta nieprzepracowana trauma ujawniła się, gdy zostałem rodzicem. Objawiła się w postaci intensywnych emocji w odpowiedzi na płacz mojego dziecka i na jego wrażliwość. Czułem się bezradny, nie mogąc go uspokoić. Było to dla mnie prawie niemożliwe do zniesienia. Na szczęście, dzięki bolesnej autorefleksji zdałem sobie sprawę, że nie chodzi tu o deficyty syna, ale o mój wewnętrzny problem, którego nie rozwiązałem. Dzięki temu potrafię zrozumieć, że emocjonalna nietolerancja wobec dziecięcej bezradności niekiedy prowadzi u rodzica do atakowania własnego dziecka. Chociaż kochamy dziecko i mamy jak najlepsze intencje, to bywamy zniewoleni mechanizmami obronnymi, które sprawiają, że jego przeżycia stają się dla nas nie do zniesienia.

Nasze problemy wewnętrzne stają się źródłem rodzicielskiej ambiwalencji. Gdy zachowanie dziecka wzbudzi w nas nieprzyjemne emocje, tracimy samoświadomość i zdolność rozumienia tego, co się dzieje w naszym życiu, a co za tym idzie, możemy nie tolerować tych samych emocji u dziecka. Nietolerancja ta może przyjąć formę obojętności lub ignorowania emocjonalności dziecka, co prowadzi do utraty jego kontaktu z własnymi uczuciami. Brak tolerancji wobec danej emocji może przejawiać się również jako rozdrażnienie lub niezamierzony atak na bezradne i bezbronne dziecko. Staje się ono wówczas odbiorcą wrogiej reakcji, która splata się z jego wewnętrznym poczuciem tożsamości i w sposób bezpośredni upośledza jego zdolność tolerowania tych emocji u siebie i innych.

Warto poświęcić czas, aby zatrzymać się i zastanowić nad swoimi reakcjami wobec dzieci. Pogłębiając samorozumienie i refleksję nad nierozwiązanymi problemami wewnętrznymi lub nieprzepracowanymi traumami, dajemy dzieciom szansę na rozwinięcie poczucia witalności i wolności, jakie daje doświadczanie własnego świata emocjonalnego bez lęku i ograniczeń.

RODZAJE PAMIĘCI

Jak to się dzieje, że tkwią w nas nierozwiązane problemy wewnętrzne? Dlaczego wydarzenia z przeszłości mają wpływ na naszą teraźniejszość? W jaki sposób nasze doświadczenia życiowe oddziałują na nasz umysł?

Badania nad pamięcią dostarczają fascynujących odpowiedzi na te pytania. Już od momentu narodzin mózg reaguje na świat zmianami połączeń między neuronami. Połączenia te określają strukturę mózgu i wpływają na to, jak zapamiętujemy swoje przeżycia. Chociaż informacje genetyczne decydują o podstawowych aspektach anatomii, to jednak doświadczenia życiowe określają charakter połączeń neuronowych i struktury mózgu. Nasze przeżycia w sposób bezpośredni oddziałują więc na strukturę mózgu, a co za tym idzie na umysł, który decyduje o tym, kim jesteśmy.

Pamięć jest taką reakcją mózgu na odbierane doświadczenia, której towarzyszy powstawanie nowych połączeń. Może się to dziać na dwa sposoby – istnieją bowiem dwa główne rodzaje pamięci: jawna i ukryta. Pamięć ukryta wiąże się z powstaniem konkretnych obwodów mózgowych, odpowiedzialnych za generowanie emocji, reakcji behawioralnych, spostrzeżeń, a przypuszczalnie również za kodowanie wrażeń fizycznych. Jest to wczesna, niewerbalna forma pamięci, która pojawia się w momencie narodzin i towarzyszy nam przez całe życie. Innym istotnym aspektem pamięci ukrytej jest zjawisko modeli mentalnych. Z ich pomocą umysł generalizuje powtarzające się doświadczenia życiowe. Jeśli dziecko w sytuacji krytycznej zazna ukojenia i pocieszenia ze strony matki, dokona generalizacji w taki sposób, że sama obecność matki będzie dawała mu poczucie bezpieczeństwa i poprawiała jego samopoczucie. W trudnej sytuacji w przyszłości uruchomi się ten mentalny model relacji z matką, przez co dziecko będzie poszukiwało jej obecności, aby zaznać ukojenia.

Nasze więzi wpływają na to, jak postrzegamy siebie i innych. Powtarzające się doświadczenia życiowe tworzą w naszym umyśle modele mentalne, które decydują o tym, jak postrzegamy siebie i innych. W przedstawionym powyżej przykładzie dziecko postrzega matkę jako osobę, która zapewnia mu bezpieczeństwo, a siebie jako istotę zdolną do wywierania wpływu na otoczenie i zaspokajania swoich potrzeb. Modele mentalne tworzą pewnego rodzaju filtry modelujące nasze spostrzeżenia i reakcje na otoczenie. Za pomocą tych filtrujących modeli rozwijamy swój charakterystyczny sposób bycia i postrzegania świata.

Fascynującą cechą pamięci ukrytej jest to, że gdy uzyskujemy do niej dostęp, nie mamy poczucia, jakbyśmy cokolwiek sobie przypominali. Nie uświadamiamy sobie, że jakieś nasze wewnętrzne przeżycie zostało wywołane wspomnieniem z przeszłości. Możemy nawet nie zdawać sobie sprawy, gdy wzorce emocjonalne i behawioralne, doznania fizyczne, interpretacje percepcyjne czy uprzedzenia związane z jakimś modelem mentalnym wpływają na nasze obecne przeżycia. Najbardziej niezwykłe wydaje się być to, iż mózg potrafi zakodować wspomnienia w pamięci ukrytej bez udziału naszej świadomej uwagi. Oznacza to, że nie musimy mieć świadomego udziału w kodowaniu elementów pamięci ukrytej.

Po pierwszym roku życia powstają nowe obwody w części mózgu zwanej hipokampem, umożliwiające pojawienie się drugiego rodzaju pamięci. Jest to *pamięć jawna*, składająca się z dwóch elementów: *pamięci semantycznej* (faktograficznej), która staje się dostępna mniej więcej w osiemnastym miesiącu życia, oraz *autobiograficznej*, która zaczyna pojawiać się około drugiego roku życia. Zjawisko braku wspomnień z okresu poprzedzającego powstanie pamięci autobiograficznej nazywane jest *amnezją dziecięcą* i stanowi

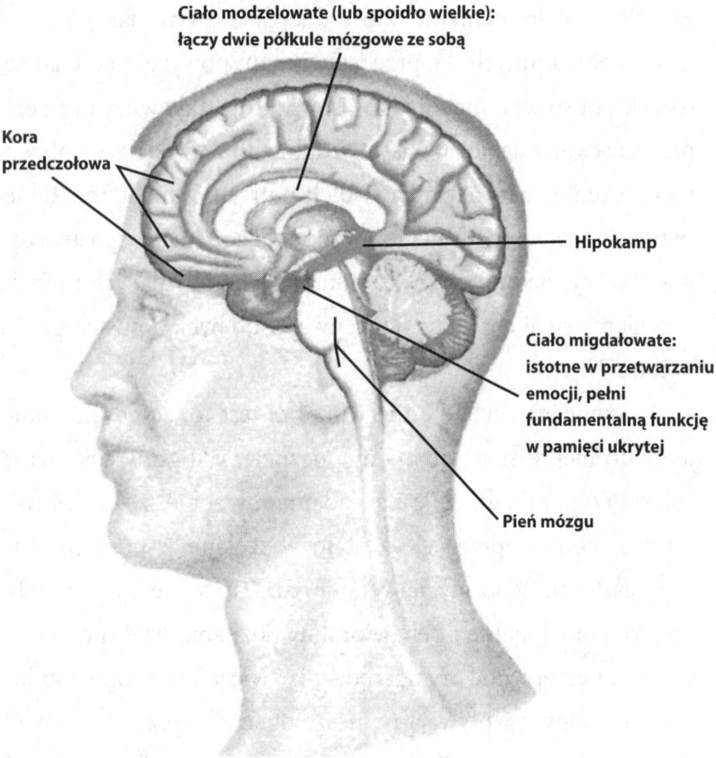

Rysunek 1. Schemat ludzkiego mózgu (widok od środka do prawej strony). Zaznaczono pewne kluczowe struktury związane z pamięcią: ciało migdałowate (przetwarzanie emocjonalnej pamięci ukrytej), hipokamp (formy pamięci jawnej) oraz kora oczodołowo-czołowa (pamięć jawna autobiograficzna). Ciało modzelowate umożliwia integrację informacji z obu półkul, dzięki czemu możemy tworzyć spójne historie życiowe, o których piszemy w kolejnym rozdziale. (Ciemniejszy obszar reprezentuje miejsce, w którym znajduje się hipokamp po drugiej stronie pnia mózgu. Z przednią częścią hipokampa styka się ciało migdałowate, które przetwarza emocje. Struktury te przynależą do płata skroniowego przyśrodkowego, zlokalizowanego po obu stronach tego przekroju).

uniwersalne zjawisko rozwojowe. Nie ma nic wspólnego z traumą – wynika raczej z braku rozwiniętych struktur mózgowych. W przeciwieństwie do pamięci ukrytej, uzyskiwanie dostępu do magazynu pamięci jawnej wiąże się z poczuciem, iż przypominamy sobie konkretne wydarzenie. W wypadku obu rodzajów pamięci jawnej, proces kodowania wymaga świadomej uwagi.

Unikatową cechą pamięci autobiograficznej jest to, że wiąże się ona z poczuciem „ja" i poczuciem czasu. Dostęp do niej uzyskujemy dopiero około drugiego roku życia, ponieważ wymaga ona rozwinięcia kory przedczołowej, która znajduje się w przedniej części najwyższej warstwy mózgu – kory nowej. Kora przedczołowa pełni niezwykle ważną funkcję w szerokim zakresie procesów, łącznie z pamięcią autobiograficzną, samoświadomością, elastycznością reakcji, psychowzrocznością oraz regulowaniem emocji. Wszystkie wymienione procesy kształtują się w relacji przywiązania. Doświadczenia interpersonalne mają zatem ogromny wpływ na rozwój kory przedczołowej, a relacje, jakie nawiązuje się w dzieciństwie, odgrywają znaczącą rolę w naszym życiu. Ta niezwykle ważna, integrująca część mózgu kształtuje się przez całe nasze życie, więc zawsze mamy szansę na rozwój i zmianę.

TABELA 1. FORMY PAMIĘCI

Pamięć ukryta

- Obecna już od chwili narodzin
- Brak świadomości wspomnień
- Obejmuje pamięć behawioralną, emocjonalną, percepcyjną i prawdopodobnie również pamięć ciała
- Obejmuje modele mentalne
- Kodowanie nie wymaga świadomej uwagi
- Nie jest związana z hipokampem

Pamięć jawna

- Rozwija się od drugiego roku życia
- Uzyskiwanie dostępu wiąże się ze świadomością wspomnień
- Obejmuje pamięć semantyczną (pamięć faktów) oraz epizodyczną (autobiograficzną)
- Wymaga świadomej uwagi
- Jest związana z hipokampem
- Pamięć autobiograficzna wiąże się z poczuciem „ja" oraz czasu i wymaga udziału kory przedczołowej

SZUKANIE ROZWIĄZAŃ

Gdy wiemy już, jak zapamiętuje mózg, możemy zacząć szukać rozwiązań dla naszych ukrytych problemów wewnętrznych. W wypadku Dana amnezja dziecięca nie byłaby dostatecznym wyjaśnieniem dla jego emocji, które mogłoby zmienić jego doświadczenie. Oczywiście, mógł w dzieciństwie doświadczyć sytuacji, do których nie ma obecnie dostępu, a które w sposób ukryty wpływały na intensywność emocji w trakcie stażu. Jednak bez stałego procesu autorefleksji jego styl rodzicielski zostałby zdominowany przez panikę i irytację, nie dając mu szansy na wypracowanie skutecznego sposobu kojenia płaczącego dziecka. Prawdopodobnie podświadomie odbierał jego bezradność i bezsilność jako zagrożenie. Taki wewnętrzny, nieuświadomiony proces emocjonalny mógł decydować o kształcie relacji z synem, blokując w dziecku naturalną zależność od rodzica i popychając je w stronę przedwczesnej autonomii. Dan pewnie racjonalizowałby ten problem, wskutek czego „niereagujące dziecko, które dużo płacze" uznałby za rozkapryszone i roszczeniowe. Gdyby nie zastanowił się nad tym głębiej, zignorowałby swoje wewnętrzne problemy i nadal złościł się na syna.

Rodzicielska ambiwalencja przejawia się na wiele sposobów, lecz jej przyczyną najczęściej są nieprzepracowane traumy. W takiej sytuacji rodzice mogą odczuwać sprzeczne emocje, które utrudniają im zachowanie otwartej i pełnej miłości postawy. Sztywne mechanizmy obronne wykształcone w okresie dzieciństwa lub później sprawiają, że tracimy zdolność do pełnienia roli opiekuna w sposób spójny i jednoznaczny. Naturalne aspekty życia dziecka, takie jak emocjonalność, bezradność, bezbronność i zależność od rodzica mogą wydawać się nam przerażające i nie do zniesienia.

Oto, jak Dan opisuje dalszy ciąg tej historii.

Chciałem nawiązać kontakt z synem w trudnych dla niego momentach, ale moje ambiwalentne emocje doprowadziły do rozdźwięku pomiędzy pożądaną przeze mnie reakcją a rzeczywistym zachowaniem. Zamiast zachować wrażliwość i uspokajać syna, byłem zniecierpliwiony i rozdrażniony. Gdy jednak uświadomiłem sobie, na czym polega mój problem, mogłem wreszcie coś z tym zrobić.

Rozmawiałem z przyjaciółmi o swoich wspomnieniach i wrażeniach z czasów stażu. Spisywałem to wszystko w dzienniku, gdyż badania wykazały, że pisanie o traumatycznych doświadczeniach może doprowadzić do zmian psychicznych i fizjologicznych, które umożliwiają przepracowanie traumy. Rozmowy, spacery i pisanie w dzienniku uświadomiły mi dotkliwy charakter moich wspomnień. Miałem reakcje trzewne i czułem się chory. Trzęsły mi się ręce.

Na początku, gdy mój syn płakał, wciąż odczuwałem panikę i irytację. Mówiłem sobie: „To są odczucia z tamtego stażu i nie dotyczą mojego syna". Panika nie znikała, ale czułem się odrobinę lepiej. Mijały dni, a ja nadal rozmawiałem i pisałem o tamtym okresie mojego życia, aż wreszcie zrozumiałem, że muszę dostrzec, zaakceptować i uszanować bezbronność i bezsilność – zarówno u siebie, jak i u mojego syna. Wtedy moja panika i irytacja uległy znacznemu złagodzeniu. Powtarzałem sobie, że nie jestem przyczyną jego płaczu, a bezbronność i zależność są normalnym przejawem życia. Zrozumienie własnej przeszłości wyzwoliło mnie i pomogło zaakceptować nie tylko płacz syna, ale także własną bezradność w roli ojca.

Tamto wspomnienie nigdy już do mnie nie wróciło, podobnie jak paraliżująca panika. Zawartość pamięci ukrytej została przetworzona w pamięci jawnej. Dzięki temu wspomnienia zostały zintegrowane w świadomą opowieść autobiograficzną. Uwzględniłem kwestie emocjonalne związane z bezbronnością i bezradnością w historii swojego życia, a to doprowadziło do rozwiązania mojego problemu.

DALSZY ROZWÓJ

Gdy rodzice nie podejmują odpowiedzialności za swoje problemy wewnętrzne, zamykają się na możliwość dalszego rozwoju. Nie znając przyczyn własnych zachowań oraz intensywnych reakcji emocjonalnych, przejawiają rodzicielską ambiwalencję.

W naszym życiu mamy do czynienia z wieloma trudnymi sytuacjami, do których musimy się dostosować, jeśli chcemy sobie z nimi poradzić. Większość z nas ma jakieś nierozwiązane problemy wewnętrzne, które utrudniają nam codzienne funkcjonowanie, upośledzają naszą elastyczność w kontakcie z dzieckiem albo uniemożliwiają świadome reagowanie. W takich okolicznościach często nie słuchamy dziecka, ponieważ nasze przeżycia wewnętrzne zagłuszają to, co ono do nas mówi. Wychodzimy z relacji z dzieckiem i grzęźniemy w automatycznych schematach zachowania pochodzących z naszej przeszłości. W rezultacie wciąż podejmujemy te same nieskuteczne działania, które nie zadowolą ani nas, ani naszych dzieci.

Gdy czujemy się przytłoczeni emocjami i zanurzamy w ukrytej pamięci bolesnych wydarzeń lub traum, trudno nam pozostać w kontakcie z własnym dzieckiem. W swoich reakcjach ograniczamy się wówczas do automatycznych mechanizmów adaptacyjnych, które wykształciliśmy w dzieciństwie - i to one tworzą za nas historię naszego życia. Nierozwiązane problemy wewnętrzne mogą w sposób bezpośredni wpływać na nasze mniemanie o sobie oraz na sposób porozumiewania się z dzieckiem. Gdy nieprzepracowane traumy piszą za nas historię naszego życia, przestajemy być własnymi biografami. Przypominamy magnetofon odtwarzający zapis przeszłości, najczęściej nie zdając sobie z tego sprawy. Nie podejmujemy przemyślanych decyzji odnośnie do tego, jakimi chcemy być rodzicami. Postępujemy tak, jakbyśmy zrzekli się zdolności decydowania o własnych działaniach lub przełączyli się na funkcję automatycznego pilota. Usiłujemy kontrolować zachowania dzieci, podczas gdy nasze nieprzyjemne emocje powstają pod wpływem naszych własnych problemów.

Gdy denerwuje cię zachowanie dziecka, zwróć uwagę na swoje wewnętrzne przeżycia. Być może uznasz, że swoim zachowaniem sam uniemożliwiasz nawiązanie pełnej miłości relacji. Rozwiązanie własnych problemów wewnętrznych da ci większą możliwość wyboru reakcji na zachowanie dziecka. Zaczniesz rozumieć swoje przeżycia, integrować wspomnienia ze swoją historią życiową oraz wspierać zdrowy rozwój swój i dziecka.

ĆWICZENIE – WGLĄD W SIEBIE

- Opisz w swoim dzienniku sytuacje, w których twoje reakcje emocjonalne były intensywne i automatyczne. Być może dostrzeżesz pewne schematy w interakcji z dzieckiem, które wywołują w tobie silne emocje. Na razie po prostu je zauważ i obserwuj, ale nie próbuj ich jeszcze zmieniać.
- Dołącz do swoich obserwacji refleksję na temat możliwych, ukrytych przyczyn twoich reakcji na zachowanie dziecka. Zastanów się nad ukrytymi elementami pamięci, którym nie towarzyszy żadne konkretne wspomnienie. Przemiana pamięci ukrytej w jawną oraz świadome skupianie uwagi na zakodowanych elementach naszej przeszłości stanowi istotną część procesu samopoznania oraz decyduje o naszej zdolności do nawiązywania więzi z dzieckiem.
- Pomyśl o jakiejś problematycznej kwestii w swoim życiu, która nie pozwala ci tworzyć satysfakcjonującej więzi z dzieckiem. Skoncentruj się na przeszłych, teraźniejszych i przyszłych aspektach tego problemu. Czy przychodzą ci do głowy jakieś motywy lub wzorce twoich relacji z przeszłości? Jakie ukryte emocje i wrażenia fizyczne pojawiają się, gdy myślisz o tym problemie? Czy doświadczyłeś tych odczuć w innych sytuacjach w swoim życiu? Czy pamiętasz jakieś zdarzenia ze swojej przeszłości, które mogły przyczynić się do powstania tego problemu? W jaki sposób te wzorce i emocje wpływają na twoje poczucie „ja" oraz więź z dzieckiem? Jak nastrajają cię do przyszłości?

CO NA TO NAUKA?

Nauka i wiedza

Od zarania dziejów ludzie próbowali zrozumieć świat. W miarę rozwoju technologii, ludzkość zaczęła zadawać coraz bardziej skomplikowane pytania, narzędzia badawcze stawały się bardziej złożone pod względem technicznym, a nauka rozwijała się w wielu nowych kierunkach. Obecnie istnieją tysiące specjalistycznych czasopism oraz bloków tematycznych w ramach licznych akademickich dziedzin naukowych, które wciąż próbują zrozumieć świat, w jakim żyjemy.

W niniejszej publikacji przyjmujemy podejście interdyscyplinarne opisane przez Dana Siegela w książce *Rozwój umysłu*. Opiera się ono na przekonaniu, iż istnieje pewna „obiektywna rzeczywistość" na tym świecie, którą jesteśmy w stanie badać i poznawać, a jej częścią jest również nasze ludzkie doświadczenie. Każde podejście do rozumienia świata jest w pewnym sensie ograniczone, co dobrze ilustruje stara indyjska przypowieść o ślepcach. Każdy z nich zapoznawał się z inną częścią słonia – wszyscy ślepcy doświadczali i postrzegali jedynie część większej całości. Dopiero, gdy podzielili się ze sobą swoimi wrażeniami, odkryli, czym naprawdę jest słoń.

Perspektywa interdyscyplinarna poszukuje wspólnych aspektów różnych, niezależnych dziedzin naukowych w celu uzyskania tak zwanej jedności wiedzy. Biolog ewolucyjny E. O. Wilson w książce *Konsilencja* napisał, że nie jest łatwo osiągnąć jedność wiedzy w środowisku akademickim ze względu na odrębność dyscyplin naukowych. Podejście interdyscyplinarne łączy je ze sobą i pozwala na dalszy rozwój nauki.

Każda dyscyplina badawcza i każde źródło wiedzy przyjmuje pewną specyficzną perspektywę, ideologię, słownictwo oraz sposób stawiania pytań. Podejście interdyscyplinarne nie faworyzuje żadnej z nich i zakłada, że współpraca pomiędzy dyscyplinami jest sposobem na poszerzenie spojrzenia na rzeczywistość, którą pragniemy zrozumieć. Przyjęcie takiego podejścia wymaga od nas pokory i gotowości do wyjścia poza ograniczenia różnych dyscyplin po to, aby poznać, czym naprawdę jest słoń.

Nawiążemy więc tutaj do różnych dziedzin naukowych, takich jak: antropologia, psychologia, nauka o mózgu, psychiatria, lingwistyka, edukacja oraz badania nad komunikacją i złożonymi systemami. Mindsight Institute (Instytut Psychowzroczności) jest przykładem instytucji, która przyjęła takie holistyczne podejście. Zajmuje się ona edukacją i szkoleniem osób zainteresowanych procesami interdyscyplinarnymi, łącznie z rodzicami, nauczycielami, lekarzami oraz innymi grupami społecznymi. Prezentując tę nowatorską perspektywę, instytucja promuje dobre samopoczucie jednostek, rodzin, społeczeństw i organizacji.

***

Umysł i mózg. Neurobiologia interpersonalna

Przez stulecia ludzie próbowali uchwycić istotę człowieczeństwa. Ludzka psychika, rozumiana jako dusza, intelekt i umysł, jest procesem będącym rezultatem aktywności mózgowej. W ramach neurobiologii dokonano mnóstwa odkryć dotyczących pracy mózgu wyjaśniając, w jaki sposób aktywność neuronalna prowadzi do powstawania procesów mentalnych.

W tym samym czasie zupełnie niezależna gałąź psychologii zgłębia zagadnienia związane z takimi aspektami funkcjonowania człowieka, jak pamięć, myślenie, emocje, rozwój i wiele innych. Psychologia rozwojowa oraz teoria przywiązania bardzo mocno przyczyniły się do poszerzenia naszej wiedzy o rozwoju dziecka. Badania nad przywiązaniem dostarczyły informacji na temat więzi rodziców z dzieckiem oraz jej wpływu na jego dalszy rozwój. Wykazano, że relacje międzyludzkie oraz schematy komunikacyjne, jakich doświadcza dziecko w kontakcie z opiekunami, w sposób bezpośredni wpływają na rozwój jego procesów umysłowych.

Możemy połączyć wiedzę na temat powstawania procesów mentalnych w mózgu (neurobiologia) z wiedzą na temat wpływu relacji na kształtowanie się tychże procesów (badania nad przywiązaniem). Elementy wspólne tych perspektyw naukowych stanowią istotę naszego podejścia, zwanego neurobiologią interpersonalną, która przyjmuje pewne podstawowe założenia dotyczące codziennych interakcji rodziców z dziećmi.

Neurobiologia interpersonalna traktuje zagadnienia rozwoju człowieka, opierając się na następujących założeniach.

- Umysł jest procesem polegającym na przepływie energii i informacji.
- Przepływ ten przejawia się zarówno w układzie nerwowym, jak i w komunikacji interpersonalnej. Umysł istnieje więc w nas i „pomiędzy" nami.
- Umysł rozwija się pod wpływem reakcji mózgu (genetycznie zaprogramowanego na rozwój) na nasze przeżycia, łącznie z doświadczeniami związanymi z relacjami społecznymi i procesem autorefleksji.

Chociaż naukowcy twierdzą, że umysł powstaje pod wpływem wzorców aktywacji sieci neuronowych – plastycznych procesów, takich jak uwaga, emocje i pamięć – nie wiemy dokładnie, w jaki sposób aktywność mózgowa tworzy nasze subiektywne doświadczenie. Jednym ze sposobów spojrzenia na to zagadnienie jest określenie umysłu jako przepływu energii i informacji. Energia, którą jesteś w stanie zaobserwować w swoim umyśle, ma właściwości fizyczne: może to być brzmienie głosu, stan czuwania lub snu albo intensywność relacji, jakiej doświadczasz. Neurobiolog zajmuje się badaniem energii wykorzystywanej w różnych częściach mózgu. Posługuje się w tym celu obrazowaniem ukazującym wykorzystanie określonych substancji chemicznych i przepływ krwi w różnych obszarach mózgu lub elektroencefalogramem (EEG) ukazującym wzorce fal mózgowych.

Przepływ informacji w umyśle to nic innego, jak rozumienie sensu słów, które czytasz. Mark Twain napisał, że istnieje ogromna różnica między światłem a świetlikiem, podobnie jak pomiędzy słowem właściwym a prawie właściwym. Poszukiwanie sensu jest potężnym motorem przetwarzania informacji w umyśle. Nasz sposób rozumienia świata ma bezpośredni wpływ na to, jak konstruujemy spostrzeżenia na temat rzeczywistości.

W chwili narodzin człowiek jest jedną z najbardziej bezradnych istot na świecie: noworodki przychodzą na świat z bardzo słabo rozwiniętym mózgiem, a ich przetrwanie jest całkowicie zależne od opieki dorosłych. Rozwój niezbędnych struktur mózgowych zależy zarówno od informacji genetycznej, jak i od jego doświadczeń. Innymi słowy, ze względu na niedojrzałość mózgu noworodka, doświadczenia życiowe odgrywają istotną rolę w kształtowaniu się połączeń mózgowych. Wydarzenia życiowe decydują nawet o charakterze tych struktur mózgowych, które umożliwiają nam przeżywanie oraz pamiętanie tego, co się nam przydarzyło.

Opieka osoby dorosłej dostarcza dziecku podstawowych narzędzi umysłowych wymaganych do przetrwania. Doświadczenia związane z relacją przywiązania umożliwiają dziecku rozwój oraz wykształcenie wysoce elastycznej i adaptacyjnej zdolności regulowania emocji i myśli, a także nawiązywania empatycznych więzi z innymi ludźmi. Neurobiologia udowadnia, że wymienione zdolności wynikają z integracji konkretnych obwodów mózgowych, a niezależne badania nad przywiązaniem pokazują, jakich relacji potrzebuje dziecko do optymalnego rozwoju oraz prawidłowego wykształcenia tychże procesów mentalnych. Podejście interpersonalno-neurobiologiczne łączy wymienione elementy w jedną całość: relacje przywiązania wspierają rozwój integrujących funkcji mózgu oraz umożliwiają rozwinięcie umiejętności emocjonalnych, poznawczych i interpersonalnych.

Pamięć, mózg i rozwój. Jak kształtuje nas pamięć?

Nauka o pamięci jest fascynującą dziedziną, która wnosi mnóstwo nowej wiedzy na temat wpływu doświadczeń życiowych na nasz umysł i mózg. Wiemy, że nasze przeżycia kształtują mózg przez całe nasze życie, zmieniając połączenia między neuronami. Doświadczenie jest dla mózgu po prostu aktywacją neuronów: przepływem jonów wzdłuż długich, podstawowych komórek mózgowych, w których znajduje się ponad dwa miliony mil włókien nerwowych. Każdy ze stu miliardów neuronów mózgowych łączy się średnio z dziesięcioma tysiącami innych, tworząc niezwykle skomplikowaną sieć bilionów synaps lub połączeń neuronowych w mózgu. Niektórzy szacują, że liczba wzorców aktywacji neuronów w mózgu – czyli opcji włącz/wyłącz wszystkich możliwych schematów aktywacji mózgu – wynosi 10 do potęgi milionowej. Ludzki mózg jest uznawany za najbardziej złożony obiekt we wszechświecie.

Badania naukowe wykazały, że zmiany połączeń między neuronami umożliwiają funkcjonowanie pamięci. Gdy neurony aktywują się w tym samym czasie, powstają powiązania skojarzeniowe. Jeśli ugryzie cię pies w trakcie pokazu sztucznych ogni, to twój umysł może skojarzyć ból i lęk nie tylko z psem, ale także z fajerwerkami. Do skojarzeń tych dochodzi w oparciu o aksjomat stworzony przed pięćdziesięciu lat przez kanadyjskiego lekarza i psychologa Donalda Hebba: „Neurony, które uaktywniły się w tym samym czasie, są ze sobą ściśle połączone (*neurons which fire together, wire together*)". Nie tak dawno psychiatra i neurobiolog Eric Kandel dostał Nagrodę Nobla za udowodnienie, iż powtarzalna aktywacja neuronów prowadzi do „włączenia się" materiału genetycznego w ich jądrze komórkowym w taki sposób, że dochodzi do syntezy nowych białek umożliwiających powstawanie nowych połączeń synaptycznych. To znaczy, że aktywacja neuronów (doświadczenie życiowe) uruchamia mechanizm genetyczny, który umożliwia mózgowi zmianę wewnętrznych połączeń (pamięć).

Do rozwoju mózgu dochodzi także wtedy, gdy neurony rozrastają się i tworzą nowe połączenia. Pamięć i rozwój są procesami współzależnymi: doświadczenia życiowe kształtują rozwijający się mózg. Geny w dużej mierze decydują o sposobie tworzenia się połączeń między neuronami, ale doświadczenia życiowe grają równie ważną rolę, gdyż aktywują wpływ genów na ten proces. Debatowanie nad tym, co jest ważniejsze – doświadczenie życiowe czy biologia albo natura czy wychowanie – nie ma najmniejszego sensu, gdyż oba aspekty są dla nas równie istotne. Doświadczenie kształtuje nasz mózg – to niezaprzeczalny fakt. Doświadczenia życiowe są naszą biologią. To, w jaki sposób traktujemy swoje dzieci, zmienia je i wpływa na ich rozwój. Mózg dziecka potrzebuje naszego rodzicielskiego zaangażowania. Natura potrzebuje wychowania.

Mózg jest stworzony do tego, aby samoistnie rozwijać podstawowe struktury, niezbędne do prawidłowego rozwoju dziecka. Naszym zadaniem jest tylko zapewnić dziecku możliwość interakcji i refleksji, choć nie trzeba go nadmiernie stymulować ani bombardować bodźcami zewnętrznymi. Rodzice są rzeźbiarzami dojrzewającego mózgu dziecka. Niedojrzały mózg jest właściwie tak wrażliwy na doświadczenia społeczne, że przybrani rodzice powinni być nazywani rodzicami biologicznymi, gdyż doświadczenia rodzinne kształtują biologiczną strukturę mózgu. Zostanie biologicznym rodzicem jest tylko jednym z wielu sposobów, w jaki możesz wpływać na życie swojego dziecka.

Doświadczenie a rozwój pamięci i jaźni

Pamięć to sposób tworzenia się połączeń między neuronami pod wpływem doświadczeń życiowych. Polega on na określonej zmianie wzorców aktywacji neuronów w mózgu. Jeśli nigdy nie słyszałeś o Golden Gate Bridge, to słowa te wywołają w twoim mózgu zupełnie inną reakcję niż u kogoś, kto mieszka w San Francisco i zna ten most, przywołuje związane z nim wspomnienia, emocje i inne skojarzenia. Dwa główne rodzaje pamięci: jawna i ukryta, wyraźnie różnią się od siebie. U niemowlęcia funkcjonują rozwijające się obwody neuronowe związane z pamięcią ukrytą (aspekty emocjonalne, behawioralne, percepcyjne oraz fizyczne), a zatem ten rodzaj pamięci jest nam dostępny od momentu narodzin (prawdopodobnie nawet wcześniej). Pamięć ukryta obejmuje także generalizacje doświadczeń stworzone przez mózg w postaci modeli mentalnych.

Pamięć jawna wykorzystuje ten sam podstawowy mechanizm kodowania, ale przetwarza też dane w obszarze zwanym hipokampem. Obszar ten dojrzewa po osiemnastym miesiącu życia, umożliwiając dopiero pojawienie się pamięci jawnej – przed tym okresem nie jest ona dostępna. Dzięki hipokampowi umysł jest w stanie połączyć różne elementy pamięci ukrytej oraz dostarczyć kontekstu dla neuronalnych reprezentacji doświadczeń. Zjawisko to jest podstawą funkcjonowania semantycznej i autobiograficznej pamięci jawnej. Hipokamp odpowiada za mapowanie poznawcze, tworząc połączenia skojarzeniowe reprezentacji percepcyjnych (wzrok, słuch, dotyk) oraz koncepcyjnych (idee, poglądy, teorie).

Po drugim roku życia dochodzi do dalszego rozwoju obszarów przedczołowych mózgu, który umożliwia rozwinięcie poczucia „ja" oraz poczucia czasu, a zatem pojawienie się pamięci autobiograficznej. Zanim jednak do tego dojdzie, niemowlę pozostaje w fazie amnezji dziecięcej, w której dysponuje tylko pamięcią ukrytą. Nawet w okresie, gdy pojawi się już autobiograficzna forma pamięci jawnej, dziecko wciąż może mieć trudności z przypomnieniem sobie doświadczeń sprzed piątego roku życia.

Nie wiemy, dlaczego tak się dzieje. Przypuszczamy, że mechanizmy utrwalania wspomnień i integrowania różnego rodzaju danych w magazynie pamięciowym rozwijają się w pełni dopiero w wieku szkolnym. Pamięć jawna przechodzi z magazynu pamięci krótkotrwałej do magazynu pamięci długotrwałej dzięki hipokampowi. Z czasem wspomnienia zakodowane w pamięci długotrwałej utrwalają się w procesie zwanym konsolidacją. Jednym z aspektów konsolidacji pamięci jest faza REM (Rapid Eye Movement), która służy nam do utrwalenia wspomnień z magazynu pamięci długotrwałej, dzięki czemu hipokamp z łatwością może uzyskać do nich dostęp. Faza REM ma miejsce podczas snu. Być może marzenia senne – integrujące emocje i pamięć, a także procesy prawo- i lewopółkulowe – wymagają udziału pewnych integrujących obwodów, które nie są jeszcze odpowiednio wykształcone u dziecka w wieku przedszkolnym – i to jest przyczyną braku swobodnego dostępu do jawnych wspomnień autobiograficznych z okresu wczesnego dzieciństwa. Dzieci w wieku przedszkolnym mają sny i przypominają sobie wydarzenia ze swojego życia, ale procesy konsolidacyjne są u nich nie dość rozwinięte, aby mogło dojść do utrwalenia autobiograficznych elementów w magazynie pamięci długotrwałej. Jeśli przyjmiemy, że przyczyną tego ograniczenia jest niedojrzałość funkcji konsolidacyjnych, staje się dla nas oczywiste, dlaczego większość ludzi ma problem z przypominaniem sobie sekwencji zdarzeń z okresu przedszkolnego.

Jednym ze sposobów, w jaki małe dziecko przetwarza swoje doświadczenia, jest zabawa. Tworzenie scenariuszy uwzględniających zmyślone lub prawdziwe przeżycia umożliwia dzieciom praktykowanie nowych umiejętności i przyswajanie złożonej wiedzy o emocjach, jakie towarzyszą kontaktom społecznym. Wymyślanie historii w trakcie zabawy, a przypuszczalnie również w snach, może być sposobem, w jaki umysł poszukuje sensu naszych doświadczeń oraz integruje nowe odkrycia z ogólnym obrazem siebie.

U dzieci powyżej czwartego-piątego roku życia ciało modzelowate oraz obszary przedczołowe mózgu są już wystarczająco rozwinięte, by umożliwić proces konsolidacji przeżyć w czasie. Dopiero wtedy tworzy się fundament samoświadomości, nazywany pamięcią autobiograficzną. Proces dojrzewania neurobiologicznego wyjaśnia zjawisko opóźnionego dostępu do wspomnień autobiograficznych z okresu przedszkolnego. To prawdopodobnie dzięki konsolidacji rozwijamy autobiograficzne poczucie „ja", które kształtuje się pod wpływem doświadczeń oraz rozwija się przez całe nasze życie.

Traumatyczne przeżycia wpływają na pamięć w inny sposób niż zwykłe wydarzenia. Nieprzepracowana trauma może zablokować naturalne funkcje pamięci poprzez zaburzenie procesu kodowania i przechowywania danych. W trakcie przytłaczającego wydarzenia może dojść do zablokowania procesu kodowania poprzez zahamowanie jawnego przetwarzania bodźców w hipokampie – zachodzić będzie jedynie przetwarzanie ukryte. Przyczyną takiego zjawiska może być nadmierna produkcja neuroprzekaźników lub hormonów stresu w trakcie traumatycznego wydarzenia. Kolejnym mechanizmem wywołującym tę blokadę jest rozproszenie uwagi w sytuacji stresowej – świadoma uwaga zostaje skierowana na nietraumatyczne aspekty otoczenia. Umożliwia to kodowanie w pamięci ukrytej, ale blokuje funkcje kodujące hipokampa, które potrzebują udziału świadomej uwagi. Gdy po pewnym czasie uzyskamy dostęp do tych elementów pamięci ukrytej, nasz umysł zostanie nimi „zalany", ale nie będzie temu towarzyszyło żadne konkretne wspomnienie. Ponadto elementom pamięci ukrytej brakuje połączeń skojarzeniowych tworzonych przez hipokamp, które umieszczają je w zrozumiałym dla nas kontekście. Wspomnienia pamięci ukrytej, które nie zostały jawnie przetworzone, w skrajnych przypadkach mogą przejawiać się w formie silnych „przebłysków", ale najczęściej są źródłem ukrytych modeli mentalnych, które ograniczają elastyczność rodzica i uniemożliwiają mu dostrojenie się do swojego dziecka.

Dalsza lektura

M. L. Howe i in., *Children's Basic Memory Processes, Stress, and Maltreatment*, „Development and Psychopathology" 2006, nr 3.

E. R. Kandel. *Psychiatry, Psychoanalysis, and the New Biology of Mind*, New York 2005.

J. LeDoux, *Rethinking the Emotional Brain*, „Neuron" 2012, nr 4.

D. Siegel, *Psychowzroczność*, Poznań 2011.

D. Siegel, *Rozwój umysłu. Jak stajemy się tym, kim jesteśmy?*, Kraków 2009.

D. J. Siegel, *Memory. An Overview with Emphasis on the Developmental, Interpersonal, and Neurobiological Aspects*, „Journal of the American Academy of Child and Adolescent Psychiatry" 2011, nr 40.

E. O. Wilson, *Konsilencja. Jedność wiedzy*, Poznań 2012.

ROZDZIAŁ 2.

POSTRZEGANIE RZECZYWISTOŚCI

WPROWADZENIE

Historie, które budujemy o sobie, umożliwiają nam zrozumienie naszych życiowych doświadczeń. Opowiadamy swoje osobiste i wspólne historie po to, aby zrozumieć, co się nam przydarzyło, i nadać temu sens. Ten fenomen występuje we wszystkich kulturach. Dzielenie się opowieściami z innymi ludźmi daje nam poczucie więzi i przynależności do konkretnej grupy społecznej oraz kształtuje sposób postrzegania świata. My tworzymy swoje historie, ale one także tworzą nas. Pełnią ważną funkcję zarówno z punktu widzenia jednostki, jak i doświadczenia całej ludzkości.

Wszyscy mamy jakieś swoje historie: opowieści o osobistych doświadczeniach życiowych, dzięki którym uczymy się rozumieć siebie i swoje relacje z innymi. Opowieści autobiograficzne służą zrozumieniu własnego życia – zarówno wydarzeń, które nam się przydarzyły, jak i przeżyć wewnętrznych, które tworzą bogatą strukturę subiektywnego podejścia do życia każdego człowieka. Gdy pogłębiamy samorozumienie, zastanawiamy się nad wydarzeniami życiowymi i własnymi procesami mentalnymi, nasze opowieści autobiograficzne zmieniają się i ewoluują.

Dzieci również starają się zrozumieć i nadać sens swoim przeżyciom. Opowiedzenie swojemu dziecku o tym, co się przydarzyło, pomaga mu zintegrować jego doświadczenie z treścią emocjonalną. Taki rodzaj kontaktu z rodzicem pozwala mu zrozumieć to, czego doświadczyło, oraz dostarcza praktycznych narzędzi, dzięki którym staje się refleksyjnym i świadomym człowiekiem. W wypadku braku emocjonalnego zrozumienia ze strony osoby dorosłej, dziecko może doświadczyć nieprzyjemnych odczuć lub nawet wstydu.

Do prowadzonego przez Mary przedszkola przyszła trzyletnia Annika posługująca się jedynie językiem fińskim. Przeprowadziła się tu wraz z rodziną na dwa lata, gdyż jej ojciec był wykładowcą wizytującym na Uniwersytecie Kalifornijskim. Podczas pierwszej wizyty w przedszkolu mama Anniki została z nią, dopóki dziewczynka nie oswoiła się z nowym środowiskiem i opiekunkami. Była przemiłym i przyjaznym dzieckiem, które uwielbiało bawić się z innymi, a bariera językowa nie stanowiła dla niej żadnej przeszkody w obliczu radości, jaką czerpała ze wspólnych zabaw.

Matka nie miała problemu z zostawianiem jej w przedszkolu przez pierwszych kilka tygodni, dopóki nie doszło do pewnego incydentu, który pokazuje, jak ważną rolę pełnią w naszym życiu opowieści i jak mogą pomóc dziecku w radzeniu sobie ze stresem. Annika bawiła się radośnie cały poranek, gdy nagle upadła i zdarła sobie kolano. Jak większość dzieci w takiej sytuacji, zaczęła płakać i wołać mamę. Nie reagowała na wsparcie nauczycielki, która nie potrafiła jej uspokoić. Nauczycielka poprosiła pracownika administracji, by zadzwonił do mamy, i dalej próbowała ją pocieszyć. Opowiedzenie dziecku historii o tym, co się wydarzyło, z uwzględnieniem treści emocjonalnej, zwykle bardzo pomaga mu zrozumieć swoje przeżycia oraz przynosi ukojenie. Nauczycielka nie mówiła jednak po fińsku, a Annika nie rozumiała angielskiego, więc opowiadanie nie przyniosło pożądanego rezultatu. Kobieta sięgnęła więc po kilka rekwizytów i zaczęła odgrywać scenkę przy użyciu lalek i zabawkowego telefonu. Annikę miała reprezentować mała lalka, która posłużyła nauczycielce do odtworzenia całej sytuacji. Opowiadanie historii polega na przedstawieniu serii wydarzeń oraz przeżyć postaci, które biorą w nich udział. Lalka reprezentująca Annikę na początku bawiła się, a potem przewróciła. Nauczycielka wydała z siebie płaczliwe dźwięki, naśladując płacz Anniki. Dziewczynka przestała płakać i przyglądała się. Historia toczyła się dalej. Lalka reprezentująca nauczycielkę przemówiła łagodnie do lalki-Anniki i wówczas dziewczynka znów zaczęła szlochać. Wówczas lalka-nauczycielka sięgnęła po telefon, aby zadzwonić po lalkę-mamę, a wtedy Annika znów przestała płakać, przyglądając się i słuchając.

Przy użyciu lalek nauczycielka kilkakrotnie opowiedziała historię o skaleczonym kolanie i telefonie do mamy. Annika doskonale rozumiała słowo „mama" i dzięki odtworzeniu wydarzenia za pomocą rekwizytów zaczęła w końcu rozumieć, co się wydarzyło i co stanie się za chwilę. Za każdym razem, gdy nauczycielka powtarzała tę scenkę, Annika coraz bardziej się uspokajała. Po krótkim czasie zeszła z kolan nauczycielki i radośnie powróciła do zabawy – przekonana, że mama zaraz po nią przyjedzie. Gdy przyjechała mama Anniki, dziewczynka przyniosła lalki oraz telefon i wręczyła je nauczycielce – chciała raz jeszcze usłyszeć tę historię i podzielić się z matką opowieścią o swoim zdartym kolanie i swoich przykrych przeżyciach.

Odtworzenie tego wydarzenia nie tylko uspokoiło ją i pozwoliło zrozumieć te przeżycia, ale pokazało także, że w niedalekiej przyszłości może spodziewać się przyjazdu mamy. Dorośli zwykle opowiadają swoje historie za pomocą słów. W wypadku dzieci bardzo pomocne okazuje się użycie rekwizytów – takich jak lalki, maskotki lub rysunki – nawet jeśli doskonale rozumieją język, w którym do nich mówimy. Dzieci zwykle uspokajają się, gdy zaczynają rozumieć, co się im przydarzyło i co może wydarzyć się za chwilę.

W dzieciństwie mogłeś przeżyć coś, czego nie rozumiałeś, ponieważ nie pomógł ci w tym żaden dorosły opiekun. Już od momentu narodzin umysł próbuje zrozumieć świat i regulować wewnętrzny stan emocjonalny za pośrednictwem relacji z rodzicem. Dorośli pomagają dzieciom zarządzać emocjami oraz nadawać sens ich przeżyciom. Dorastające dziecko rozwija zdolność tworzenia autobiograficznych opowieści o wydarzeniach swojego życia. Pojawienie się umiejętności opowiadania historii stanowi potwierdzenie, iż nauczyło się ono rozumieć swój świat i zarządzać swoimi emocjami.

Sposób, w jaki opowiadamy swoje historie życiowe, świadczy o tym, jak interpretujemy to, co się nam przydarzyło. Co pojawia się w twoim wnętrzu, gdy opowiadasz o wydarzeniach swojego życia? Czy mówisz o nich z dystansem, czy też wciąż przeżywasz te same emocje? Czy pewnym tematom towarzyszą intensywne, nieuzdrowione emocje, chociaż zdarzenie, o którym opowiadasz, miało miejsce dawno temu? Czy pamiętasz wiele szczegółów ze swojego wczesnego dzieciństwa? Jakie uczucia pojawiają się, gdy o nich opowiadasz?

Osobiste opowieści przynoszą nam wskazówkę, w jaki sposób przeszłość wpływa na nasze obecne życie. Sposób opowiadania i podkreślanie pewnych aspektów wydarzeń pokazuje, jak postrzegamy świat i samych siebie. Być może rozmyślając o wydarzeniach rodzinnych, nie koncentrujesz się zbytnio na naturze relacji pomiędzy członkami rodziny. Niektóre rodziny mają dość zdystansowane style relacji – rzadko dzielą się emocjami, a każda jednostka ma osobne życie emocjonalne. W takich rodzinach rodzice i dzieci mogą mieć trudności w konstruowaniu bogatej opowieści autobiograficznej. Mogą nie pamiętać szczegółów wydarzeń i nie uwzględniać emocji w swych opowieściach. Rodziny te rozmawiają raczej o zewnętrznych aspektach wydarzeń niż o doświadczeniach psychicznych. W rodzinach zdystansowanych emocjonalnie tak istotna umiejętność jak psychowzroczność – zdolność obserwacji swojego umysłu oraz tego, co dzieje się w umyśle drugiego człowieka – jest dość ograniczona, zarówno u rodziców, jak i dzieci. Opowieści są próbami zrozumienia bogatego świata wewnętrznego – swojego i innych.

RÓŻNE DROGI POZNANIA

Nasz umysł przetwarza informacje na różne sposoby. Na podstawowym poziomie rozróżniamy kilka modalności percepcyjnych, takich jak wzrok, słuch, dotyk, smak i węch. Na innym mamy odmienne rodzaje „inteligencji": lingwistyczną, przestrzenną, kinestetyczną, muzyczną, matematyczną, interpersonalną oraz intrapersonalną. Umysł jest złożonym systemem, który przejawia wiele wspaniałych i odmiennych sposobów postrzegania oraz nawiązywania kontaktu ze światem.

Sposób postrzegania świata ma bezpośredni wpływ na nasze zachowanie. Jesteśmy organizmami posiadającymi „ścieżki wejścia i wyjścia" – zostaliśmy stworzeni do przyswajania informacji ze świata zewnętrznego, a następnie do wewnętrznego przetwarzania tych danych (co nazywamy poznaniem) oraz generowania konkretnej reakcji. Wejście – przetwarzanie wewnętrzne – wyjście: to najprostszy sposób, w jaki można opisać rolę mózgu i całego układu nerwowego.

Jesteśmy w stanie zbadać różnice pomiędzy lewą i prawą półkulą mózgową, jeśli chodzi o sposób przetwarzania danych. Obie półkule rozwijały się przez miliony lat z asymetrycznych układów nerwowych niższych zwierząt i dość wyraźnie różnią się od siebie. Te dwie oddzielne części mózgu powiązane są ze sobą za pomocą pasm tkanki nerwowej zwanej ciałem modzelowatym. Dzięki temu, że są od siebie oddzielone, mogą w pewnym sensie funkcjonować samodzielnie, czyli przeprowadzać różne procesy przetwarzania danych. Przepływ informacji po-

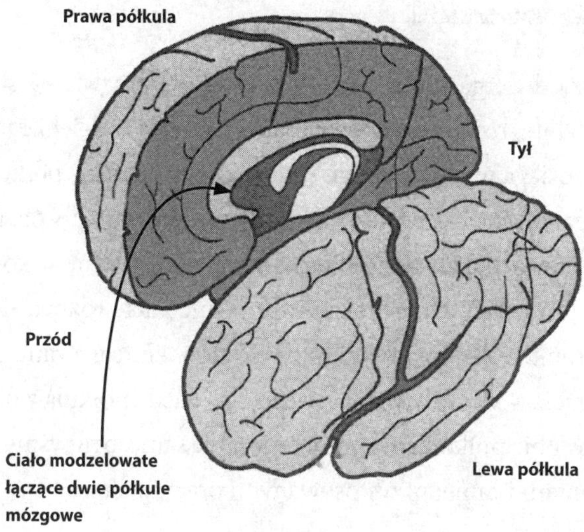

Rysunek 2. Półkule mózgowe widziane z boku

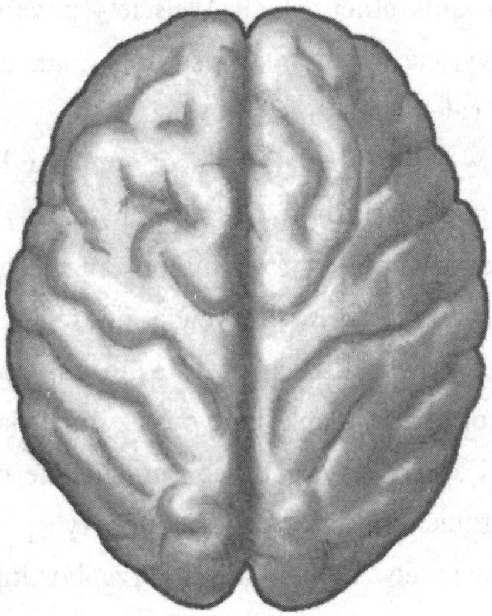

Rysunek 3. Mózg widziany z góry

między dwiema półkulami umożliwia zaś pojawienie się bardziej zintegrowanego sposobu przetwarzania, dzięki któremu mózg osiąga wyższy poziom funkcjonowania. Obie półkule postrzegają świat i przetwarzają informacje na swój sposób. Dzięki temu, że różnią się od siebie i są wyspecjalizowane w konkretnych funkcjach, nasz mózg może pełnić wiele różnych zadań. Gdy funkcje każdej półkuli połączą się w zintegrowaną całość, mózg jest w stanie osiągnąć więcej, niż każda półkula z osobna. Gdyby obie półkule mózgowe były takie same, bylibyśmy mniej złożonymi i mniej przystosowanymi organizmami.

TABELA 2. PRZETWARZANIE PRAWO- I LEWOPÓŁKULOWE

Przetwarzanie prawopółkulowe

Nielinearne

Holistyczne

Wizualno-przestrzenne

Specjalizuje się w:

- informacji autobiograficznej
- wysyłaniu i postrzeganiu sygnałów niewerbalnych
- intensywnych emocjach pierwotnych
- świadomości, regulacji oraz zintegrowanej mapie ciała
- poznaniu społecznym i psychowzroczności (rozumieniu siebie i innych)

Może wymagać dominacji prawej półkuli mózgowej

Przetwarzanie lewopółkulowe

Linearne

Logiczne

Językowe

Specjalizuje się w:

- wnioskowaniu sylogistycznym (szukanie schematów „przyczyna-skutek")
- analizie językowej (stosowanie słów do definiowania świata)
- myśleniu kategoriami „dobre/złe"

Może wymagać dominacji lewej półkuli mózgowej

Jednym ze sposobów rozróżnienia aspektów procesu: wejście (percepcja) – przetwarzanie wewnętrzne – wyjście jest posłużenie się terminologią lewo- i prawopółkulowego trybu przetwarzania. Tryb prawopółkulowy wynika z aktywności prawej półkuli mózgowej i polega na przetwarzaniu informacji w sposób nielinearny i holistyczny. Prawa półkula mózgowa przetwarza dane autobiograficzne, przetwarza i wysyła sygnały niewerbalne, odpowiada za zintegrowane poczucie ciała, modele mentalne „ja", spontaniczne emocje oraz rozumienie sytuacji społecznych.

Tryb lewopółkulowy wiąże się głównie z aktywnością lewej półkuli mózgowej i polega na zupełnie innych procesach: przetwarzaniu linearnym, logicznym i językowym. Określenie „linearne" oznacza przetwarzanie jednej informacji za drugą, a „logiczne" wskazuje na poszukiwanie wzorców relacji przyczyna-skutek w otaczającym świecie. Przetwarzanie językowe polega zaś na wykorzystaniu zerojedynkowych fragmentów informacji zawartych w słowach.

OPOWIEŚCI I POŁĄCZENIE TRYBU LEWO- I PRAWOPÓŁKULOWEGO

W książce *Rozwój umysłu* znajdziesz sugestię, iż opowieści, które umożliwiają nam zrozumienie naszego życia, powstają dzięki zintegrowaniu lewopółkulowej potrzeby wyjaśniania z prawopólkulowym magazynem informacji autobiograficznych, społecznych i emocjonalnych. Elastyczne połączenie tych dwóch trybów przetwarzania pozwala na stworzenie spójnej opowieści życiowej. Swobodna integracja lewopółkulowego dążenia do zrozumienia z prawopółkulowym przetwarzaniem niewerbalnym i autobiograficznym umożliwia nam zrozumienie własnego życia.

W wypadku rodziców zrozumienie własnego życia jest niezwykle istotne, ponieważ pomaga w nawiązaniu dobrej więzi emocjonalnej z dzieckiem. Dzięki większej samoświadomości możemy zaoferować dziecku doświadczenie pomocne w zrozumieniu jego własnego życia.

Zdarzają się jednak takie sytuacje, kiedy zalewa nas fala doznań, których nie potrafimy nazwać ani zrozumieć w sposób logiczny. Mogą to być wyobrażenia, wrażenia zmysłowe lub niejasne obrazy, które pojawiają się i znikają. Możemy wówczas stracić poczucie czasu, odczuwać silną więź z tym, co postrzegamy, a przy tym nie zauważać relacji przyczynowo-skutkowych w otaczającym nas świecie. W takich momentach jesteśmy całkowicie zdominowani przez fizyczne, emocjonalne i percepcyjne aspekty naszych przeżyć – aspekty prawopółkulowego trybu przetwarzania.

Gdy używamy przetwarzania lewopółkulowego do tworzenia historii swojego życia, korzystamy z aspektów językowych, linearnych i logicznych, dzięki którym potrafimy dostrzec zasadę przyczyny i skutku w tym, co nam się przydarza. Aby jednak stworzyć taką linearną narrację na swój temat, musimy pobrać informacje z prawej półkuli. Jeśli informacje te nie są dla nas łatwo dostępne lub – przeciwnie – zalewają nas niczym fala, nie będziemy w stanie stworzyć spójnej opowieści. Przyczyną takiej niespójności mogą być nierozwiązane problemy wewnętrzne. Nasza opowieść będzie niespójna, gdy zabraknie w niej czynnika emocjonalnego i autobiograficznego lub gdy prawopółkulowe aspekty nie staną się dla nas w pełni zrozumiałe. Historie życiowe, które pomagają nam zrozumieć własne doświadczenia, wymagają zarówno racjonalnego myślenia, jak i dostępu do emocjonalnych i autobiograficznych aspektów swoich przeżyć.

Posłużmy się przykładem kobiety w wieku trzydziestu kilku

lat. Jej ojciec zmarł, gdy była nastolatką, a ona nigdy w pełni nie opłakała jego śmierci. Gdy mówi o tamtym okresie swojego życia, zalewa się łzami i traci głos. Jej relacje z ojcem były napięte – tuż przed śmiertelnym atakiem serca spierali się o jej chłopaka, którego ojciec nie akceptował. Dopiero gdy w pełni zmierzy się ze swoim poczuciem winy, będzie potrafiła przeboleć jego śmierć i włączyć ją w spójną historię swojego życia.

Prowadząc proces autorefleksji, rozróżniaj modalności własnych przeżyć. Zintegrowanie obu trybów ze sobą może okazać się niezbędne dla uzyskania spójności umysłu oraz stworzenia spójnej historii życiowej.

SPÓJNOŚĆ I INTEGRACJA

Na naszą relację z dzieckiem składa się wiele wspólnych przeżyć. Wydaje się, że doświadczenia, które angażują szeroki zakres procesów wewnętrznych, sprzyjają tworzeniu bardziej zrównoważonych interakcji międzyludzkich. Gdy oddzielne, odmienne i zróżnicowane procesy zostaną połączone w jedną funkcjonalną całość, mamy do czynienia ze zjawiskiem integracji.

Jakie mamy rodzaje integracji mózgu? Pierwszy to integracja wertykalna: gdy skomplikowane, refleksyjne i koncepcyjne przetwarzanie, właściwe wyższej pod względem anatomicznym korze mózgowej, współpracuje z bardziej podstawowymi, emocjonalnymi popędami głębszych partii mózgu. A gdy refleksyjne funkcje kory zostają zablokowane, stajemy się mało elastyczni, gdyż reagujemy z poziomu niezintegrowanego „niższego trybu".

Istnieje również integracja horyzontalna, w której współpracują ze sobą lewa i prawa półkula. Stanowi ona podstawę spójnych narracji, które tworzymy, gdy nadajemy sens naszemu życiu. Spójne opowieści życiowe są decydującym czynnikiem kształtującym bezpieczny styl przywiązania rodzica i dziecka. Proces integracji horyzontalnej u rodzica może wręcz decydować o zdolności zapewnienia dziecku wspierającego i bezpiecznego środowiska.

Tworzenie opowieści życiowych zależy również od innego rodzaju integracji. Jest to integracja czasowa, polegająca na łączeniu procesów w czasie. Oto zasadnicza funkcja opowieści: łączą one jaźń z przeszłości z jaźnią w teraźniejszości i w przewidywanej przyszłości. Taka mentalna podróż w czasie jest główną cechą opowieści życiowych ludzi na całym świecie.

Zdrowe relacje, a być może także wewnętrzne poczucie spójności i dobrostanu, zależą od aktywności i płynności procesów integracyjnych umysłu. Dobre samopoczucie psychiczne pod wieloma względami wymaga osiągnięcia takiego poziomu integracji, który pogłębia naszą więź z innymi i samym sobą. Dążenie do integracji w różnych aspektach życia pozwala nam pogłębiać samoświadomość oraz relację z samym sobą, a także wzbogaca nasze życie i życie naszych dzieci.

Historie, które dzielimy z innymi, są uniwersalnym sposobem nawiązywania i doświadczania więzi interpersonalnych. Gdy myślimy o ważnych ludziach w swoim życiu, wspominamy momenty, w których odczuwaliśmy z nimi więź – pielęgnujemy je i uwzględniamy w swoich osobistych historiach. Takim wydarzeniom jak śluby, uroczystości szkolne, zjazdy i pogrzeby często towarzyszy opowiadanie wielu opowieści. Ludzie nawiązują kontakt ze sobą, wspominając wspólne, intensywne przeżycia w kontekście przemijającego życia.

Z pomocą refleksji nad swoją historią życiową pogłębiasz

znajomość siebie, integrujesz emocje w swoim codziennym życiu oraz uczysz się szanować te cenne przejawy poznania. Autorefleksja wywołuje zmiany w mózgu, dzięki którym może dojść do zmian w charakterze twojej relacji z dzieckiem. Rozwój osobisty oraz pogłębianie samoświadomości, do których dochodzi w procesie tworzenia własnej opowieści życiowej, umożliwiają doskonalenie psychowzroczności oraz uwrażliwiają cię na twoje dziecko.

ĆWICZENIE – WGLĄD W SIEBIE

- W ramach ćwiczenia służącego poszerzaniu wiedzy na temat różnych sposobów przetwarzania informacji, spójrz na tabelę 2, a następnie opisz lub narysuj w swoim dzienniku przykłady obu trybów przetwarzania, jakich sam doświadczyłeś. W procesie samopoznania zaczniesz coraz lepiej rozróżniać lewo- i prawopółkulowe formy przetwarzania. Zwracaj szczególną uwagę na niewerbalne, nielogiczne i często nieprzewidywalne doznania związane z prawą półkulą mózgową – zarówno u siebie, jak i u twojego dziecka.
- Pisanie w dzienniku angażuje głównie lewą półkulę. Prosimy cię więc o to, byś w procesie refleksji nad swoimi doświadczeniami życiowymi uwzględniał i doceniał wrażenia niewerbalne, związane z prawą półkulą. Twoje myśli nie są w stanie wyrazić wszystkich subtelności związanych z prawą półkulą. Pamiętaj o tym i zwracaj uwagę na wyobrażenia i wspomnienia, jakie pojawiają się w trakcie opisywania wydarzeń życiowych. Dzięki temu będziesz mógł lepiej zrozumieć konkretny problem wewnętrzny, rzutujący na twoją więź z dzieckiem. Napisz, kiedy pojawił się ten problem, w jaki sposób wpłynął na twój osobisty rozwój oraz jak wpływa na twoją obecną relację z dzieckiem. Jakie aspekty tej sytuacji są dla ciebie najtrudniejsze? Wyobraź

sobie, że udaje ci się rozwiązać ten problem lub przepracować traumę. W jaki sposób wpłynęłoby to na twoją obecną sytuację oraz na twoją przyszłość?

- Znajdź trzy określenia, które opisują twoją relację z dzieckiem. Czy użyłbyś podobnych słów do opisania wspomnień z dzieciństwa, związanych z twoją relacją z rodzicami? Czym różnią się od siebie te relacje? Czy określenia, które wybrałeś, oddają ich rzeczywisty charakter? Czy masz wspomnienia związane z tymi ważnymi osobami, które nie do końca pasują do twoich uogólnień? Jak twoje oczekiwania przekładają się na opowieść życiową związaną z twoimi rodzicami i dzieckiem?

CO NA TO NAUKA?

Opowieści życiowe z perspektywy naukowej

Spoglądając na proces tworzenia opowieści życiowych z naukowego punktu widzenia, korzystamy z szerokiego spectrum dyscyplin akademickich: od antropologii i badań nad kulturą po psychologię.

Doświadczenia rodzinne kształtują nasze postrzeganie świata. Społeczeństwo, w którym żyjemy, również ma ogromny wpływ na sposób, w jaki nasz umysł przetwarza informacje. Wyniki najnowszych badań nad funkcjonowaniem mózgu pomagają nam zrozumieć istotną rolę opowieści w naszym życiu.

Badania wykazały, iż opowieści:

- Są uniwersalne – występują we wszystkich kulturach świata.
- Pojawiają się na każdym etapie życia człowieka – odgrywają istotną rolę w interakcjach z rodzicami w dzieciństwie i w relacjach w dorosłym życiu.

- Prawdopodobnie występują jedynie u ludzi, gdyż zwierzęta nie wykazują instynktu narracyjnego ani pragnienia opowiadania swojej historii.
- Ukazują logiczną sekwencję wydarzeń, ale pełnią również istotną rolę w regulowaniu emocji. Opowieści są zatem dobrym przykładem na zintegrowanie aspektu emocjonalnego z analitycznym.
- Odgrywają istotną rolę w codziennej komunikacji z ludźmi i w budowaniu poczucia „ja". To charakterystyczne dla ludzkiego umysłu połączenie czynnika interpersonalnego z osobistym stanowi potwierdzenie, iż z natury jesteśmy istotami społecznymi!
- Mogą odgrywać szczególną rolę w procesach pamięciowych, na co wskazują badania nad pamięcią jawną oraz przetwarzaniem wspomnień w snach, podczas których zachodzi proces konsolidacji pamięci.
- Wiążą się z pracą mózgu. Lewa półkula mózgowa wykazuje tendencje do poszukiwania logicznych połączeń między informacjami, podczas gdy prawa dostarcza kontekstu emocjonalnego oraz danych autobiograficznych, niezbędnych do stworzenia sensownej opowieści życiowej.

Modele mentalne. Jak doświadczenia życiowe kształtują nasz sposób postrzegania, zachowania i działania?

Nauka dowodzi, że mózg – nawet u noworodków – jest w pełni zdolny do tworzenia uogólnień na podstawie powtarzających się doświadczeń życiowych. Są to tak zwane modele mentalne, które stanowią część pamięci ukrytej. Uważa się, iż powstają one pod wpływem wzorców aktywacji neuronów na skutek percepcji (wzrok, słuch, dotyk, smak i węch) skumulowanych w powtarzalnych interakcjach. Stworzony przez mózg model mentalny jest pewnego rodzaju punktem widzenia, perspektywą lub stanem umysłu, który w sposób bezpośredni determinuje aktualny sposób postrzegania świata oraz nasze przyszłe reakcje. Pamięć ukryta – a szczególnie modele mentalne – często decydują o motywach przewodnich budowanych opowieści życiowych, a także o naszym sposobie podejmowania decyzji.

Modele mentalne służą za pewnego rodzaju filtr, przez który przechodzą informacje, oraz obiektyw, przez który spoglądamy na swoją przyszłość, przygotowując się do działania. Nie zdajemy sobie sprawy z ich istnienia, bo tworzą się one bez udziału świadomości. Powstają na bazie przeżyć z przeszłości, aktywują się szybko, formując naszą perspektywę, poglądy oraz nastawienie, a także to, jak nawiązujemy kontakt ze światem zewnętrznym.

Jeśli w dzieciństwie zostałeś ugryziony przez kota, to spotkanie tego zwierzęcia w późniejszym życiu może wywołać w tobie gwałtowaną zmianę i natychmiast wzbudzić odczucie lęku. Staniesz się bardzo czujny wobec kota, który przechodzi ci drogę, skupisz uwagę na jego zębach, poczujesz lęk i gotowość do szybkiej reakcji, jeśli zwierzę zbliży się do ciebie. Te zmiany postrzegania i emocji oraz uruchomienie reakcji przetrwania (ucieczka-walka-zastygnięcie w bezruchu-omdlenie) są automatyczne. Zostają aktywowane przez mózg, który potrafi bardzo szybko, bez udziału naszej świadomości i bez planowania wywołać konkretny stan umysłu, a co za tym idzie wpłynąć na naszą percepcję rzeczywistości oraz przygotować organizm do działania. Na tym właśnie polega rola modeli mentalnych, które funkcjonują jako filtr napływających informacji i generują nagłe zmiany stanu umysłu.

Modele mentalne stanowią fundamentalną część pamięci ukrytej. Nie zdajemy sobie sprawy z ich źródła, chociaż możemy być w pełni świadomi ich przejawów. Jednak dzięki ukierunkowanemu procesowi autorefleksji jesteśmy w stanie uświadamiać je sobie i dostrzegać ich wpływ na nasze decyzje oraz opowieści życiowe. Proces ten pogłębia samoświadomość, umożliwia zmianę tych modeli i otwiera drzwi do dalszego rozwoju. Samorozumienie pomaga nam uwolnić się od trudnej przeszłości. Wymaga to od nas jednak świadomości, iż nasze uwarunkowane wzorce postrzegania i impulsy behawioralne odgrywają decydującą rolę w tworzeniu się zintegrowanych modeli mentalnych oraz w pojawianiu się nieelastycznych stanów psychicznych. Poświęcając czas na autorefleksję, otwieramy drzwi ku większej świadomości, która umożliwia nam dokonanie głębszych zmian w naszym życiu.

Badania nad kodowaniem pamięci sugerują, iż doświadczenia życiowe kształtują nasz sposób postrzegania świata. Z kolei sposób postrzegania oddziałuje na to, jak przetwarzamy swoje doświadczenia. Gdy rozumiemy samych siebie, nasze poczucie „ja" rozwija się na bazie pamięci jawnej i ukrytej, które wspólnie decydują o tym, jak funkcjonujemy w świecie. Endel Tulving, wraz ze współpracownikami z Toronto, opisał proces świadomości poznającej samą siebie, który nazwał autonoezą (*autonoesis*). Zachodzi on dzięki integrującym obwodom neuronowych obszarów przedczołowych mózgu. Jesteśmy w stanie rozumieć samych siebie dzięki istnieniu połączenia między elementami pamięci, przechowywanymi w różnych częściach mózgu – czyli integracji wspomnień z naszymi aktualnymi spostrzeżeniami oraz oczekiwaniami wobec przyszłości.

Zjawisko interaktywnej pętli sprzężenia zwrotnego doświadczeń, które kształtują nasz sposób postrzegania świata i nasze oczekiwania względem przyszłości, oznacza, że jesteśmy aktywnymi twórcami własnej rzeczywistości, a jednocześnie nasze doświadczenia życiowe wpływają na sposób jej postrzegania.

Paul John Eakin posłużył się przykładem z życia Hellen Keller (1880–1968), osoby niewidzącej i niesłyszącej, żeby zilustrować proces powstawania osobistej historii życiowej oraz rozwojowego sprzężenia zwrotnego. Określił twórczość Hellen Keller jako: „rzadką i prawdopodobnie unikatową relację z procesu kształtowania się jaźni, który zachodzi w procesie nabywania języka [...]. Chociaż Keller już wcześniej opanowała niewielki zakres słownictwa w języku migowym przy pomocy swojej nauczycielki, Anne Sullivan, to dopiero wtedy, gdy Sullivan umieściła jej dłoń pod strumieniem fontanny, a na drugiej dłoni przeliterowała słowo «woda», Keller doznała jednocześnie poczucia języka oraz własnego ja. Był to prawdziwy chrzest intelektualny i duchowy: «Wiedziałam, że w-o-d-a oznacza to cudowne, chłodne coś, co przepływa po mojej dłoni. To żywe słowo przebudziło moją duszę». [...]. W ogólnym zarysie analiza tego wydarzenia z życia Keller jest zgodna z perspektywą konstrukcjonizmu społecznego odnośnie do kształtowania się tożsamości. Moje schematyczne sprawozdanie z tego zdarzenia (jaźń – język – inni) ukazuje, iż cały przebieg procesu rozwojowego, który w normalnych warunkach trwa wiele miesięcy, w wypadku Keller zawarł się w tym jednym, odkrywczym momencie. Keller podkreśla relacyjny wymiar tego epizodu (decydującą rolę nauczycielki) oraz umiejscawia to doświadczenie w swoim ciele".

Obszary przedczołowe mózgu, a zwłaszcza kora oczodołowo-czołowa, pełnią istotną rolę w komunikacji interpersonalnej, tworzeniu reprezentacji ciała oraz świadomości autobiograficznej. Kora przedczołowa może rozwijać się przez całe życie, a zatem dzięki pogłębianiu samoświadomości możemy zmienić swój sposób doświadczania siebie i innych. Być może doświadczenia interpersonalne oraz przeżycia wewnętrzne stanowią podstawę dla rozwijającego się poczucia „ja", które ulega nieustannym zmianom w trakcie naszego życia.

Poświęcenie czasu na refleksję nad przeżyciami wewnętrznymi oraz doświadczeniami interpersonalnymi prowadzi do poszerzenia świadomości, które umożliwia nam dalszy rozwój. Głębsze samorozumienie pojawia się również dzięki spójnej autonoezie – czyli rozumieniu własnej przeszłości, teraźniejszości i oczekiwań wobec przyszłości. Nasuwa się więc następujący wniosek: każdy rodzic może stać się aktywnym twórcą swojej autobiografii i tym samym pomóc swojemu dziecku w rozwijaniu własnej perspektywy oraz tworzeniu swojego życia!

Logika, opowieści, umysł i mózg

Psycholog rozwojowy Jerome Bruner opisuje dwa podstawowe sposoby przetwarzania informacji przez umysł. Jednym z nich jest dedukcja, w której seria faktów zostaje połączona za pomocą logicznych wniosków na temat relacji przyczynowo-skutkowych. Przypomina to logiczną, linearną, bazującą na języku aktywność poznawczą lewej półkuli mózgowej. Drugim sposobem przetwarzania informacji jest tryb narracyjny, w którym umysł przetwarza dane poprzez tworzenie opowieści. Tryb ten rozwija się we wczesnych latach życia, pojawia się we wszystkich kulturach świata i stanowi wręcz odrębny proces tworzenia świata – a nie tylko przetwarzania samych faktów. Zdaniem Brunera, opowieści polegają zarówno na przedstawianiu sekwencji zdarzeń, jak i wewnętrznego życia bohaterów. Procesy narracyjne umożliwiają również głębokie zanurzenie się w subiektywnym świecie drugiego człowieka.

Trudno jest zlokalizować konkretny obszar mózgu odpowiedzialny za narracyjny tryb myślenia. Badania zjawisk, takich jak wspomnienia autobiograficzne czy konfabulacja (zmyślanie informacji, które uznajemy za prawdziwe), wskazują jednak na pewne intrygujące możliwości. Lewa półkula mózgowa wydaje się przejawiać tendencję do opowiadania o wydarzeniach życiowych. Posiada ona funkcję, którą kognitywista Michael Gazzaniga nazwał funkcją interpretatora. Nie ma w tym nic dziwnego, gdyż specjalizuje się w rozumowaniu logiczno-dedukcyjnym zmierzającym do wyjaśniania związków pomiędzy różnymi zjawiskami w otaczającym nas świecie. Gdy nie współpracuje z prawą półkulą, zmyśla różne historie, gdyż brakuje jej kontekstu, który nadaje zdarzeniom sens. O dziwo, samo powiązanie faktów wystarcza lewej półkuli do uzyskania poczucia sensu, nawet jeśli nie pasują one do większej całości ani do kontekstu sytuacji. Opowieści życiowe mogą więc być sensowne (logicznie powiązane), ale niekoniecznie spójne – czyli mogą być pozbawione sensu w znaczeniu ogólnego kontekstu emocjonalnego.

Jak to możliwe?

Zjawisko to możemy wytłumaczyć brakiem udziału prawej półkuli mózgowej, która pełni rolę dostarczyciela kontekstu emocjonalnego i społecznego. Prawa półkula odpowiada za przetwarzanie sygnałów niewerbalnych i jest bardziej związana z limbicznym obwodem mózgowym, odpowiedzialnym za stany emocjonalne i motywację. Z wielu powodów zdolność rozumienia subiektywnych przeżyć drugiego człowieka wydaje się zależeć właśnie od funkcji prawej półkuli mózgowej. Informacje społeczne, emocjonalne, niewerbalne oraz kontekstualne są podstawą psychopostrzegania – zdolności dostrzegania swojego umysłu oraz umysłu innych ludzi.

Opowieści życiowe uwzględniają sekwencję wydarzeń oraz życie wewnętrzne bohaterów. Odczuwanie i rozumienie życia wewnętrznego zależy głównie od funkcji prawej półkuli mózgowej. Aby dana opowieść miała sens – czyli uwzględniała subiektywne, społeczne i emocjonalne aspekty życia wewnętrznego – musi angażować również przetwarzanie prawopółkulowe. Sugerujemy więc, że stworzenie spójnej opowieści życiowej – czyli takiej, która nadaje sens zarówno naszym przeżyciom, jak i życiu innych ludzi – wymaga zintegrowania obu półkul. To właśnie ta obustronna integracja międzypółkulowa umożliwia nam tworzenie spójnych historii życiowych.

Dalsza lektura

J. S. Bruner, *Making Stories. Narrative in Law, Literature, and Life*, New York 2002.

P. J. Eakin, *How Our Lives Became Stories. Making Selves*, New York 1999.

P. J. Eakin, *Living Autobiographically. How We Create Identity in Narrative*, New York 2008.

I. McGilchrist, *The Master and His Emissary. The Divided Brain and the Making of the Western World*, New Haven 2009.

E. Ochs, L. Capps. *Living Narrative*, Cambridge 2001.

Making Sense. The Child's Construction of the World, J. S. Bruner, H. Haste (red.), New York 2011.

D. J. Siegel, *Rozwój umysłu*, op.cit.

S. P. Springer, G. Deutsch, *Lewy mózg, prawy mózg*, Warszawa 2004.

ROZDZIAŁ 3.

EMOCJE W ŚWIECIE WEWNĘTRZNYM I ZEWNĘTRZNYM

WPROWADZENIE

Będąc rodzicami, pragniemy stworzyć pełne miłości, trwałe i głębokie relacje z dziećmi. Możemy tego dokonać dzięki zrozumieniu roli emocji w naszych relacjach. To właśnie dzielenie się emocjami umożliwia nam budowanie więzi. Podstawą trwającej całe życie relacji z dzieckiem jest taka komunikacja, która zawiera świadomość własnych emocji i wyraża je w pełen szacunku sposób oraz zachowuje empatyczną postawę wobec emocji dziecka.

Emocje kształtują zarówno nasze wewnętrzne, jak i zewnętrzne doświadczenia oraz dostarczają nam poczucia sensu. Gdy jesteśmy ich świadomi i potrafimy dzielić się nimi, nasze życie staje się bogatsze, a nasze więzi głębsze.

Jeśli jesteś rodzicem, pamiętaj, że umiejętność wyrażania emocji pomaga twojemu dziecku w rozwijaniu własnego poczucia witalności i empatii. Są to bardzo ważne aspekty budowania bliskich, intymnych relacji w życiu. Wspierające relacje wymagają dzielenia się przyjemnymi uczuciami i wzmacniania ich, a także wyciszania i uspokajania bolesnych emocji. Emocje są zarówno procesem, jak i treścią więzi między rodzicami a dzieckiem już od pierwszych dni jego życia.

Wyobraź sobie, że twój syn wraca do domu z zabawy na podwórku. Jest bardzo podekscytowany kolorowymi żukami, które umieścił w małym słoiku bez nakrętki. Mówi do ciebie: „Mamusiu, zobacz, co znalazłem. Czy nie są ładne?". Myślisz tylko o tym, aby owady nie rozniosły się po domu. Stanowczym głosem odpowiadasz: „Natychmiast zabierz stąd te okropne robale". Twoje dziecko zaczyna protestować: „Ale mamusiu, nawet nie spojrzałaś, mają lśniące, zielone skrzydełka". Spoglądasz przelotnie na słoik i szybko odprowadzasz syna za ramię do drzwi, napominając go po drodze: „Owady żyją na zewnątrz i tam mają pozostać".

W tej sytuacji przeżycia dziecka zostały całkowicie pominięte. Nie miało szansy podzielić się swoją radością i zachwytem. Chłopczyk prawdopodobnie miał potem problem ze zrozumieniem tego wydarzenia. A zaczęło się od tego, że czuł ekscytację swoim odkryciem, czuł się z nim dobrze i przyszedł podzielić się tym z rodzicem. Rodzic jednak zareagował tak, jakby dziecko zrobiło coś „złego". Głębszy kontakt emocjonalny z dzieckiem umożliwiłby mu nadanie wartości temu przeżyciu. Nie oznacza to, że trzeba godzić się na przynoszenie owadów do domu, ale warto dostroić się do emocjonalnego przeżycia dziecka, zanim zareaguje się w inny sposób.

Dostrojenie się do emocji dziecka oznacza dostosowanie się do jego poziomu, przyjęcie otwartej postawy, spojrzenie na to, co przyniosło ci pokazać, oraz wyrażenie zainteresowania i entuzjazmu: „Pokaż, co tam masz. Ojej! Jakie kolorowe małe żuczki. Dziękuję, że mi je pokazałeś. Gdzie je znalazłeś? Myślę, że będą szczęśliwsze, jeśli wypuścimy je na zewnątrz". Taka postawa nie tylko wspiera relację, ale także umożliwia dziecku budowanie silniejszego poczucia „ja" dzięki temu, że doświadcza sytuacji, w której rodzic dostrzega i szanuje jego emocje i pomysły. Gdy rodzic dostraja się do emocji dziecka, doświadcza ono siebie jako kogoś „dobrego". Więzi emocjonalne pozwalają mu zyskać poczucie sensu i wpływają na jego rozumienie siebie oraz rodzica.

Czym właściwie są emocje? Wiemy, kiedy je odczuwamy, ale bardzo trudno nam je opisać. Nauka pomaga poznać naturę emocji oraz kluczową rolę, jaką odgrywają w naszym życiu. Możemy wykorzystać tę wiedzę do pogłębienia samoświadomości oraz wzbogacania relacji ze swoimi dziećmi i innymi ludźmi.

Emocje zwykle opisuje się jako różnorodne odczucia, których doświadczamy sami lub dostrzegamy u innych ludzi. Nadano im konkretne nazwy: *smutek, złość, lęk, radość, zaskoczenie, odraza lub wstyd*. Te podstawowe, łatwe do skategoryzowania emocje występują u ludzi we wszystkich kulturach świata, a jednak stanowią tylko jeden z aspektów naszego życia emocjonalnego.

Pragniemy tu przedstawić pewne uzupełniające podejście. Odstawmy na razie kategorie emocji i otwórzmy umysł na nowe możliwości. Proponujemy postrzeganie emocji jako *procesu, który integruje osobne części w jedną funkcjonalną całość*. „Pozytywne" stany emocjonalne sprzyjają tej integracji, a „negatywne" ograniczają ją. Radość, ekscytacja, miłość i satysfakcja sprzyjają łączeniu się wielu aspektów nas samych w jedną, funkcjonalną całość. To jest właśnie *integracja*. Nieprzyjemne lub niekorzystne stany emocjonalne, takie jak długotrwały gniew, smutek lub lęk, zaburzają wewnętrzną równowagę i utrudniają integrację wielu aspektów naszego istnienia. Wysokiej integracji towarzyszy poczucie harmonii, a niska integracja może prowadzić do występowania długotrwałych stanów usztywnienia lub wewnętrznego chaosu. Perspektywa ta może wydawać się zbyt abstrakcyjna, spróbujmy ją więc przybliżyć i przyjrzeć się jej praktycznym zastosowaniom.

Emocje rozumiane jako podstawowe procesy integrujące towarzyszą właściwie każdej funkcji ludzkiego umysłu. Mózg – zbiór ogromnej liczby komórek nerwowych aktywowanych w sposób chaotyczny – potrzebuje procesów integrujących, które pomagają mu osiągnąć równowagę i autoregulację. Właśnie emocje są tymi procesami integrującymi. Jak wspomnieliśmy wcześniej, integracja najprawdopodobniej pełni kluczową rolę w budowaniu dobrego samopoczucia w relacji z samym sobą, z dziećmi oraz innymi ludźmi. To, w jaki sposób doświadczamy emocji i jak je wyrażamy, decyduje o naszej witalności oraz poczuciu sensu w życiu.

Emocje pierwotne są zjawiskiem bardziej podstawowym niż zaprezentowane powyżej kategorie. Ich mechanizm można opisać w następujący sposób. Każdy sygnał wewnętrzny lub zewnętrzny wywołuje reakcję orientacyjną w mózgu, która prowadzi do skupienia uwagi. Taka reakcja jest komunikatem: „Zwróć na to uwagę! To ważne!". Następnie mózg dokonuje oceny sygnału w kategorii: dobry/zły. Po dokonaniu oceny następuje aktywacja większej liczby obwodów neuronowych, która rozprzestrzenia się na sąsiednie obszary mózgu. Ten skomplikowany proces dokonywania oceny można postrzegać jako pierwotny przepływ energii w umyśle, towarzyszący przetwarzaniu informacji. Umysł poszukuje sensu na drodze skomplikowanych procesów oceny sytuacji. Za powstawanie emocji, poczucie sensu oraz przetwarzanie komunikacji odpowiadają te same procesy neuronalne. Wskazuje to, iż emocje są ściśle powiązane z poczuciem sensu i więzi.

Emocje pierwotne są pierwszą próbą oceny sytuacji: jej ważności oraz tego, czy jest „dobra" czy „zła". W ten sposób umysł porządkuje dane i przygotowuje ciało do działania. Jeśli oceni daną sytuację jako korzystną, dojdzie do reakcji zbliżenia się – ocena negatywna doprowadzi zaś do wycofania. W odpowiedzi na nasze pytanie: „Jak się czujesz?", dziecko często odpowiada: „Dobrze" albo „Źle" lub zwyczajnie „W porządku". Rodzicom mogą nie wystarczać te proste określenia, ale właśnie one w bezpośredni sposób wyrażają pierwotne procesy emocjonalne.

Emocje pierwotne przejawiają się za pomocą ekspresji niewerbalnej. Mimika, kontakt wzrokowy, ton głosu, gesty i dotyk, postawa oraz szybkość i intensywność reakcji odzwierciedlają wzorce przepływu energii oraz aktywacji umysłu, które decydują o samopoczuciu człowieka. Emocje pierwotne są „muzyką naszego umysłu".

TABELA 3. RODZAJE EMOCJI

Emocje pierwotne: przepływ energii w umyśle
Reakcja orientacyjna: „Natychmiast zwróć na to uwagę!"
Ocena i pobudzenie: „Dobre czy złe?"

Emocje podstawowe: charakterystyczne formy ekspresji występujące we wszystkich kulturach świata
Smutek, lęk, złość, radość, zaskoczenie, odraza i wstyd

Emocje pierwotne towarzyszą nam przez cały czas. Zwykle uświadamiamy je sobie dopiero wtedy, gdy ujawnią się w formie bardziej zróżnicowanych reakcji emocjonalnych. Jeśli jednak ograniczymy emocjonalność tylko do tego, co zwykle rozumiemy pod tym słowem (smutek, radość, złość itd.), stracimy z oczu niezwykle ważny proces nawiązywania kontaktu z pierwotnymi stanami emocjonalnymi innych ludzi. Emocje pierwotne umożliwiają nam dostrojenie się do uczuć drugiego człowieka. Takie emocjonalne dostrajanie się wprowadza nas w stan rezonansu, dzięki któremu czujemy się w pełni rozumiani. W tym rezonującym kontakcie obie strony relacji oddziałują na swoje stany wewnętrzne. To właśnie dzięki wzajemnemu dostrojeniu zyskujemy poczucie porozumienia.

NAWIĄZANIE WIĘZI W PODWODNYM ŚWIECIE

Pewien czterdziestoletni ojciec przyszedł do Dana na konsultację, ponieważ martwił się tym, że „nic nie czuje". Jego matka była chora i umierająca, u współpracownika właśnie zdiagnozowano śmiertelną chorobę, a on „nic nie czuł". Miał wrażenie, że przez całe życie pracuje i robi to, co należy, ale brakuje mu poczucia głębszego sensu.

Chciał się zmienić, ponieważ pragnął poprawić swoje relacje z rodziną. Uważał, że nie powinien „nic nie czuć", zwłaszcza że jego matka i współpracownik byli naprawdę chorzy. „Jedyne, co potrafię zrobić, to wytłumaczyć sobie, że wszystko będzie lub jest w porządku, nawet jeśli sytuacja ulega pogorszeniu. Tak nie powinno być, ale ja po prostu nic nie czuję" – wyznał. Często czuł się odizolowany w swoich codziennych interakcjach z ludźmi i miał poczucie pustki.

Nie cierpiał na depresję, nie zamartwiał się, nie odczuwał niepokoju ani nie wykazywał żadnych przejawów zaburzeń psychicznych, które można by poddać leczeniu. Był wykształconym nauczycielem akademickim, bardzo cenionym przez współpracowników. Postępował etycznie i sprawiedliwie, a jego pracownicy i studenci dobrze radzili sobie pod jego przewodnictwem.

Mężczyzna ten musiał skonfrontować się ze swoimi doświadczeniami z dzieciństwa, aby zintegrować z nimi obecne przeżycia. Miał niewiele wczesnych wspomnień z rodzicami, zapamiętał jednak, że obydwoje byli bardzo „intelektualni" i nigdy nie rozmawiali z nim na temat myśli czy uczuć. Skupiali się na osiągnięciach oraz na „dobrych i złych zachowaniach", ale nigdy na subiektywnym życiu wewnętrznym. Gdy był nastolatkiem, umarł mu ojciec, ale nie miał okazji, aby omówić tę stratę z matką.

Jego żona przyciągnęła go, między innymi, swoim intensywnym życiem emocjonalnym. Teraz chciał nawiązać głębszy kontakt z najstarszą córką, która wchodziła właśnie w wiek dojrzewania, oraz z dwójką młodszych dzieci. Gdy Dan zapytał go o uczucia wobec dzieci, oczy zaszły mu łzami, kiedy opowiadał o narodzinach pierwszego dziecka. Powiedział, że doświadczył wtedy najsilniejszych odczuć w swoim życiu: zakochał się w córeczce, a jednocześnie przerażała go perspektywa odpowiedzialności za jej dobro. Odczucia te były tak intensywne, że ciężko mu było sobie z nimi poradzić.

Jako dziecko przejawiał talent artystyczny i wyraźne zainteresowanie estetycznymi walorami przedmiotów: tym, jak wyglądały, jak były ustawione czy też jakie kolory pasują do siebie. Zastanawiał się nad studiami architektonicznymi, ale ostatecznie zdecydował się na karierę naukową. Wysoka wrażliwość artystyczna świadczyła o tym, że jego problem nie wynika z niewystarczająco rozwiniętej prawej półkuli mózgowej. Brak empatycznej więzi z innymi, zablokowana psychowzroczność oraz ogólne poczucie braku kontaktu ze swoim światem wewnętrznym wskazywały jednak na zaburzenie integracji między półkulami.

W trakcie terapii zachęcono go do prowadzenia dziennika, ponieważ zapisywanie refleksji wymaga współpracy pomiędzy lewą i prawą półkulą. Cotygodniowe sesje koncentrowały się na jego wrażeniach fizycznych, wyobrażeniach oraz na nadawaniu znaczenia tym niewerbalnym doświadczeniom po to, aby usprawnić współpracę między półkulami.

Po kilkumiesięcznej terapii mężczyzna doświadczył czegoś nowego w relacji z córką. W trakcie wycieczki na Hawaje wybrali się we dwójkę ponurkować. Pływali pod wodą, przyglądając się rybom w rafie koralowej i porozumiewając wyłącznie za pomocą gestów i kontaktu wzrokowego. Człowiek ten wyznał, że poczuł wtedy niezwykle silną więź z córką. Wypełniła go głęboka radość ze wspólnego odkrywania podwodnego świata. Rozmyślając nad tym wydarzeniem, powiedział później: „Założę się, że miało to związek z naszą komunikacją niewerbalną. Tak często zastanawiam się, co mam powiedzieć lub co mówi moja córka, że całkowicie tracę kontakt z tym, co się dzieje". Zbytnio koncentrował się na zawartości przekazu – tryb lewopółkulowy dominował nad prawą półkulą – i w rezultacie tracił kontakt ze świadomością pierwotnych doznań emocjonalnych, które nadają sens naszemu życiu i pozwalają doświadczać więzi z innymi. W podwodnym świecie uwolnił się od dominacji lewej półkuli, co pozwoliło mu poczuć silną więź, jaka tworzy się dzięki wymianie sygnałów niewerbalnych.

Mniej więcej w tym samym czasie córka wyznała mu: „Tato, robisz się zabawny. Naprawdę zabawny!". Był bardzo zadowolony z tej uwagi. Wyznał, że zyskał nową świadomość ciała: zaczął dostrzegać odczucia w swoim brzuchu i klatce piersiowej. Stał się bardziej świadomy wyobrażeń, które pojawiały się w jego umyśle i nie były związane z konkretnymi myślami. Zaczął czuć się „swobodnie" ze swoją rodziną i zyskał poczucie więzi. Częściej przebywał w chwili obecnej niż w swoich myślach. Dzięki usprawnieniu współpracy między prawą i lewą półkulą był gotów przyjrzeć się nieuzdrowionym emocjom związanym ze śmiercią ojca oraz uświadomić sobie uczucia związane z chorobą matki i współpracownika.

Aby zaakceptować własną potrzebę więzi, często musimy uświadomić sobie bolesny fakt, że tak naprawdę jesteśmy delikatni i wrażliwi. Mężczyzna ten zrozumiał swoje przeżycia z przeszłości i uświadomił sobie, że właśnie z ich powodu odciął się od swoich pierwotnych emocji. Pod wpływem doświadczeń rodzinnych w dzieciństwie przeszedł proces adaptacji, w którym wrodzona ocena relacji międzyludzkich jako czegoś „dobrego" została odłączona od pozostałej treści umysłu. Ten minimalizujący mechanizm obronny był niezbędny: umożliwiał zmniejszenie przepływu emocji związanych z tęsknotą i rozczarowaniem, które w przeciwnym razie uwięziłyby go na emocjonalnej pustyni. Proces ten okazał się na tyle skuteczny, że zablokował zdolność do tworzenia bardziej intensywnych i dających się skategoryzować uczuć. W rezultacie odczuwał zobojętnienie i pustkę. Z powodu zdystansowanej emocjonalnie komunikacji swoich rodziców odłączył się od procesów, które nadają ludzkiemu życiu sens. Dzięki pracy terapeutycznej oraz prowadzeniu dziennika mógł zintegrować relacje z doświadczeniami wewnętrznymi i zyskać większe poczucie sensu życia.

DOSTROJONA KOMUNIKACJA

Aby w pełni poczuć siebie nawzajem, musimy umieć dostroić się do swoich emocji. W takim stanie dostrojenia ludzie doświadczają poczucia więzi. Muzyka naszego umysłu (emocje pierwotne) w intymny sposób reaguje na umysł drugiego człowieka, gdy łączymy się z jego pierwotnym stanem emocjonalnym. Jeśli nasza komunikacja została ograniczona do emocji podstawowych, które występują stosunkowo rzadko, tracimy okazję do doświadczania tych magicznych momentów porozumienia, do których mamy dostęp każdego dnia.

Do rezonansu dochodzi, gdy dopasowujemy swój stan emocjonalny – nasze pierwotne emocje – do stanu emocjonalnego drugiego człowieka, dzieląc się z nim sygnałami niewerbalnymi. Nawet wtedy, gdy znajdujemy się daleko od siebie, nadal możemy odczuwać echo tego rezonującego połączenia. Gdy w naszych relacjach pojawia się taki rezonans, odczuwamy niezwykle ożywcze poczucie więzi, która nie ogranicza się jedynie do momentu interakcji. Doświadczamy go w formie wspomnień, myśli, doznań fizycznych oraz pojawiających się w naszym umyśle obrazów związanych z drugim człowiekiem i naszą relacją. Nieustające poczucie łączności można rozumieć jako połączenie umysłów, które odzwierciedla wzajemną integrację.

To, co wydarza się w naszych relacjach, w dużej mierze polega właśnie na rezonansie, w którym stan emocjonalny jednego człowieka odbija się w umyśle drugiego. Rezonans wynika z wzajemnego dostrojenia się.

Kolejnym kluczowym czynnikiem w powstawaniu rezonansu są neurony lustrzane. System neuronów lustrzanych może leżeć u podłoża procesu, w którym nasz umysł tworzy taki sam stan psychiczny, jaki występuje u drugiego człowieka.

Neurony lustrzane występują w różnych obszarach mózgu i mają za zadanie połączenie funkcji motorycznych z percepcją. Są to komórki mózgu, które aktywizują się na widok intencjonalnego zachowania innych ludzi. Na przykład gdy ktoś podnosi filiżankę kawy do ust, aktywacji ulegają te same neurony, które są aktywne, gdy sam piję kawę. Neurony lustrzane nie aktywują się w odpowiedzi na przypadkowe zachowanie. Bezmyślne machanie rękami nie doprowadzi do ich aktywacji. Dzieje się tak tylko w wypadku zachowania, za którym stoi określona intencja. Dzięki nim mózg jest w stanie rozpoznać intencję drugiego człowieka. Stanowi to dowód na istnienie nie tylko wczesnego mechanizmu naśladownictwa i uczenia się, ale także psychowzroczności – zdolności tworzenia wyobrażeń na temat wewnętrznego stanu umysłu drugiej osoby.

Neurony lustrzane mogą również pełnić rolę pomostu pomiędzy postrzeganiem ekspresji emocjonalnej u drugiego człowieka a powstawaniem tego samego stanu u obserwatora. Gdy zauważamy czyjeś emocje, możemy poczuć je również w nas samych – automatycznie i poza udziałem naszej świadomości. Czasem więc zaczynamy płakać, gdy widzimy płaczącą osobę. Wiemy, co czują inni, gdy stawiamy się w ich sytuacji. Rozumiemy, co odczuwają, dzięki temu, jak reaguje nasze własne ciało i umysł. Sprawdzamy, jak sami się czujemy, i poznajemy stan umysłu drugiego człowieka. Oto podstawa empatii.

Dostrojona komunikacja jest najważniejszym elementem poczucia więzi z innymi ludźmi. Nasze umysły łączą się ze sobą i dzielą pierwotnymi emocjami. Gdy dzieci odczuwają pozytywne emocje, takie jak radość z działania i doskonalenia się, możemy dzielić je z nimi, a także odzwierciedlać je i wzmacniać. Na podobnej zasadzie rodzic może empatycznie towarzyszyć dziecku, gdy doświadcza ono rozczarowania lub zranienia. Momenty nawiązywania takiej więzi pozwalają mu poczuć, że jest rozumiane przez rodzica i „istnieje w jego umyśle". Gdy dziecko doświadcza kontaktu z empatycznym dorosłym, czuje się dobrze z samym sobą, ponieważ jego emocje spotykają się z rezonansem i odzwierciedleniem. Być może opisana poniżej historia pomoże ci lepiej zrozumieć ideę wzajemnego dostrojenia.

Wzajemne dostrojenie

Mary zaobserwowała tę interakcję pomiędzy małą dziewczynką a początkującą nauczycielką. Sara była bardzo nieśmiałą czterolatką, zachowywała się ostrożnie, zarówno jeśli chodzi o aktywność fizyczną, jak i sytuacje społeczne. Niechętnie próbowała nowych doświadczeń. Nauczyciele delikatnie pracowali nad wzmocnieniem jej pewności siebie. Dostarczali jej możliwości utwierdzenia się w przekonaniu, że potrafi doskonalić swoje zdolności przy wsparciu i zachęcie opiekunów.

Wiosną Sara zaczęła stawiać sobie nowe wyzwania. Na placu zabaw znajdował się pień starego jaworu, który złamał się wiele lat temu i służył za naturalny trzymetrowy pomost. Dzieci uwielbiały go: przejście po kłodzie było dla nich wielkim osiągnięciem. Sara nigdy wcześniej nie próbowała tego zrobić, aż pewnego dnia w samym środku maja wraz z kwitnącym bzem rozkwitła również jej odwaga – dziewczynka zdecydowała się wejść na pień i przejść na sam jego koniec. Praktykantka obserwowała ją i gdy tylko Sara zeszła z pnia, zasypała ją pochwałami. Bardzo cieszyła się jej wyczynem.

– Tak! Hura! Jesteś wspaniała! Jesteś najlepsza! – wykrzykiwała głośno, podskakując dookoła i wymachując rękoma z podekscytowaniem. Sara spojrzała na nią zawstydzona, stanęła sztywno i zdobyła się na blady uśmiech. Przez cały kolejny tydzień trzymała się z daleka od tamtego pnia. Potrzebowała ogromnej dawki zachęty, aby znów na niego wejść.

Co poszło nie tak w tej interakcji? Nauczycielka zareagowała jak najbardziej pozytywnie na osiągnięcie Sary, ale nie dostosowała się do jej przeżycia. Jej reakcja odzwierciedlała własną dumę i ekscytację, która nie była zharmonizowana z wewnętrznym przeżyciem Sary. Reakcja nauczycielki była dla Sary zbyt przytłaczająca i nie zachęciła jej do powtórzenia wyczynu. Być może Sara pomyślała sobie: „Chyba nie uda mi się już tego zrobić tak dobrze, jak teraz. Lepiej nie będę próbować, żebym nie upadła". „Bycie wspaniałym" może być zbyt dużą poprzeczką dla przezornego dziecka. Dziewczynka postawiła na swoje bezpieczeństwo, a własny sukces wcale jej nie wzmocnił.

Co takiego mogła powiedzieć nauczycielka, aby wesprzeć rozwijającą się pewność siebie dziecka? W jaki sposób mogła wyrazić swoje wsparcie, szanując jednocześnie wewnętrzne przeżycia Sary? Jaka reakcja nauczycielki zachęciłaby Sarę do zastanowienia się nad swoim doświadczeniem w taki sposób, by dziewczynka uznała je za swój sukces i rozwijała pewność siebie?

Gdyby nauczycielka odzwierciedliła osiągnięcie Sary w ciepły i troskliwy sposób, dziewczynka zapewne zareagowałaby inaczej. Mogłoby to brzmieć następująco: „Saro, widziałam jak ostrożnie stawiałaś stopę za stopą i przeszłaś na drugą stronę. Udało ci się! To było nieco przerażające, bo to był twój pierwszy raz, ale nie poddałaś się. Brawo! Naprawdę uczysz się ufać swojemu ciału".

Komunikat ten składa się właściwie z przemyśleń osoby dorosłej na temat przeżyć dziecka. Reakcja emocjonalna nauczycielki mówiła zaś więcej o jej własnych odczuciach niż o faktycznych przeżyciach Sary. Taki przemyślany komunikat pomógłby Sarze zintegrować własne doświadczenie i wzmocnić się dzięki swojemu osiągnięciu. Na tym właśnie polega dostrojona reakcja. Obejmuje ona zarówno przemyślenia na temat zewnętrznego zachowania dziecka, jak i zrozumienie jego wewnętrznych procesów. Jest to więc autentyczna refleksja na temat jego przeżyć. Aby móc rozwijać spójną samoświadomość, dziecko potrzebuje takich integrujących uwag o sobie, które odpowiadają jego wewnętrznemu i zewnętrznemu doświadczeniu. Gdy nawiązujemy kontakt z dziećmi za pomocą dostrojonej komunikacji, wspieramy je w tworzeniu zintegrowanej i spójnej opowieści o sobie.

Dostrojona komunikacja wspiera kształtowanie się autonomicznej jaźni oraz elastycznej samoregulacji. Umożliwia nawiązanie takiej więzi, która jest prawdziwie integrująca, sprzyja witalności i dobremu samopoczuciu rodzica oraz dziecka. Doświadczenie takiego połączenia pomaga dziecku rozwijać silne poczucie „ja", samorozumienie i współczucie.

Nie oznacza to, że zawsze musimy doświadczać takiej więzi lub nieustannie odzwierciedlać dziecku jego przeżycia. Ciągła, intensywna uwaga skierowana na dziecko mogłaby być dla niego frustrująca. W ramach relacji rodzic-dziecko możemy wyróżnić dwie odmienne potrzeby: więzi i autonomii. To bardzo ważne, aby rodzice reagowali zarówno na potrzebę kontaktu, jak i na potrzebę niezależności swojego dziecka. Dostrojony rodzic szanuje te naturalnie oscylujące rytmy. Nie zostaliśmy stworzeni do tego, by przez cały czas utrzymywać idealne dostrojenie ze sobą nawzajem – tworzenie wzajemnie dostrojonych relacji wymaga, byśmy uszanowali tę prawdę.

DLACZEGO NAWIĄZYWANIE RELACJI EMOCJONALNEJ JEST TRUDNE?

Nawiązywanie więzi emocjonalnej z dzieckiem wymaga zarówno świadomości własnego stanu wewnętrznego, jak i gotowości do zrozumienia oraz uszanowania stanu umysłu dziecka. Musimy ujrzeć daną sytuację nie tylko ze swojej, ale także z jego perspektywy. Może to być dla nas trudne, gdy jesteśmy nieświadomi własnych emocji lub sparaliżowani ukrytymi problemami wewnętrznymi. Jak wspominaliśmy wcześniej, nierozwiązane problemy i nieprzepracowane traumy sprawiają, że reagujemy odruchowo, co uniemożliwia nam nawiązanie wzajemnie dostrojonego kontaktu z dzieckiem.

Rzadko przyglądamy się swojemu wnętrzu. Przeważnie jesteśmy nieświadomi własnego stanu emocjonalnego. Czasem zaprzeczamy istnieniu nawet najbardziej intensywnych emocji, chociaż wychodzą one na jaw w naszym zachowaniu, którym ranimy swoje dzieci. Dlatego tak ważne jest, aby próbować uświadamiać sobie swoje własne procesy emocjonalne oraz uszanować ich istotną rolę w naszym życiu wewnętrznym i interpersonalnym. Dzieci są szczególnie podatne na to, by stać się ofiarami projekcji naszych nieuświadomionych emocji i nierozwiązanych problemów wewnętrznych. Jeśli nie poddamy się refleksji, schematy obronne, które przejawiamy w relacji z dzieckiem, mogą doprowadzić u nich do zaburzeń w doświadczaniu rzeczywistości lub w relacjach z innymi.

Posłużmy się przykładem świeżo rozwiedzionej matki. Jej mąż odszedł nagle, a ona wścieka się na swojego trzyletniego synka, który domaga się jej obecności. Nie umie poradzić sobie z własnym poczuciem samotności i opuszczenia, dlatego traktuje zachowanie syna jako „roszczeniowe"– chociaż wyraża on jedynie pragnienie kontaktu. Synek stał się obiektem jej złości, gdyż projektuje na niego własny dyskomfort związany z niezaspokojonymi potrzebami. Czuje się odrzucona i osamotniona i nie potrafi zachować otwartości na potrzebę kontaktu u dziecka. Jest to przykład, jak dziecko może wpaść w pułapkę emocjonalnego chaosu wywołanego nieprzepracowanymi traumami rodzica. Gdy matka zacznie przetwarzać ból związany z rozwodem oraz zintegruje tę istotną zmianę życiową ze zrozumieniem własnego dzieciństwa, wyłaniająca się opowieść życiowa pozwoli jej zrezygnować z reakcji obronnych: przestanie bez przyczyny złościć się na syna. Uświadomi sobie, że jej własne nierozwiązane traumy uniemożliwiają jej reagowanie na naturalną potrzebę bliskości z matką.

Autorefleksja oraz zrozumienie własnych procesów wewnętrznych umożliwiają nam uzyskanie dostępu do znacznie większej puli reakcji na zachowanie naszych dzieci. Świadomość daje nam możliwość wyboru. Gdy jesteśmy w stanie wybrać, w jaki sposób zareagujemy, wyzwalamy się spod władzy reakcji obronnych. Są to reakcje przesadne, napędzane raczej naszym własnym stanem wewnętrznym niż zestrojonym kontaktem z dzieckiem. Zintegrowana samoświadomość pozwoli nam zachować otwartość na proces tworzenia więzi. Spójna samoświadomość idzie w parze z tworzeniem głębokich relacji międzyludzkich.

Gdy nasze doświadczenia wewnętrzne uniemożliwiają nawiązanie więzi z dzieckiem, może ono wykształcić emocjonalne mechanizmy obronne. W takim wypadku nie ma mowy o relacji opartej na współdziałaniu, gdyż każda ze stron zamyka się w swoim wewnętrznym świecie i czuje się osamotniona. Gdy prawdziwe „ja" rodzica i dziecka chowają się za psychologicznymi mechanizmami obronnymi, żadne z nich nie ma poczucia więzi ani zrozumienia. Odczuwając takie osamotnienie, dziecko może okazywać lęk lub nieprzyjemne emocje poprzez agresywne zachowania lub reakcje wycofania. Skupiając wówczas swą uwagę tylko na jego zachowaniu, uniemożliwiamy sobie ponowne nawiązanie kontaktu. Tak oto nasze problemy emocjonalne prowokują reakcje u dziecka, które jeszcze bardziej utrudnią nam zrozumienie jego emocji i naszej własnej emocjonalności.

Trudno jest zachować bliską więź z drugą osobą bez emocjonalnego porozumienia. Nawiązanie takiego kontaktu otwiera nam drzwi do komunikacji opartej na współdziałaniu i bliskości, w której jest miejsce na dialog. Wszystkie relacje, a zwłaszcza relacja z dzieckiem, rozwijają się na bazie wzajemnie dostrojonej komunikacji, prowadzonej z poszanowaniem godności i niezależności drugiej strony.

KOMUNIKACJA INTEGRUJĄCA

Nawiązanie więzi z dzieckiem może być jednym z najtrudniejszych, a jednocześnie najbardziej satysfakcjonujących doświadczeń rodzicielskich. Gdy dostrajamy się do dzieci, rozpoczynamy proces, w którym dochodzi do integracji podstawowych elementów naszych umysłów. To połączenie pozwala nam poczuć, iż naprawdę przebywamy ze swoim dzieckiem. Komunikacja integrująca jest ważna na każdym etapie relacji. Umożliwia pojawienie się rezonansu, czyli poczucia, że „nosimy" tę drugą osobę w sobie nawet wtedy, gdy przebywamy daleko od siebie. Gdy twoje dziecko doświadcza takiego rezonansu z tobą, będzie potrafiło uspokoić się, gdy nie ma cię w pobliżu. Ma bowiem poczucie, że czujesz i „nosisz" je w sobie. Połączenie to daje dziecku poczucie bezpieczeństwa oraz wspiera je w jego własnym procesie odkrywania emocji i poznawania otaczającego go świata. Komunikacja jest nie tylko fundamentem relacji z dzieckiem, ale także jego relacji z innymi ludźmi.

TABELA 4. ELEMENTY KOMUNIKACJI INTEGRUJĄCEJ

- U w a ż n o ś ć. Bądź świadom swoich własnych odczuć, reakcji fizycznych i innych sygnałów niewerbalnych.
- D o s t r o j e n i e. Pozwól, aby twój stan umysłu zestroił się ze stanem umysłu drugiego człowieka.
- E m p a t i a. Otwórz umysł na przeżycia drugiej osoby i na jej punkt widzenia.
- E k s p r e s j a. Z szacunkiem wyrażaj swoje wewnętrzne reakcje. Uzewnętrzniaj to, co wewnętrzne.
- P o r o z u m i e n i e. Dziel się otwarcie komunikatami werbalnymi oraz niewerbalnymi i przyjmuj je od drugiego człowieka.
- W y j a ś n i e n i e. Pomóż drugiemu zrozumieć jego przeżycia.
- I n d y w i d u a l n o ś ć. Szanuj godność i wyjątkowość umysłu każdego człowieka.

Przekonaliśmy się, że opisane wyżej praktyki służą wypracowaniu takiego rodzaju komunikacji, który służy budowaniu wzajemnego porozumienia.

Integracja jest procesem, w którym osobne części zostają połączone w jedną, funkcjonalną całość. Zintegrowana rodzina pozwala wszystkim członkom na to, by różnili się od siebie, a jednocześnie bazuje na więzi, która sprzyja spójnemu doświadczaniu wspólnego życia. Komunikacja w takim zintegrowanym systemie rodzinnym charakteryzuje się połączeniem dwóch podstawowych procesów: różnicowania (każdy jest osobną, wyjątkową indywidualnością) oraz integracji (wszyscy dążą do kontaktu ze sobą). Połączenie różnicowania i integracji umożliwia rodzinie stworzenie czegoś więcej niż tylko sumy pojedynczych jednostek. Zintegrowana komunikacja wzmacnia indywidualność rodziców i dzieci w miarę jak łączą się oni w jedno „my".

ĆWICZENIE – WGLĄD W SIEBIE

- Pomyśl o sytuacji, w której zareagowałeś inaczej niż twoje dziecko. A teraz spróbuj spojrzeć na to wydarzenie z jego perspektywy. Czym różni się ona od twojej oceny tego zdarzenia? Jak, twoim zdaniem, zareagowałoby dziecko, gdybyś przyjął jego perspektywę i pokazał mu, że rozumiesz jego przeżycia?
- Zastanów się nad aspektami komunikacji integrującej. Obserwuj swoje interakcje z dzieckiem i pomyśl, jak możesz na przyszłość włączyć ją do waszej relacji. Czy twoje dziecko czuje się przez ciebie rozumiane? Czy masz poczucie więzi z dzieckiem?
- Pomyśl o wykorzystaniu komunikacji integrującej także z samym sobą. Jak możesz otworzyć się na swój własny stan wewnętrzny, na swoje pierwotne emocje? Uświadamiaj sobie własne doznania, myśli oraz wyobrażenia – w ten sposób pogłębiasz swoją uważność. Uświadamiając sobie swoje wewnętrzne procesy, traktuj je ze współczuciem. Nie oceniaj ich ani nie próbuj siebie naprawiać.

CO NA TO NAUKA?

Ewolucja emocji

Nauka o emocjach jest złożoną dziedziną obejmującą badania nad kulturą, procesami mentalnymi oraz funkcjonowaniem mózgu. Studia nad zwierzętami sugerują, że ludzie nie są jedynymi istotami, które mają emocje: w obliczu niebezpieczeństwa zwierzęta wykazują behawioralne i fizjologiczne reakcje walki, zastygnięcia w bezruchu lub ucieczki, które wydają się dość emocjonalne. W królestwie zwierząt ssaki stanowią wyjątkową grupę ze względu na złożone sposoby komunikowania swoich stanów wewnętrznych innym przedstawicielom gatunku. Emocje są zatem odbiciem procesów wewnętrznych, które komunikujemy innym. Wraz z tym osiągnięciem behawioralnym wykształcił się odpowiedni system mózgowy odpowiedzialny za emocje i motywację: układ limbiczny.

Paul MacLean stworzył pojęcie mózgu trójjedynego (*triune brain*), które ma podkreślać, iż mózg składa się z trzech osobnych, ale połączonych ze sobą elementów: głębokich partii pnia mózgu, środkowej części limbicznej oraz obszarów wyższych kory nowej. Obszar pnia mózgu jest uznawany za strukturę „prymitywną" i czasem nazywa się go mózgiem gadzim. W procesie ewolucji wykształciła się kolejna warstwa – obwody limbiczne – która stała się częścią tak zwanego mózgu ssaczego. Struktury limbiczne obejmują: ciało migdałowate (odpowiedzialne za niezwykle ważną emocję lęku i prawdopodobnie również złości oraz smutku); korę przednią zakrętu obręczy (pełni rolę głównego operatora i kontroluje funkcje związane z przydzielaniem uwagi); hipokamp (odpowiada za pamięć jawną i służy jako „kartograf" poznawczy); podwzgórze (łączy ciało z umysłem poprzez regulację hormonalną) oraz korę oczodołowo-czołową (integruje szeroką gamę procesów, łącznie z regulacją emocji i pamięcią autobiograficzną).

Obszar limbiczny wydaje się nie mieć dokładnych granic, jednak w jego obwodach występują te same neuroprzekaźniki i charakteryzuje go ta sama spuścizna ewolucyjna. Wpływ funkcji limbicznych jest rozległy i obejmuje także położone niżej obszary pnia mózgu, jak również położoną wyżej korę nową.

Struktury limbiczne nie tylko regulują funkcje pnia mózgowego, ale także koordynują stany wewnętrzne, łącznie z funkcjami ciała oraz interakcjami ze środowiskiem, zwłaszcza społecznym. Badania nad aktywnością obszaru limbicznego pozwalają zrozumieć, dlaczego większość ssaków interesuje się światem społecznym: interakcje społeczne pomagają ssakom regulować własne funkcje fizyczne! Skoordynowanie świata wewnętrznego jednostki z wewnętrznym światem innych jednostek jest specjalnością ssaków. To dzięki niej jesteśmy wyjątkowymi, ciekawskimi istotami społecznymi.

Mózg naczelnych jest jeszcze bardziej zaawansowany. Ewolucja nie polega jedynie na włączaniu nowych struktur, ale raczej na adaptacji starych obwodów do nowych funkcji. Zaś gatunek *Homo sapiens sapiens* ma najbardziej rozwiniętą korę nową. U ludzi pojawiła się zdolność korzystania z wysoce abstrakcyjnych procesów postrzegania, rozumowania i tworzenia pojęć, dzięki skomplikowanym zwojom kory nowej. Procesy tam zachodzące, a zwłaszcza w przednich obszarach kory nowej, umożliwiają nam elastyczne myślenie, dokonywanie refleksji nad abstrakcyjnymi ideami, takimi jak wolność czy przyszłość, oraz korzystanie ze słów w celu opisania swych złożonych myśli innym ludziom. Chociaż słowa nie są w stanie dokładnie odzwierciedlić tego, co się w nas dzieje, to umożliwiają nam zdystansowanie się od ograniczeń rzeczywistości fizycznej. Dzięki temu uzyskujemy wolność tworzenia – lub niszczenia. Język jest potężnym systemem symboli, który pozwala nam oddziaływać na świat i innych ludzi z naszego otoczenia. Słowa umożliwiają również komunikację poza ograniczeniami czasu i przestrzeni. Grecki poeta Arystofanes napisał: „Dzięki słowom umysł dostaje skrzydeł". Kora nowa umożliwiła stworzenie cywilizacji oraz wspiera ewolucję kultury.

Przyglądając się temu mózgowi trójjedynemu – złożonemu z warstwy głębokiej, limbicznej oraz kory nowej – można wysnuć wniosek, że kora nowa pełni tutaj funkcję „szefa", gdyż jest ośrodkiem myślenia abstrakcyjnego. Nie jest to jednak prawdą, a przynajmniej nie do końca. Wykazano, że myślenie jest ściśle zależne od procesów emocjonalnych i somatycznych (fizycznych): aktywność kory nowej jest kształtowana przez procesy neuronowe obszarów limbicznych i pnia mózgu. Emocje oraz wrażenia fizyczne wpływają na nasze myślenie. „Wyższa" i bardziej rozwinięta kora nowa nie działa samodzielnie. Procesy społeczne, emocjonalne i fizyczne, zachodzące w innych obszarach mózgu, w sposób bezpośredni oddziałują na takie funkcje kory nowej, jak rozumowanie oraz tworzenie abstrakcyjnych wyobrażeń.

Mózg i życie społeczne

U prawie wszystkich ssaków obserwujemy więzi społeczne, a więź pomiędzy matką i dzieckiem jest szczególnie silna. Obszary limbiczne mózgu ssaczego umożliwiają współpracę między dwoma podstawowymi procesami: (a) regulowania bardziej pierwotnych funkcji ciało-mózg, takich jak tętno, oddychanie i cykle snu i czuwania oraz (b) przyswajania informacji ze świata zewnętrznego, zwłaszcza świata społecznego innych ssaków.

C i a ł o   m i g d a ł o w a t e pełni kluczową rolę w postrzeganiu sygnałów zewnętrznych i mimiki, a także w regulacji stanów emocjonalnych. Dzięki tej podwójnej funkcji potrafimy okazywać troskę właściwą tylko ssakom: zdajemy sobie sprawę ze stanu wewnętrznego drugiego człowieka, a zwłaszcza własnego potomka. Koncentracja rodzica na dziecku umożliwia rozwinięcie zrównoważonego systemu regulacji stanów wewnętrznych. Dotyczy to nie tylko ludzi, ale także szczurów, małp i innych naczelnych. Niższe zwierzęta, takie jak gady, płazy i ryby, nie posiadają rozwiniętego obwodu limbicznego, więc nie przejmują się stanem wewnętrznym swoich krewnych ani nie prowadzą wzajemnie dostrojonego życia społecznego. W przeciwieństwie do nich, potrafimy nawiązywać kontakt emocjonalny nie tylko z innymi ludźmi, ale także ze ssakami, takimi jak pies.

Neurony lustrzane

Naczelne mają wyjątkową zdolność wywoływania w sobie cudzych stanów wewnętrznych: czują to, co czują inne osobniki. Reagują na stan psychiczny drugiej istoty, który przejawia się w jej intencjonalnym zachowaniu. Dzięki wyjątkowo rozwiniętej korze nowej oraz zdolności posługiwania się językiem ludzie nie tylko dostrajają się do drugiej osoby i uświadamiają sobie jej stany psychiczne, ale są również w stanie przyjąć jej perspektywę. Naukowcy dopiero zaczynają odkrywać mechanizmy nerwowe, które umożliwiły rozwinięcie tak niezwykłych funkcji społecznych.

N e u r o n y l u s t r z a n e zostały odkryte w latach dziewięćdziesiątych podczas badań na małpach, a niedawno wykazano ich obecność również u ludzi. To fascynujące odkrycie neurobiologów pociągnęło za sobą serię pytań dotyczących empatii, kultury oraz relacji międzyludzkich. Marco Iacoboni z Center for Culture, Brain, and Development Uniwersytetu Kalifornijskiego w Los Angeles jest jednym z badaczy, który odkrył neurony lustrzane u ludzi. Obecnie pracuje nad koncepcjami dotyczącymi ich roli w życiu emocjonalnym i społecznym różnych kultur.

Neurony lustrzane dostarczają nam wskazówek na temat głębokiej relacyjności ludzkiego mózgu. Jesteśmy istotami społecznymi, które przetrwały proces ewolucji dzięki zdolności do odczytywania swoich sygnałów, a neurony lustrzane pozwalają nam szybko i trafnie rozpoznawać nasze intencje. Umiejętność „odczytywania umysłów" w sytuacjach społecznych w celu określenia, czy dany osobnik jest naszym przyjacielem, czy też wrogiem, ma dla nas ogromną wartość praktyczną.

System neuronów lustrzanych odgrywa niezwykle ważną rolę w rozumieniu naszych doświadczeń społecznych. Empatię można postrzegać jako mentalne postawienie się w sytuacji drugiego człowieka. Rozumiemy stany wewnętrzne innych ludzi, obserwując własne stany psychiczne, które powstają pod wpływem neuronów lustrzanych. Rozumienie emocji innych ludzi jest ściśle związane ze samoświadomością i samorozumieniem.

Jeśli chodzi o relację rodzic-dziecko, to dorośli, którzy rozwinęli psychowzroczność i potrafią świadomie wyrażać własne oraz cudze stany psychiczne, charakteryzują się większą spójnością umysłową, ta zaś koreluje z prawidłowym rozwojem dziecka. Na tym poziomie wiedzy nie wiemy jeszcze, w jaki sposób możemy wpływać na neurony lustrzane za pomocą optymalnych lub suboptymalnych doświadczeń w relacji z dzieckiem, aby umożliwić mu jak najlepszy rozwój. Nie wiemy jeszcze, jaką rolę neurony te odgrywają w codziennych empatycznych interakcjach, w procesie nadawania sensu wydarzeniom naszego życia oraz w opowiadaniu historii życiowych przez osoby dorosłe. Zagadnienia te wymagają dalszych badań i odkryć.

Emocje jako proces integrujący

Przypisywanie nieuchwytnym procesom emocjonalnym funkcji integrującej pojawia się w różnych dyscyplinach akademickich. Niektórzy autorzy zakładają, że emocje łączą procesy fizjologiczne (ciało), poznawcze (przetwarzanie informacji), subiektywne (odczucia wewnętrzne) oraz społeczne (interpersonalne). Inni piszą o zależności pomiędzy nadzorującym i regulującym aspektem emocji: regulują funkcje umysłu, a także są regulowane przez umysł.

Przyjmując szerszą perspektywę, zauważamy, iż emocje wiążą się z procesem zwanym integracją neuronalną. Integracja to łączenie ze sobą osobnych części większej całości. Integracja neuronalna polega zaś na zdolności neuronów do łączenia aktywności jednego obszaru mózgu z innymi. Obszary mózgu zwane strefami konwergencyjnymi mają neurony o szerokim zasięgu, które sięgają do dalszych obszarów i integrują dane z różnych stref. Opisaliśmy je wcześniej: są to kora przedczołowa oraz hipokamp. Strefy konwergencyjne integrują aktywność neuronów z różnych obszarów mózgu. Pozostała aktywność neuronalna integrowana jest przez ciało modzelowate – pasma tkanki nerwowej, które przekazują informacje nerwowe między dwiema półkulami mózgu. Móżdżek również łączy oddalone od siebie obszary mózgowe. Opisane wcześniej ciało migdałowate posiada rozległe włókna wejścia i wyjścia, które integrują ze sobą różne elementy percepcji, funkcji motorycznych, reakcji fizycznych oraz interakcji społecznych.

Uznając emocje za rezultat zmian w procesie integracji neuronalnej, jesteśmy w stanie dostrzec ich szeroki wpływ na funkcjonowanie człowieka. Zauważamy również, że zaburzenie integrujących procesów mózgowych, które umożliwiają nam zrównoważone funkcjonowanie, może doprowadzić do pojawienia się dysfunkcji emocjonalnych. Rezultatem jest dezintegracja: stany usztywnienia lub wewnętrznego chaosu. Na poziomie interpersonalnym czujemy się emocjonalnie związani z drugim człowiekiem, gdy nasz umysł integruje się z jego umysłem. Do takiego połączenia między umysłami dochodzi, gdy szanujemy stan wewnętrzny drugiego człowieka i reagujemy na niego. Mamy wówczas poczucie, że nasz umysł istnieje w umyśle tej drugiej osoby. Możemy to również postrzegać jako integrację neuronalną i interpersonalną mózgu.

Dalsza lektura

A. Damasio, *Błąd Kartezjusza. Emocje, rozum i ludzki mózg*, Poznań 2002.

A. Damasio, *Jak umysł zyskał jaźń? Konstruowanie świadomego mózgu*, Poznań 2011.

The Healing Power of Emotion, D. Fosha i in. (red.), New York 2009.

Handbook of Emotions, M. Haviland-Jones, L. F. Barrett (red.), New York 2008.

B. L. Fredrickson, *Love 2.0. How Our Supreme Emotion Affects Everything We Feel, Think, Do, and Become*, New York 2013.

M. Iacoboni, *Mirroring People*, New York 2009.

J. LeDoux, *Rethinking the Emotional Brain*, „Neuron" 2012 nr 4.

J. Panksepp, L. Biven, *The Archaeology of Mind. Neuroevolutionary Origins of Human Emotions*, New York 2013.

D. J. Siegel, T. P. Bryson, *Zintegrowany mózg – zintegrowane dziecko*, Poznań 2013.

ROZDZIAŁ 4.

JAK SIĘ KOMUNIKUJEMY? NAWIĄZYWANIE POROZUMIENIA

WPROWADZENIE

Nauka komunikowania się i empatycznego słuchania jest niezwykle istotnym wymiarem rodzicielstwa. Najważniejszym aspektem takiej otwartej postawy jest obecność: stan otwarcia, w którym rodzic przyswaja komunikaty dziecka i wykazuje empatię i życzliwość. Troskliwa komunikacja ma korzystny wpływ na rozwój zdrowego stylu przywiązania, który jest szczególnie istotny w budowaniu pełnej zaufania relacji. Badania przeprowadzone w różnych kulturach sugerują, że wspólnym elementem zdrowych więzi jest zdolność rodzica i dziecka do obustronnego odbierania i nadawania komunikatów. Zjawisko to nazywamy dostrojoną komunikacją. Dochodzi do niej, gdy sygnały wysyłane przez dziecko zostają w sposób bezpośredni dostrzeżone i zrozumiane, a rodzic na nie reaguje. Zarówno dzieci, jak i rodzice czują się dobrze w relacji, w której wzajemne interakcje są otoczone szacunkiem i wrażliwością. Taka komunikacja sprzyja ożywczemu poczuciu więzi. To dzięki niej czujemy się w pełni rozumiani – w ten sposób „ja" łączy się z „ty" w jedno „my".

Komunikacja służąca wzajemnemu porozumieniu pozwala otworzyć umysł i przyjąć perspektywę drugiego człowieka oraz dostrzec swoją własną perspektywę odzwierciedloną w jego reakcjach. Już od momentu narodzin potrzebujemy takiej komunikacji do prawidłowego rozwoju. Gdy dziecko uśmiecha się i wydaje z siebie miękko brzmiące dźwięki, wspierający rodzic reaguje w podobny sposób: uśmiecha się i imituje niektóre z tych dźwięków, a następnie czeka na odpowiedź dziecka. Nawiązuje się dialog, który jest dla dziecka komunikatem: „Widzę cię i słucham. Będę odzwierciedlał twoje reakcje i doceniał cię, dzięki czemu będziesz mógł dostrzec i docenić samego siebie. Lubię cię takiego, jakim jesteś". Taki prosty dialog umożliwia nawiązanie więzi – dochodzi do przepływu sygnałów, który daje nam poczucie porozumienia. Dobre samopoczucie emocjonalne dziecka rozwija się właśnie w oparciu o ten przepływ komunikatów.

W dostrojonej komunikacji odbiorca przekazu wysłuchuje go, zachowując otwarty umysł i angażując wszystkie swoje zmysły. Następnie reaguje na faktyczny komunikat, a nie na swoje własne oczekiwania, które bazują na sztywnych modelach mentalnych. Do wymiany dochodzi w chwili obecnej bez udziału wewnętrznych przeżyć z przeszłości. Dostrojona komunikacja daje wiele możliwości nawiązania więzi, ponieważ rodzic przestaje reagować w sposób automatyczny i odpowiada na rzeczywiste komunikaty dziecka. Wysłuchuje go, zachowując przy tym pełną szacunku postawę.

Rodzice nie zawsze słuchają komunikatów swoich dzieci, gdyż są zajęci swoimi własnymi myślami i odczuciami. Zrozumienie komunikatu dziecka może być wyzwaniem, bo czasem trzeba „odkodować dane". Nawet jeśli nie potrafisz zrozumieć tego, co usiłuje ci powiedzieć dziecko, pamiętaj, że próbuje ono w najlepszy znany mu sposób sprawić, abyś zaspokoił jego potrzeby.

Przeanalizujmy przykład matki, która wraca do domu z pracy. Jej dwudziestodwumiesięczny synek z radością wybiega na powitanie. Chce nawiązać z nią kontakt po całym dniu rozłąki. Matka jednak ma inne zamiary: pragnie zapomnieć o całym dniu pracy i potrzebuje czasu, żeby przestawić się na rolę rodzica. Rozkojarzona, przytula synka i zmierza do sypialni, aby się przebrać. Mówi do niego: „Wrócę za minutę". Ten krótki kontakt, po którym następuje separacja, nie jest dla dziecka satysfakcjonujący, więc idzie za matką z płaczem, domagając się, by wzięła je na ręce. Matka próbuje zdystansować się od niego, żeby najpierw zrealizować swój cel, a dopiero później zająć się dzieckiem. Jej synek jest coraz bardziej niezadowolony, płacze coraz głośniej, aż wreszcie kładzie się na podłodze i zaczyna kopać nóżkami o ścianę. Takie zachowanie irytuje zmęczoną kobietę, która nie ma ochoty na słuchanie hałasów ani zmywanie śladów brudu ze ściany. Ma poczucie, że syn zachowuje się nierozsądnie i roszczeniowo. Zwraca się do niego surowo: „Nie będę się z tobą bawić, jeśli natychmiast nie przestaniesz kopać!". Słysząc te słowa, chłopiec odczuwa jeszcze większy dystans, gdyż doświadcza złości ze strony matki. Jest jeszcze bardziej zdenerwowany i zamachuje się na nią. Teraz ona całkowicie traci ochotę, by kierować na niego jakąkolwiek pozytywną uwagę, ponieważ jej zdaniem zachował się niegrzecznie, a nie ma zamiaru nagradzać go za „złe zachowanie".

Komunikat dziecka, jak ważne jest dla niego nawiązanie kontaktu z matką po całym dniu rozłąki, nie został właściwie odebrany i chłopczyk zaczął wyrażać swoją frustrację z tego powodu. Próbował doprowadzić do nawiązania kontaktu, ale robił to już w negatywny sposób.

Gdyby matka zrozumiała początkowy komunikat syna, mogłaby usiąść z nim na kanapie na kilka minut, porozmawiać i przytulić go, albo nawet przeczytać mu książkę, zanim poszłaby się przebrać. Świadomość, iż ponowne nawiązanie kontaktu po okresie separacji jest niezwykle ważne dla małego dziecka, pozwala rodzicowi mieć nieco bardziej realistyczne oczekiwania i uniknąć frustracji obu stron relacji. Dostrojona komunikacja doprowadziłaby prawdopodobnie do podjęcia innej decyzji ze strony matki, co zmieniłoby charakter jej interakcji z dzieckiem: obie strony relacji poczułyby wzajemną więź i tamtego wieczoru nie doszłoby do awantury.

DOSTROJENIE I SPÓJNOŚĆ

Dlaczego dostrojona, dążąca do porozumienia komunikacja jest tak niezwykle ważna?

Z perspektywy biologicznej proces oddziaływania komunikacji na struktury nerwowe możemy opisać w następujący sposób. Gdy nadajemy komunikat, nasz umysł otwiera się na reakcje innych. Reakcje te zostają włączone do map neuronowych naszego podstawowego poczucia „ja". W mózgu powstaje reprezentacja neuronalna „jaźni zmieniającej się pod wpływem innych", która staje się głównym aspektem naszej tożsamości. Jeśli reakcje innych ludzi są dostrojone do naszych, procesy neuronowe tworzą wewnętrzne poczucie spójności w relacji ja–inni ludzie. Istnieje wówczas spójna relacja pomiędzy jaźnią przed nadaniem komunikatu i jaźnią po nadaniu komunikatu oraz uzyskaniu odpowiedzi.

Jak do tego dochodzi? Dostrojona reakcja ma miejsce wtedy, gdy sygnały innych – ich jakość, intensywność i szybkość

– wyraźnie odzwierciedlają sygnały, które sami wysłaliśmy. Dzięki spójnym interakcjom interpersonalnym neurony tworzą poczucie ugruntowania oraz wzmocnienia w świecie relacji społecznych. Takie więzi pomagają nam budować silne i spójne poczucie „ja".

Gdy w naszych interakcjach pojawia się dostrojona komunikacja, jest nam dobrze z drugą osobą. Relacja jest dla nas przyjemna i czujemy się rozumiani. Mamy poczucie, że nie jesteśmy sami na tym świecie, ponieważ nasza jaźń łączy się z czymś, co znajduje się poza nią. Z czasem powtarzalne wzorce takiej komunikacji pozwalają nam również rozwinąć spójną jaźń autobiograficzną, która łączy w sobie przeszłość, teraźniejszość i oczekiwania wobec przyszłości. Doświadczanie siebie w świecie zależy zarówno od poczucia „tu i teraz", jak i od autobiograficznych form świadomości.

Dostrojona komunikacja pozwala nam również poszerzyć poczucie „ja". Gdy odczuwamy porozumienie ze swoimi dziećmi, jeszcze bardziej się na nie otwieramy. Na tym właśnie polega istota komunikacji, która dąży do wzajemnego porozumienia. Nasze reakcje nie są wówczas tylko odzwierciedleniem własnych sygnałów, ale uwzględniają perspektywę drugiego człowieka, dzięki czemu proces porozumiewania się nabiera głębszego sensu. W ten sposób dzieci mogą poczuć się rozumiane – mają wrażenie, że ich umysł „istnieje w umyśle rodzica".

Uczenie się wymaga kontekstu społecznego. Dzięki nawiązywaniu więzi z innymi dzieci rozwijają wiedzę społeczną, a także samoświadomość, co byłoby niemożliwe w izolacji od ludzi. Proces ten nazywany jest współtworzeniem. Samoświadomość jest po części elementem procesu współtworzenia, podczas którego dzieci zdobywają wiedzę o sobie dzięki komunikacji oraz relacjom z rodzicami i innymi ludźmi.

Zastanówmy się nad sytuacją, w której niemowlę płacze, ponieważ zmoczyło pieluszkę. W idealnym scenariuszu rodzic usłyszy płacz dziecka, w odpowiednio krótkim czasie rozpozna sygnał i zareaguje, czyli zmieni mu pieluszkę. Dziecko doświadczy: (1) dyskomfortu związanego z mokrą pieluszką i płaczu; (2) sytuacji, w której rodzic usuwa źródło dyskomfortu oraz (3) zmiany poczucia „ja" w spójnej interakcji z rodzicem. Dostrojenie interpersonalne doprowadzi do uzyskania wewnętrznej spójności.

Zupełnie inaczej stanie się w przypadku, gdy rodzic nie usłyszy sygnału dziecka lub go nie zrozumie. Nie będzie wówczas w stanie odpowiednio zareagować. Może spróbować zabawiać dziecko, zaoferować mu pokarm lub ukołysać je do snu. Dziecko doświadczy wówczas (1) dyskomfortu i płaczu; (2) niespójnej i nieprzynoszącej ulgi reakcji rodzica, która pozostawi go w bolesnym stanie emocjonalnym oraz poczuciu dystansu; (3) zmiany poczucia „ja" w niespójnej interakcji z rodzicem. Dziecko będzie czuło się odseparowane. Świat zewnętrzny nie dostarczy mu ukojenia. Doświadczając takich niespójnych przeżyć, dziecko nie wie, czego może oczekiwać ani na czym polegać. W rezultacie ma niespójne, niepewne poczucie „jaźni ulegającej zmianie w interakcji z rodzicem".

Komunikacja z dzieckiem może więc sprzyjać powstawaniu spójnego poczucia „ja" lub pozostawiać dziecko w pozbawionym spójności stanie odseparowania. W dziecku pojawia się wówczas przeświadczenie, że nie może polegać na świecie zewnętrznym, a niepokój i niepewność mogą stać się częścią jego tożsamości.

Dziecko potrzebuje spójnej komunikacji z bliskimi do swojego prawidłowego rozwoju. Żaden rodzic nie jest w stanie ciągle zapewniać dziecku tak dostrojonej komunikacji. We wspierających relacjach ważne jest jednak to, aby jak najczęściej doświadczać momentów porozumienia. Zrozumienie komunikatów dziecka może być wielkim wyzwaniem, a niektóre dzieci trudniej jest zrozumieć i uspokoić niż inne. Gdy dochodzi do nieuniknionych nieporozumień i dystansu, zawsze możemy naprawić sytuację, a nasze dzieci nauczą się wtedy, że relacje można uzdrawiać. Akumulacja pozytywnych doświadczeń tworzenia więzi – dzięki dostrojonej komunikacji oraz podejmowaniu naprawy relacji – umożliwia dzieciom rozwijanie spójnego poczucia „ja".

Zachowanie otwartości na złożony proces dostrojonej komunikacji wymaga gotowości do stania się częścią czegoś znacznie większego niż nasze własne „ja". Nawiązanie tak intymnej współpracy może być trudne, gdy rodzice sami nie doświadczyli poczucia więzi w dzieciństwie. Pozostanie otwartym na podstawowe procesy postrzegania, rozumienia i reagowania na komunikaty dziecka może być dla rodzica nie lada wyzwaniem. Jeśli dziecko doświadczy niewłaściwej, niespójnej komunikacji, może odczuć przykre emocje i zamknąć się na nasze próby nawiązywania kontaktu. Gdy kwestionujemy rzeczywistość przeżyć wewnętrznych dziecka lub nie rozumiemy ich, poczuje się zagubione, ponieważ to właśnie z osobą dorosłą najbardziej potrzebuje porozumienia.

KWESTIONOWANIE RZECZYWISTOŚCI

Każdego dnia tracimy okazję do nawiązania więzi, gdy reagujemy tylko z własnej perspektywy, zamiast słuchać dziecka i odpowiednio na nie reagować. Nie udaje nam się wówczas dostroić do jego przeżyć. Gdy nasze dzieci komunikują nam swoje myśli i uczucia, bardzo ważne jest, byśmy uszanowali ich wewnętrzne przeżycia niezależnie od tego, czy zgadzają się z naszymi, czy nie. Zamiast mówić dziecku, że to, co myśli i czuje, nie jest słuszne, możemy wysłuchać je i zrozumieć.

Dla zilustrowania tej koncepcji posłużymy się pewnymi przykładami. Wyobraź sobie, że twój synek spada z trójkołowego rowerka. Z twojego punktu widzenia wygląda na to, że nic mu się nie stało, chociaż jest zaskoczony - ale chłopczyk zaczyna płakać. Zwracasz się do niego: „Nic ci się nie stało. Nie powinieneś płakać. Jesteś dużym chłopcem". Twoje dziecko czuje się zranione, a ty mówisz mu, że jego odczucia nie mają znaczenia. Pomyśl, jak mogłoby się poczuć, gdybyś przekazał mu następujący komunikat: „Zaskoczyło cię, gdy przejechałeś po tym wyboju i upadłeś na trawę, prawda? Nic ci się nie stało?".

A teraz wyobraźmy sobie, że twoja córeczka entuzjastycznie wyraża swoje pragnienie posiadania pewnej zabawki, którą widziała w reklamie, a ty mówisz: „Nie, nie, tak naprawdę wcale jej nie chcesz – to tylko śmieć". A możesz przecież uszanować jej pragnienie, mówiąc: „Ta zabawka rzeczywiście wydaje się fajna do zabawy. Powiedz mi, co ci się w niej podoba?". Jeśli córka nalega, byś natychmiast ją kupił, możesz odpowiedzieć: „Rozumiem, że nie jest ci łatwo czekać, bo bardzo ci się podoba. Chcesz, bym zapisał ją na listę? Gdy przyjdzie czas na kupowanie prezentów, będę wiedział, co chciałabyś dostać". Świadomość, że możemy pozwolić dziecku na wyrażanie pragnień, nie będąc zmuszonym ich spełniać, jest niezwykle uwalniająca – umożliwia nawiązanie kontaktu z przeżyciami dziecka, zamiast kwestionowania jego uczuć.

A oto jeszcze jeden, bardziej skrajny przykład niespójnej komunikacji. Podczas wizyty na zajęciach w przedszkolu swojego dziecka Mary zaobserwowała, że nauczycielka pracowała z małą grupką dzieci, a pozostali wychowankowie wykonywali swoje zadania przy biurkach. Pewien chłopczyk miał trudności z realizacją swojego projektu. Przez jakiś czas próbował poradzić sobie sam, aż w końcu wziął kartkę papieru i podszedł do nauczycielki. Nie chciał jej przeszkadzać, więc stał przez chwilę w milczeniu, mając nadzieję, że ona go zauważy. Jednak nauczycielka go zignorowała, ponieważ wcześniej nakazała dzieciom pracować samodzielnie przy biurkach, a on jej nie posłuchał. Chłopczyk zwrócił się więc do niej z prośbą o pomoc.

Nauczycielka nawet na niego nie spojrzała. Powiedziała tylko: „Andy, ciebie tu nie ma". Andy wyglądał na zdezorientowanego. Odczekał chwilę, a następnie dotknął jej ramienia i powtórzył swą prośbę. Wówczas odwróciła się, spojrzała na niego i powtórzyła: „Andy… Nie ma cię tu!". Koncentrowała się na swoich zasadach, zamiast na komunikacji z chłopcem.

Andy odwrócił się. Przybity, ze zwieszoną głową, powoli powrócił na swoje miejsce. Usiadł i beznamiętnie wykonał parę śladów na papierze. Chłopczyk był wyraźnie sfrustrowany swoim zadaniem – potrzebował kontaktu z nauczycielką i jej pomocy. Jakie było jego wewnętrzne doświadczenie po tej interakcji? Każdy człowiek odczuwa intensywne emocje w obliczu braku porozumienia z drugą osobą, gdy najbardziej tego potrzebuje. Może wówczas poczuć wstyd. Ten pięciolatek próbował zrozumieć słowa: „Nie ma cię tutaj", co było dla niego bardzo dezorientujące. Musiał poradzić sobie nie tylko z niedostrojoną komunikacją, ale także z niezrozumiałą reakcją nauczycielki. Jej słowa kwestionowały rzeczywistość, a jednocześnie przeczyły jej zachowaniu! Gdyby naprawdę go tam nie było, to nie odezwałaby się do niego. Jest to doskonały przykład rozbieżności między zachowaniem osoby dorosłej a dziecięcą potrzebą nawiązania kontaktu.

Gdy próby nawiązania kontaktu spotykają się z obojętną reakcją dorosłego, dziecko czuje się odizolowane i samotne. Dzieci poszukują kontaktu z nami, gdy odczuwają emocje. W takich momentach najbardziej nas potrzebują, więc obojętność dorosłych jest dla nich raniąca.

WSPÓŁPRACA MIĘDZY PÓŁKULAMI

Komunikacja obejmuje aspekty werbalne i niewerbalne. Niewerbalny element komunikacji pozwala nam odczuć wzajemną więź. Zrozumienie drugiego człowieka wymaga czegoś więcej niż tylko zrozumienia słów. Sygnały niewerbalne zwykle odbierane są w sposób nieświadomy i mają znaczący wpływ na nasze samopoczucie. Jednym ze sposobów na wytłumaczenie tego zjawiska jest fakt, że prawa półkula mózgowa jest stworzona do wysyłania i odbierania sygnałów niewerbalnych, a jednocześnie pełni decydującą rolę w regulowaniu naszych wewnętrznych stanów emocjonalnych. Wzajemne dzielenie się sygnałami niewerbalnymi może mieć głęboki wpływ na tworzenie stanu równowagi w naszym umyśle. Lewa półkula specjalizuje się zaś w wysyłaniu i odbieraniu danych werbalnych. Dzięki niej możemy „ubierać myśli w słowa", które wyraźnie różnią się od niewerbalnych doznań wewnętrznych. Sygnały wysyłane z prawej półkuli mózgowej jednej osoby w sposób bezpośredni oddziałują na aktywność prawej półkuli drugiej osoby. Tak samo dzieje się w przypadku lewej półkuli: słowa generowane przez lewą półkulę jednego człowieka aktywują lewą półkulę mózgową drugiego.

Jeśli sygnały werbalne i niewerbalne wysyłane przez drugą osobę są zbieżne, to komunikacja jest dla nas zrozumiała. Gdy jednak sygnały werbalne są sprzeczne z niewerbalnymi – ogólny przekaz staje się niejasny i dezorientujący. Dostajemy jednocześnie dwa różne komunikaty. Załóżmy, że matka jest smutna, a jej córka, podchwytując sygnały niewerbalne, pyta: „Mamusiu, co się stało? Czy zrobiłam coś, co cię zasmuciło?". Z wymuszonym uśmiechem matka odpowiada jej: „Och nie, kochanie. Nie jestem smutna, wszystko jest w porządku". Dziecko jest zdezorientowane podwójnym przekazem. Zauważa coś, ale słowa matki temu zaprzeczają. Dochodzi do rozdźwięku pomiędzy sygnałami werbalnymi i niewerbalnymi.

Jeśli w dzieciństwie nauczyliśmy się, że emocje są „złe", to nie akceptujemy również emocji swoich dzieci, ponieważ nasze własne odczucia są dla nas zbyt nieprzyjemne. Tego typu doświadczenia i przekonania blokują naszą zdolność bycia w pełni obecnym w relacji. Wyrażanie emocji w sposób bezpośredni, zrozumiały i bezpieczny jest korzystne dla naszych dzieci, które chcą wiedzieć nie tylko, co ich rodzice myślą, ale także, co czują. Gdy jesteśmy smutni, zdenerwowani, rozczarowani, podekscytowani, dumni lub zachwyceni, możemy powiedzieć o tym swojemu dziecku. Dzieci potrzebują wiedzieć, że my również mamy uczucia. Gdy wyrażamy swoje emocje, nasze dzieci dowiadują się, co jest dla nas ważne, a jednocześnie uczą się modelu zdrowego wyrażania emocji. Uczą się empatii, przyglądając się naszym reakcjom emocjonalnym. Możemy być autentyczni i emocjonalni, jeśli tylko szanujemy swoje przeżycia oraz doświadczenia naszych dzieci.

TABELA 5. DOSTROJONA KOMUNIKACJA

PROCESY KOMUNIKACJI
odbiór – przetwarzanie – reakcja
ŚCIEŻKI POROZUMIENIA
zbadaj – zrozum – nawiąż więź
ŚCIEŻKI ZERWANIA WIĘZI
przesłuchaj – osądź – koryguj

Poczucie „ja" kształtuje się dzięki dostrojonej komunikacji z innymi ludźmi. Mózg jest stworzony w taki sposób, abyśmy mogli łączyć się z innymi. Komunikacja sprzyjająca porozumieniu polega na spontanicznym zestrojeniu się obu półkul mózgowych z półkulami mózgowymi drugiego człowieka w procesie dzielenia się sygnałami werbalnymi (lewa półkula) oraz niewerbalnymi (prawa półkula). Komunikacja jest wspólnym tańcem, w którym możemy odczuć bliskość i wzajemną więź, a także uzyskać wewnętrzną równowagę i spójność umysłu. Nasze poczucie „ja" w dużej mierze zależy od tego, w jaki sposób tworzymy nasze „my".

OTWARTE KANAŁY KOMUNIKACYJNE

W jaki sposób możemy pozostać obecni i otwarci na komunikację sprzyjającą porozumieniu? Aby porozumieć się z naszym dzieckiem i innymi ludźmi, musimy po pierwsze odebrać komunikat, przetworzyć go, a następnie zareagować na niego.

Odebranie komunikatu – zarówno werbalnego, jak i niewerbalnego – jest częścią procesu komunikacji. Do sygnałów werbalnych należą słowa, za pomocą których przedstawiamy swoje poglądy, myśli, uczucia oraz wszelkie inne zjawiska, które można wyrazić w ten sposób. Komunikaty te powstają w lewej półkuli mózgowej. Do sygnałów niewerbalnych zaliczamy zaś: kontakt wzrokowy, mimikę, ton głosu, gesty, postawę oraz czas i intensywność reakcji. Są one wysyłane i odbierane przez prawą półkulę mózgową. Aspekty emocjonalne nadają sens naszej komunikacji i mają swoje źródło głównie w prawej półkuli mózgowej. Zwracanie bacznej uwagi na niewerbalne aspekty komunikacji jest niezwykle ważne, ponieważ to właśnie dzięki dzieleniu się nimi z innymi ludźmi jesteśmy w stanie nawiązywać głębokie więzi.

Przetworzenie komunikatu umożliwia nam zrozumienie odebranych sygnałów oraz wybranie odpowiedniej reakcji. Proces przetwarzania polega na przepuszczeniu sygnałów werbalnych i niewerbalnych przez filtry modeli mentalnych, które powstały na bazie naszych doświadczeń z przeszłości. Te procesy wewnętrzne wpływają na naszą interpretację sygnałów w chwili obecnej, a także na oczekiwania względem przyszłości. Nasze reakcje zależą od tego, w jaki sposób komunikat został nadany, jak go odbieramy i przetwarzamy, a także od tego, jakie nadajemy mu znaczenie.

Gdy odbieramy komunikaty naszego dziecka, dowiadujemy się czegoś więcej na temat jego stanu psychicznego. Zrozumienie dziecka jest naszym najważniejszym zadaniem w tym wewnętrznym procesie przetwarzania sygnałów. Proces ten wymaga również dokonania własnej oceny sytuacji. Prawdziwe porozumienie opiera się więc na połączeniu dwóch perspektyw: uszanowaniu własnego doświadczenia i przyjęciu przeżyć dziecka. Jeśli rodzic rozumie tylko własne przeżycia i nie łączy się z doświadczeniem dziecka, może mieć trudności w budowaniu z nim bliskiej i głębokiej relacji. Z drugiej strony, jeśli bierze pod uwagę tylko perspektywę dziecka, a ignoruje swoje przeżycia, prawdopodobnie będzie miał trudności w stawianiu dziecku granic. W takim wypadku może zacząć żywić urazę do niego o to, że jest zbyt „roszczeniowe". Gdy rodzice skupiają się wyłącznie na potrzebach i pragnieniach dziecka, z czasem zaczynają odczuwać złość lub wyczerpanie, a dziecko czuje się niepewnie, gdyż brakuje mu granic.

Zdrowe relacje wymagają podejmowania takich decyzji, które spełniają dziecięcą potrzebę miłości i troski, a także nadają konkretną strukturę złożonej i dynamicznej relacji. Załóżmy, że matka przygotowuje kolację dla gości, a do kuchni wchodzi jej pięcioletnia córka. Chce pomalować akwarelami na kuchennym blacie. Nawet jeśli matka docenia kreatywność córki oraz jej zdolność do inicjowania własnych działań, to dziecko wybrało niefortunny moment, gdyż w tej sytuacji uniemożliwiłoby jej przygotowanie posiłku dla gości. Gdyby matka pozwoliła jej malować na blacie, odczułaby zapewne irytację. Z kolei szorstkie „nie" mogłoby wywołać frustrację dziecka, a być może także awanturę, która wymagałaby z pewnością czasu i energii. Dostrojona reakcja mogłaby więc brzmieć: „Wiem, że chciałabyś teraz pomalować, ale jestem bardzo zajęta przygotowywaniem kolacji dla naszych gości i obawiam się, że zacznę marudzić, jeśli będziesz malować w kuchni". Taki komunikat pozwoliłby matce porozumieć się z córką w procesie dostrojonej komunikacji i doprowadziłby do zadowalającego rezultatu zarówno dla niej, jak i dla córki.

Dostrojona reakcja nie polega na odzwierciedlaniu drugiej osobie tych samych komunikatów. Takie odzwierciedlenie byłoby niezwykle frustrujące. „Jestem zły, że nie mogę iść do parku!" – mówi chłopczyk do swojej mamy. Jej odpowiedź: „Jesteś zły, bo nie możesz iść do parku" spowodowałaby, że zakryłby uszy i wybiegł z pokoju. Reakcja sprzyjająca porozumieniu mogłaby brzmieć następująco: „Wiem, że bardzo chcesz iść dziś do parku. Też chciałabym tam pójść. Zmiana planów może być frustrująca i rozczarowująca". Słowa te pokazują, że matka odebrała komunikat dziecka, przetworzyła go i zrozumiała jego stan wewnętrzny, a następnie podzieliła się swoimi spostrzeżeniami. Nawiązała do słów syna, ale także wykazała szacunek dla jego przeżyć emocjonalnych.

W niedostrojonej komunikacji może pojawić się przesłuchiwanie, osądzanie, a następnie próby szybkiego rozwiązania problemu. Przesłuchiwanie polega na agresywnym zadawaniu pytań z ukrytą intencją wywołania konkretnej reakcji przy założeniu, że z góry wiemy, czego doświadcza druga osoba. Jeśli twoja nieśmiała dziesięcioletnia córka ma trudności z nawiązywaniem przyjaźni w nowej szkole, możesz martwić się o jej relacje społeczne. Gdy wraca ze szkoły, natychmiast witasz ją pytaniami na ten temat: „Czy bawiłaś się z kimś dzisiaj?" lub „Rozmawiałaś z dziewczynkami w trakcie obiadu?". Chociaż twoim zamiarem jest pomoc córce, to jednak zadawanie natarczywych pytań dziecku, które czuje się wystarczająco niepewnie w sytuacjach społecznych, sprawi, że poczuje się ono jeszcze gorzej.

Osądzanie to wydawanie ocen – że coś jest „słuszne" lub „niesłuszne" – na temat aspektów doświadczenia drugiej osoby. Nawet jeśli próbujemy zrozumieć odbierane komunikaty, możemy być krytycznie nastawieni do odmiennego podejścia drugiej osoby. Oceny mogą wynikać z naszych sztywnych modeli mentalnych. Często nie jesteśmy nawet świadomi swoich uprzedzeń, które uniemożliwiają nam zachowanie otwartej i wrażliwej postawy. Jeśli chciałabyś, aby twoja córka była bardziej towarzyska, możesz nieświadomie okazywać swoje rozczarowanie, na przykład poprzez zadawanie pytań na temat jej zachowania. Przekazujesz jej w ten sposób własną dezaprobatę wraz z komunikatem, że jest kimś niepełnowartościowym. Możesz to robić w sposób pośredni – za pomocą sygnałów niewerbalnych – lub bezpośredni, na przykład: „Gdybyś była miła dla swoich przyjaciół, na pewno częściej chcieliby się z tobą bawić" lub „Dlaczego nie zachowujesz się jak twoja kuzynka Susie? Ona jest zawsze taka przyjazna". Takie oceniające stwierdzenia nie pomogą twojemu dziecku. Nie wspierają jego pewności siebie, bo czuje się ono teraz niezrozumiane i pozbawione wsparcia.

Jeśli nasze reakcje mają na celu szybkie rozwiązanie problemu, tracimy szansę na porozumienie z dzieckiem. Ponadto próby takie wskazują na brak szacunku dla jego zdolności myślenia i samodzielnego znajdywania rozwiązań w trudnych sytuacjach. Rodzice są bardzo ważnym wsparciem dla dziecka rozwijającego umiejętność rozwiązywania problemów, ale zbyt natarczywe próby naprawiania sytuacji, zanim jeszcze nawiążemy kontakt z przeżyciami dziecka, są pozbawione szacunku.

Jeśli chodzi o zaprezentowany powyżej przykład: zamiast przepytywania czy osądzania córki, lepiej zachować otwartość na proces, w jakim doświadcza ona relacji z innymi, i postarać się zrozumieć jej trudności oraz wesprzeć ją w kontaktach z rówieśnikami. Zrozumienie i akceptacja temperamentu dziecka daje mu odpowiednie wsparcie w stopniowym wzmacnianiu odwagi w nawiązywaniu kontaktów. Dzięki dostrojeniu się oraz zrozumieniu wzmocnisz pewność siebie dziecka. Gdy poczuje twoje wsparcie, będzie miało więcej sił na to, by zmierzyć się ze światem oraz większą gotowość do poszukiwania nowych doświadczeń.

PROCES I TREŚĆ

Uświadamianie sobie różnicy między procesem i treścią komunikacji jest podstawowym elementem spójnej samowiedzy. Jakże często koncentrujemy się na treści komunikatu, tracąc z oczu sam proces nawiązywania porozumienia! Sens naszych wzajemnych interakcji jednak bardzo często wynika właśnie z samego procesu, a nie z jego zawartości. Co to oznacza? Komunikacja jest procesem nawiązywania kontaktu z innymi ludźmi, a nie tylko dzielenia się konkretnymi informacjami. Angażując się w proces komunikacji – wymiany energii i informacji – nawiązujemy porozumienie ze sobą nawzajem.

Gdy rodzice mają nierozwiązane problemy wewnętrzne lub nieprzepracowane traumy, bardzo często projektują je na relację z dzieckiem. Komunikaty wysyłane przez dziecko zostają wówczas przefiltrowane przez usztywniony model świata rodzica, czyli przez zniekształcenia zamkniętego umysłu. Gdy rodzice zamykają się w swoim punkcie widzenia, nie akceptując żadnego innego, zamykają również kanały otwartej komunikacji.

Jeśli porozumienie w relacji zostanie zerwane, w umyśle dziecka może dojść do zamknięcia kanałów komunikacyjnych. Jeśli nie możemy nawiązać z nim kontaktu, to istnieją nikłe szanse na dostrojoną komunikację. Bardzo prawdopodobne jest, że obie strony będą odczuwać frustrację, irytację oraz pogłębiający się dystans.

Nasze życie odzwierciedla zarówno proces nawiązywania więzi, jak i to, co przydarzyło się nam w przeszłości. Rodziny, w których się wychowaliśmy, zadecydowały o charakterze naszych wspomnień (z dzieciństwa i późniejszych), a także o spójności naszego umysłu. Dostrojona, dążąca do porozumienia komunikacja nie zawsze przychodzi nam łatwo, zwłaszcza jeśli sami nie doświadczyliśmy jej w dzieciństwie. Na szczęście, możemy nauczyć się słuchać naszych dzieci, przyjmować ich perspektywę, a jednocześnie szanować swój własny punkt widzenia. Wzorce komunikacji rodziców decydują o spójności umysłu dziecka. Uświadamianie sobie procesu i treści komunikacji interpersonalnej jest fundamentalną częścią spójnej samoświadomości.

ĆWICZENIE – WGLĄD W SIEBIE

- Przypomnij sobie sytuację z dzieciństwa, gdy twoja rzeczywistość została zakwestionowana. Jak się wtedy czułeś? Co działo się wtedy w twojej relacji z rodzicami?
- Posłuchaj rozmów innych ludzi. Zwróć uwagę na wypowiadane słowa i komunikaty. Następnie zwróć uwagę na ton głosu. Czy elementy werbalne wypowiadanych komunikatów są spójne z ich aspektami niewerbalnymi? Na ile niewerbalne aspekty komunikacji zgadzają się z wypowiadanymi słowami? Jak czułbyś się podczas takiej rozmowy?
- Zwróć uwagę na sytuacje, w których rozmówcy mają zamknięte kanały komunikacyjne. Jak postrzegasz dystans między nimi? Czy nieporozumienie jest nieuchronne? Zastanów się nad własnymi wzorcami komunikowania się. Zwróć uwagę na to, kiedy kogoś przepytujesz, osądzasz albo próbujesz rozwiązać problem. Następnym razem, gdy będziesz rozmawiać z dzieckiem, postaraj się badać, rozumieć i nawiązać z nim porozumienie. Co zauważasz, gdy przyjmujesz takie podejście? Czy sądzisz, że doświadczenia z dzieciństwa wpłynęły na kształt twoich relacji z innymi ludźmi?

CO NA TO NAUKA?

Znaczenie wzajemnego dostrojenia

Dawniej uznawano mózg za niezależną strukturę nerwową w naszym organizmie. Badano go jako osobny, fascynujący narząd, którego tajemnice warto jest zgłębiać. Teraz możemy przyjrzeć się pracy żywego mózgu dzięki zaawansowanym technologiom badawczym. Zaczęliśmy odkrywać tajemnice tego niesamowicie złożonego narządu i uświadamiać sobie jego relacyjny charakter. Mózg zmienia się pod wpływem interakcji z innymi mózgami. Nie jest to czysty przypadek, lecz wpływ czynników ewolucyjnych, które wspierają rozwój plastycznego, reagującego na doświadczenia i wysoce społecznego narządu, dzięki któremu możemy wpływać na swoich towarzyszy i ulegać ich wpływom.

Umysł powstaje w wyniku przepływu energii i informacji, jaki zachodzi w mózgu lub pomiędzy mózgami. Badania nad niemowlętami potwierdziły istotną rolę interpersonalną pierwszych dni naszego życia. Dostrojona, odwzajemniona, obustronna, wzajemna i dążąca do porozumienia komunikacja jest fundamentalnym i uniwersalnym procesem, który łączy niemowlę z rodzicem. Naukowcy, którzy dążą do głębszego poznania tego procesu, opracowali bardzo pomysłowe podejście do badania więzi rodzic-dziecko.

Colwyn Trevarthen, psycholog i specjalista w dziedzinie nauki o mózgu, jest obecnie jednym z wiodących badaczy okresu wczesnego niemowlęctwa. Zainteresował się istotnym wpływem reakcji rodzica na dobre samopoczucie dziecka. W eksperymencie „kamienna twarz" Eda Tronicka rodzic miał za zadanie zachować „kamienny" wyraz twarzy w odpowiedzi na próby nawiązania kontaktu przez niemowlę. Początkowo dziecko wzmagało wysiłki nawiązania relacji, następnie żywo protestowało, później zachowywało się w sposób zdezorganizowany, a na końcu wycofywało się z relacji. Naukowcy zinterpretowali to zachowanie jako wyraz dziecięcej potrzeby dostrojonej komunikacji. Trevarthen uświadomił sobie jednak, że eksperyment ten wcale nie wykluczył możliwości, iż dziecko potrzebowało jedynie reakcji pozytywnych – a niekoniecznie dostrojonych. Aby to wyjaśnić i raz na zawsze ustalić, jaki jest najważniejszy czynnik komunikacji we wczesnym dzieciństwie (niemowlęta miały trzy lub cztery miesiące), wraz ze współpracownikami opracował eksperyment „podwójnej telewizji".

Niemowlęta uwielbiają przyglądać się twarzom swoich rodziców. Wyobraź sobie system kamer telewizyjnych: dziecko spogląda w monitor, na którym widzi twarz swojej matki lub ojca, ale na jego twarz także skierowana jest kamera. Innymi słowy, niemowlę patrzy na twarz matki na ekranie monitora, a jednocześnie nieświadomie spogląda w kamerę, która przesyła jego obraz do monitora matki. W jej wypadku sytuacja wygląda tak samo: patrzy na twarz dziecka na monitorze, a jednocześnie w kamerę, która przesyła jej wizerunek na ekran, w który spogląda dziecko.

Na pierwszym etapie eksperymentu rodzic porozumiewał się z dzieckiem w czasie rzeczywistym za pośrednictwem monitora. Sytuacja przypominała bezpośredni kontakt twarzą w twarz: miała to być komunikacja dostrojona pierwotnych stanów emocjonalnych matki i dziecka. Obie strony interakcji dostosowały się do siebie za pomocą niewerbalnych sygnałów emocjonalnych. Na drugim etapie badania dziecku odtworzono nagranie sprzed minuty. Niemowlę wciąż spoglądało na twarz matki – okazującą te same pozytywne reakcje, co wcześniej – z jedną różnicą: komunikaty te nie były dostrojone. Chociaż na odtworzonym nagraniu sygnały matki były jak najbardziej pozytywne i entuzjastyczne, to jednak nie korespondowały z sygnałami nadawanymi przez niemowlę w danym momencie.

Jak myślicie, co się wydarzyło?

Niemowlę zareagowało w ten sam sposób, jak w eksperymencie z „kamienną twarzą", w którym twarz matki nie wykazała żadnej reakcji: było niespokojne, zdenerwowane, następnie zaczęło zachowywać się w sposób zdezorganizowany, aż wreszcie wycofało się. Badanie to dobitnie potwierdziło, że niemowlęta potrzebują czegoś więcej niż tylko pozytywnych komunikatów ze strony rodziców. Potrzebują, aby ich interakcje były wzajemnie dostrojone.

Prawdopodobnie przez całe życie potrzebujemy takiego wzajemnego dostrojenia. Poczucie „ja" rozwija się w oparciu o relacje, które tworzymy z innymi. Dostrojona komunikacja pozwala nam uzyskać wewnętrzną spójność, dzięki czemu nasze neurony tworzą kompletną jaźń podstawową (*core self*), która przejawia się w świecie w pełen energii sposób.

Gdy komunikacja zostaje zerwana, wzajemne dostrojenie nie jest możliwe. Na najbardziej podstawowym poziomie dążenie do naprawy relacji wymaga przywrócenia tego typu komunikacji. Dzięki ponownemu nawiązaniu porozumienia stany wewnętrzne obu osób dostrajają się do siebie, a każda z nich odzyskuje poczucie spójności.

Wzajemne dostrojenie i spójna jaźń

Pogląd, iż komunikacja z ważnymi dla nas ludźmi wpływa na to, kim jesteśmy, nie jest niczym nowym. Rosyjski psycholog Lew Wygotski już prawie sto lat temu napisał, że myśl jest dialogiem wewnętrznym. Rozwijamy własny sposób komunikacji z samym sobą pod wpływem dialogu z innymi. Badacze, którzy zgłębiają decydującą rolę opowieści w tworzeniu obrazu własnej osoby, zgadzają się z tym założeniem: tworzymy opowieści o naszym życiu na bazie interakcji z innymi ludźmi. Psychiatra dziecięcy Daniel Stern w piękny sposób opisuje, jak interakcje pomiędzy rodzicem a dzieckiem kształtują rozwój jaźni w trakcie pierwszych lat życia.

Ostatnie osiągnięcia nauki o mózgu, a także biologii ewolucyjnej, sugerują, iż mózg jest organem niezwykle społecznym. Serce pompuje krew, nerki filtrują ją, żołądek trawi pokarm, a mózg łączy świat wewnętrzny z zewnętrznym. Wyewoluowaliśmy w grupach, więc zdolność odczytywania sygnałów innych ludzi jest kluczowa dla naszego przetrwania. Proces odczytywania nie tylko służy zbieraniu informacji, ale także nas kształtuje. Badania rozwojowe nad procesem zwanym porównywaniem społecznym (*social referencing*) zwracają uwagę na ogromny wpływ reakcji emocjonalnych rodziców okazywanych niewerbalnie za pomocą wyrazu twarzy i gestów na reakcje i zachowanie dziecka.

Niedawno poddano analizie dane pacjentów z uszkodzeniami mózgu, aby ustalić, w jaki sposób powstaje poczucie „ja" oraz świadomość. Neurolog Antonio Damasio opisał proces kształtowania się poczucia „ja" pod wpływem aktywności konkretnych obszarów mózgowych. W swojej pracy skoncentrował się na pojedynczych przypadkach i problemach neurologicznych, niemniej jednak możemy skorzystać z jego dorobku i pogłębić naszą wiedzę na temat umysłu relacyjnego i mózgu społecznego. Najważniejsze dla nas jest to, że mózg – z neurologicznego punktu widzenia – tworzy jaźń podstawową, która rejestruje bodźce ze świata zewnętrznego. Jeśli potraktujemy zjawisko komunikacji w kategorii „bodźców", które na nas oddziałują, staje się dla nas jasne, że dostrojona komunikacja prowadzi do powstania spójnej jaźni podstawowej. Przypuszczamy więc, że spójna jaźń – w sposób neurologiczny – powstaje pod wpływem dostrojonych reakcji środowiska społecznego.

Nasze poglądy są zbieżne z perspektywą Wygotskiego i Sterna, według których złożone poczucie „ja" rozwija się na bazie doświadczeń życiowych. Autobiograficzna świadomość przypomina tak zwaną świadomość przeszłości-teraźniejszości-przyszłości, która w pracach Endela Tulvinga i jego współpracowników nazywana jest mentalną podróżą w czasie. Zdawanie sobie sprawy z bieżących wydarzeń, które na nas oddziałują, nazywane jest przeważnie świadomością i zostało opisane przez kilku badaczy jako forma świadomości tu-i-teraz.

Zaprezentowane powyżej poglądy są zbieżne, co sugeruje, iż nasza jaźń powstaje w wyniku procesów neurologicznych w obwodach mózgowych, które zachodzą pod wpływem naszych interakcji ze światem oraz doświadczeń zakodowanych w różnych formach pamięci. Pamięć zmienia się pod wpływem wspomnień oraz w procesie powstawania nowych, ustawicznie zmieniających się połączeń nerwowych. Na podobnej zasadzie nieustannie rozwija się nasze poczucie „ja". Rozwijanie spójnego poczucia „ja" wymaga połączenia naszych obecnych doświadczeń interpersonalnych z mentalną podróżą w czasie, co umożliwia powstanie autobiograficznej jaźni, pełniącej funkcję refleksyjną oraz integrującą przeszłość-teraźniejszość-przyszłość. Żyjemy bowiem w dwóch dynamicznych, nieustannie kontaktujących się ze sobą światach: wewnętrznym i zewnętrznym.

Integracja międzypółkulowa

Nawiązywanie więzi z innymi ludźmi wymaga co najmniej dwóch form komunikacji: niewerbalnej i werbalnej.

Prawa półkula mózgowa – przetwarzająca informacje niewerbalne, przestrzenne, emocjonalne, społeczne i autobiograficzne – umożliwia nam korzystanie z sygnałów niewerbalnych. Nauka dostarcza nam interesującego odkrycia: wydaje się ona być ściśle połączona z układem limbicznym, który pośredniczy pomiędzy emocjami a motywacją. Dlatego też rozróżnienie na lewo- i prawopółkulowy tryb przetwarzania prawdopodobnie obejmuje również rozróżnienie na prawopółkulowe przetwarzanie emocjonalne/limbiczne oraz lewopółkulowe przetwarzanie intelektualne, czasem zwane neokortykalnym.

Rozróżnienie to jest istotne z kilku powodów:

- W pierwszym i drugim roku życia dziecko jest głównie istotą prawopółkulową. Aby nawiązać więź z małym dzieckiem, musimy wiedzieć, jak korzystać ze swojej prawej półkuli.
- Gdy dziecko osiąga wiek przedszkolny, ciało modzelowate – spoidło wielkie mózgu łączące obie półkule – jest jeszcze niewystarczająco rozwinięte. Dlatego dzieci w tym wieku mają trudności w nazywaniu swoich uczuć. Czasem ich prawa półkula może reagować tak intensywnie, że dostają napadu furii, wchodząc w stan, w którym nie potrafią korzystać z języka. W takich sytuacjach najlepszym rozwiązaniem może być niewerbalne uspokojenie dziecka.
- Szkoła przeważnie kładzie nacisk na przetwarzanie lewopółkulowe. Dorośli często wspierają tę niesprawiedliwą tendencję do preferowania logiki i słów. Przetwarzanie prawopółkulowe nie ujmie się samo za sobą, gdyż musiałoby skorzystać z logicznej perswazji słownej. Ktoś musi więc ująć się za prawą półkulą! Pamiętaj, że procesy prawopółkulowe są bardzo ważne w samoregulacji, roz-

wijaniu poczucia „ja" oraz tworzeniu empatycznej więzi z innymi. Znalezienie sposobów na zachęcenie dziecka do rozwijania prawej półkuli i zintegrowania jej z lewą może pełnić decydującą rolę w budowaniu jego żywotności i dobrego samopoczucia.

Dalsza lektura

L. Cozolino, *The Neuroscience of Human Relationships*, New York 2006.

D. J. Siegel, *The Mindful Therapist. A Clinician's Guide to Mindsight and Neural Integration*, New York 2010.

D. Stern, *The Interpersonal World of the Infant*, New York 1985.

E. Tronick, *The Neurobehavioral and Social Emotional Development of Infants and Children*, New York 2007.

The Perceived Self. Ecological and Interpersonal Sources of Knowledge, U. Neisser (red.), New York 1993.

ROZDZIAŁ 5.

NAWIĄZYWANIE WIĘZI. RELACJE MIĘDZY RODZICAMI I DZIEĆMI

WPROWADZENIE

Dzieci są na początku swego życia całkowicie zależne od rodziców – bez nich nie byłyby w stanie przetrwać. To matka lub inny kochający, wrażliwy opiekun dostarcza niemowlęciu pożywienia oraz ukojenia. I z tą właśnie osobą dziecko doświadcza intymnej więzi, ponieważ daje mu ona poczucie bezpieczeństwa. Posiadanie dorosłego opiekuna, który troszczy się, zauważa, rozumie i reaguje na jego potrzeby, pozwala niemowlęciu poczuć się bezpiecznie. Zdaniem twórcy teorii przywiązania Johna Bowlby'ego, poczucie dobrostanu pojawiające się dzięki przewidywalnym, powtarzalnym sytuacjom, w których niemowlę zaznaje opieki, dostarcza mu tak zwanej b e z p i e c z n e j   b a z y (*secure base*). Ten wewnętrzny model bezpieczeństwa umożliwia dziecku prawidłowy rozwój i eksplorację świata. B e z p i e c z n a   w i ę ź pociąga za sobą pozytywne rezultaty rozwojowe w wielu dziedzinach: społecznej, emocjonalnej oraz poznawczej.

Badania nad przywiązaniem zwracają uwagę na istotną rolę relacji rodzic-dziecko w kształtowaniu charakteru interakcji dziecka z innymi dziećmi, poczucia bezpieczeństwa towarzyszącego poznawaniu świata, odporności na stres, zdolności do regulowania własnych emocji i tworzenia spójnej opowieści życiowej, która pomaga mu zrozumieć własne życie, a także zdolności do budowania głębokich relacji z innymi ludźmi w przyszłości. Styl przywiązania jest fundamentem podejścia dziecka do świata, a zdrowe więzi we wczesnych latach życia są bezpieczną bazą do poznawania siebie i innych ludzi.

PRZYWIĄZANIE, GENY I ROZWÓJ

Indywidualna osobowość ma dwa źródła: wrodzone cechy temperamentu dziecka, takie jak wrażliwość, towarzyskość, zmienność nastrojów, oraz doświadczenia wyniesione z domu rodzinnego i z kontaktów z rówieśnikami. Odziedziczone geny mają ogromny wpływ na rozwój: decydują o cechach układu nerwowego, bezpośrednio wpływają na funkcjonowanie mózgu, a co za tym idzie, mają wpływ na nasze zachowanie. Dziedziczenie wiąże się jednak nie tylko z genami, ale także z czynnikami epigenetycznymi. Decydują one o tym, które geny zostają aktywowane, jak i kiedy to się dzieje, a także tworzą białka składające się na struktury neuronowe. Czynniki epigenetyczne podlegają wpływowi doświadczeń, a więc to, czego doświadczamy, oddziałuje na nasz system genetyczny. Doświadczenia życiowe mają bezpośredni wpływ na rozwój dziecka i mogą decydować o aktywacji określonych genów oraz o kształcie połączeń mózgowych. Jak widzimy, spór naukowy „natura czy wychowanie" nie ma sensu, ponieważ natura (geny i ich regulacja) wymaga wychowania (doświadczeń życiowych), aby dziecko mogło rozwijać się prawidłowo. Nie da się rozdzielić jednego od drugiego. Geny i doświadczenie wspólnie decydują o tym, kim jesteśmy.

To wspaniała nowina, że jesteśmy w stanie wpływać na rozwój i funkcjonowanie neuronów, a nawet na regulację epigenetyczną za pomocą doświadczeń, których dostarczamy swojemu dziecku! Co zatem zrobić, aby zapewnić mu optymalny rozwój? Jak możemy wykorzystać swoją wiedzę?

Niektórzy ludzie wyrażają obawę, że wyniki badań nad przywiązaniem sugerują, iż wczesne lata życia przesądzają o naszym dalszym losie. W rzeczywistości jednak potwierdzają one, że kiedy więzi z rodzicami ulegają zmianie, pociąga to za sobą zmianę stylu przywiązania u dziecka. Oznacza to, że nigdy nie jest za późno, aby poprawić swoje relacje z dzieckiem. Badania pokazują również, iż wspierająca relacja z kimś innym niż rodzic, w której dziecko czuje się rozumiane i bezpieczne, także może być dla niego istotnym źródłem siły życiowej. Taka osoba zasiewa ziarno, które kiełkuje w dorastającym umyśle dziecka. Relacje z krewnymi, nauczycielami, opiekunami oraz doradcami mogą być dla dorastającego dziecka niezwykle ważne. Nie zastąpią bezpiecznej więzi z głównym opiekunem, ale stanowią źródło siły wewnętrznej dla rozwijającego się umysłu.

WIĘŹ UFNA

Więź ufna rozwija się wtedy, gdy dziecko doświadcza spójnej, emocjonalnie dostrojonej komunikacji z rodzicem lub innym opiekunem. Relacje, w których doświadcza dostrojenia – zwłaszcza w sytuacjach emocjonalnych, gdy najbardziej tego potrzebuje – dają mu poczucie więzi, zrozumienia i bezpieczeństwa. Dostrojona komunikacja pozwala mu poczuć, że jest zauważane i chronione. Dorosły dostrzega jego świat wewnętrzny, broni przed krzywdą lub poczuciem zagrożenia, dostraja się do niego i pociesza, a wszystkie te doświadczenia pozwalają mu rozwinąć bezpieczny styl przywiązania. Badania sugerują, że poczucie bezpieczeństwa wpływa nie tylko na połączenia neuronowe, ale także na czynniki epigenetyczne w mózgu, które w pozytywny sposób rzutują na jego relacje, zachowanie i wytrzymałość. Rozwinięcie ufnej więzi pod wieloma względami daje dziecku siłę, jakiej potrzebuje do wyjścia ze swojego bezpiecznego gniazda. Dzięki temu może ono rozpocząć badanie świata, traktując rodziców jako solidne stanowisko startowe.

Jednym ze sposobów na wyjaśnienia, jak komunikacja wpływa na rozwój przywiązania, jest nasz model: dostrojenie–równowaga–spójność (tabela 6.).

TABELA 6. MODEL PRZYWIĄZANIA

Model przedstawia kolejne fazy tworzenia się przywiązania: dostrojenie, równowaga i spójność.

Dostrojenie – dopasowanie swojego stanu wewnętrznego do przeżyć dziecka dzięki wzajemnie dostrojonym komunikatom niewerbalnym.

Równowaga – dziecko osiąga równowagę fizyczną, emocjonalną i umysłową dzięki wzajemnemu dostrojeniu.

Spójność – poczucie, które dziecko uzyskuje dzięki takiej relacji z rodzicem, w której może doświadczać zarówno wewnętrznej integracji, jak i więzi interpersonalnej.

Gdy rodzic reaguje w sposób dostrojony do dziecka, czuje się ono rozumiane i zyskuje poczucie więzi. Dostrojona komunikacja umożliwia mu osiągnięcie wewnętrznej równowagi: harmonijnej i elastycznej regulacji fizjologicznej, emocjonalnej i psychicznej. Doświadczanie dostrojonej więzi oraz związana z nią równowaga umożliwiają z kolei osiągnięcie poczucia spójności.

Przywiązanie jest mechanizmem wrodzonym, który wykształcił się po to, aby zapewnić dziecku bezpieczeństwo. Sprawia on, że dziecko: (1) poszukuje bliskości z rodzicem; (2) zwraca się do rodzica w stresujących sytuacjach po to, by je uspokoił, gdyż jest on dla niego bezpieczną przystanią; oraz (3) internalizuje relację z rodzicem, tworząc wewnętrzny model bezpiecznej bazy. To poczucie bezpieczeństwa powstaje dzięki powtarzalnym doświadczeniom dostrojonej więzi i przywiązania. Doświadczenia te umożliwiają dziecku osiągnięcie wewnętrznego poczucia dobrostanu, dzięki któremu może wyjść do świata, eksplorować go i nawiązywać relacje z innymi ludźmi.

WIĘZI LĘKOWE: UNIKAJĄCA I AMBIWALENTNA

Nie zawsze rodzice są w stanie zapewnić dziecku tyle doświadczenia więzi, aby mogło ono rozwinąć bezpieczne przywiązanie. W wypadku nieprawidłowości w modelu dostrojenie–równowaga–spójność dziecku brakuje okazji do odczuwania bliskości i bezpieczeństwa. W rezultacie rozwija przywiązanie lękowe, które w sposób bezpośredni wpływa na jego zachowanie w kontaktach z innymi ludźmi.

Istnieją trzy rodzaje przywiązania, które nie dają dziecku poczucia bezpieczeństwa. Rozwijają się one na skutek niedostrojonej i niespójnej komunikacji. Jeśli rodzic jest ciągle niedostępny lub odrzuca dziecko, może to doprowadzić do wykształcenia unikającego stylu przywiązania: dziecko przystosowuje się do sytuacji poprzez unikanie bliskości oraz emocjonalnego kontaktu z rodzicem. Komunikacja rodzic-dziecko jest wówczas pozbawiona emocji. Dotyczy to najczęściej rodziców, którzy sami dorastali na emocjonalnej pustyni, musieli przystosować się do sytuacji, w której ich potrzeby nie były zaspokajane.

Z kolei dziecko z ambiwalentnym stylem przywiązania ma kontakt z rodzicem, który komunikuje się w sposób niespójny, a czasem intruzywny*. Takie dziecko nie może liczyć na dostrojenie i porozumienie. Gdy dostępność rodzica ulega zmianie, a ono doświadcza niestabilnej komunikacji, rozwija się w nim poczucie niepokoju i niepewności, czy naprawdę może polegać na rodzicu. Nie wie, czego się spodziewać. Ta ambiwalencja prowadzi do poczucia braku bezpieczeństwa w relacji z rodzicem, które przenosi się potem na interakcje z innymi ludźmi.

Zarówno w wypadku przywiązania unikającego, jak i ambiwalentnego, dziecko rozwija pewien schemat postępowania. Pragnie zrozumieć swoje doświadczenie i robi, co może, aby przystosować się do rzeczywistości. Te mechanizmy adaptacyjne są trwałe i dziecko odtwarza je potem w innych relacjach. Styl przywiązania, który wykształciliśmy w dzieciństwie w relacjach rodzinnych, organizuje nasz umysł w taki sposób, że replikujemy go w swoich interakcjach z nauczycielami, przyjaciółmi i w związkach partnerskich, co prowadzi do dalszego jego utrwalania. W rezultacie możemy utwierdzić się w przekonaniu, że świat zewnętrzny jest pozbawiony emocji (unikanie) lub niestabilny emocjonalnie i niepewny (ambiwalencja).

* Kontrolujący, nadmiernie ingerujący, narzucający. Intruzywność w literaturze na temat rodzicielstwa oznacza postawę ograniczającą i naruszającą autonomię dziecka (przyp. tłum.).

WIĘŹ ZDEZORGANIZOWANA

Gdy potrzeba więzi nie zostaje zaspokojona, a zachowanie rodzica staje się źródłem dezorientacji i przerażenia, dziecko może przejawiać zdezorganizowany styl przywiązania. Styl ten rozwija się, gdy dziecko trwale doświadcza sytuacji, w których zachowanie rodzica jest dla niego przytłaczające, przerażające i chaotyczne, a rodzic wywołuje w nim lęk i zagubienie. Biologiczny mechanizm przywiązania działa tak, że dziecko poszukuje bliskości z rodzicem w obliczu stresujących sytuacji po to, aby rodzic uspokoił je i otoczył opieką. W sytuacji, o której wspomnieliśmy, dziecko znajduje się w pułapce: odczuwa wrodzony impuls, by zwrócić się o wsparcie do osoby, która jest dla niego źródłem lęku i od której jednocześnie pragnie uciec. Badacze zjawiska przywiązania – Mary Main i Erik Hesse – nazywają to zjawisko nierozwiązywalnym przerażeniem (*fright without solution*). Jest to niemożliwy do rozwiązania konflikt wewnętrzny dziecka, które nie potrafi zrozumieć sytuacji, w jakiej się znajduje, ani wykształcić zorganizowanego mechanizmu adaptacyjnego. Jedyną możliwą reakcją jest dezorganizacja i chaos.

Więzi zdezorganizowane występują najczęściej u dzieci, które doświadczają przemocy ze strony rodziców. Przemoc ta jest sprzeczna z poczuciem bezpieczeństwa, zaburza relację oraz tworzy niemożliwy do rozwiązania konflikt w umyśle dziecka prowadzący do rozczłonkowania jaźni. Wykazano, że przemoc rodzicielska uszkadza obszary w dojrzewającym mózgu, uniemożliwiając integrację neuronalną. Może to być jedna z przyczyn, dla których dziecko ma trudności z regulowaniem emocji, komunikacją społeczną, zadaniami szkolnymi wymagającymi myślenia, a także wykazuje tendencję do przemocy i dysocjacji (zaburzenia, w którym dochodzi do rozłączenia funkcji, które powinny być zintegrowane).

Więź zdezorganizowana rozwija się również w rodzinach, w których nie dochodzi do przemocy fizycznej, ale dziecko doświadcza wielu sytuacji, kiedy zachowanie rodzica jest dla niego przerażające lub w inny sposób dezorientujące. Rodzice, którzy często krzyczą na dzieci lub bywają nietrzeźwi, mogą wzbudzać lęk, który prowadzi do wykształcenia więzi zdezorganizowanej. Jest to niemożliwy do rozwiązania paradoks: z jednej strony rodzic wywołuje w dziecku przerażenie lub dezorientację, a z drugiej strony właśnie te uczucia budzą w nim wrodzoną potrzebę szukania rodzicielskiego pocieszenia. Takie dezorganizujące doświadczenia zaburzają funkcje integrujące umysłu, odpowiadające za regulację emocji i radzenie sobie ze stresem.

Dlaczego rodzice traktują swoje dzieci w taki sposób? Badania wykazały, że dorośli, którzy nie wyzwolili się z własnych traum i strat, są skłonni do przejawiania zachowań, które wzbudzają w dzieciach lęk. Traumy czy straty rodzica nie skazują automatycznie dziecka na wykształcenie więzi zdezorganizowanej, jeśli rodzic rozwiąże swoje problemy wewnętrzne. Nigdy nie jest za późno, aby wykonać krok ku zrozumieniu własnych doświadczeń i uzdrowieniu przeszłości. Skorzystacie na tym oboje: zarówno ty, jak i twoje dziecko.

RÓŻNE STYLE PRZYWIĄZANIA I WZORCE KOMUNIKACJI

Zwykle rodzice nabierają motywacji do zmiany, gdy zaczynają rozumieć, jak wielki wpływ ma przywiązanie na rozwój dziecka, oraz dostrzegają, że ich zachowanie i sposób komunikowania decydują o stylu przywiązania. Uczą się wtedy bardziej dostrojonej komunikacji z dziećmi oraz świadomie pracują nad zbudowaniem fundamentu dla zdrowej relacji. Zapoznanie się z różnymi stylami przywiązania może okazać się w tym bardzo pomocne.

TABELA 7. STYLE PRZYWIĄZANIA

Styl przywiązania	Wzorzec interakcji u rodzica
• Więź ufna	Rodzic emocjonalnie dostępny, spostrzegawczy, reagujący
• Więź lękowa – unikająca	Rodzic odrzucający, niedostępny, niezauważający dziecka i niereagujący
• Więź lękowa – ambiwalentna	Rodzic intruzywny, reagujący niespójnie, nie zawsze dostępny i dostrzegający dziecko
• Więź lękowa – zdezorganizowana	Rodzic przerażający, przerażony, dezorientujący, niepokojący

Oto kilka przykładów interakcji rodzica z dzieckiem, które ilustrują opisane wyżej style przywiązania. W każdym z nich ojciec opiekuje się swoją czteromiesięczną córeczką.

Więź bezpieczna. Dziecko jest głodne i zaczyna płakać. Ojciec słyszy ten płacz, odkłada gazetę i podchodzi do łóżeczka, żeby sprawdzić, co jest dla dziecka źródłem dyskomfortu. Z czułością bierze córeczkę na ręce i przemawia do niej: „Co się dzieje, kochanie? Chcesz, żeby tatuś pobawił się z tobą? Ach, wiem, założę się, że jesteś głodna. Czy to właśnie próbujesz mi przekazać?". Zabiera ją do kuchni, gdzie przygotowuje dla niej butelkę z mlekiem, cały czas przemawiając do niej i uspokajając ją, że za chwilkę jedzenie będzie gotowe. Siada, obejmują ją i podaje butelkę. Córeczka patrzy na niego, usatysfakcjonowana ciepłym mlekiem i czułym kontaktem z tatą. Czuje się dobrze. Ojciec zauważył jej sygnały, zrozumiał je i zareagował – sprawnie oraz skutecznie.

W oparciu o takie sytuacje – powtarzające się momenty dostrojonej komunikacji z tatą – dziewczynka uczy się, że tata rozpoznaje i szanuje jej wewnętrzne odczucia oraz reaguje na nie. Czuje się rozumiana przez kogoś, kto jest dla niej ważny. Ma poczucie, że jest w stanie skutecznie wywierać wpływ na świat zewnętrzny: „Gdy komunikuję swoje potrzeby, świat dostarcza mi sposobów na ich zaspokojenie". W ten sposób rozwija się bezpieczny styl przywiązania.

Więź unikająca. Dziecko z unikającym stylem przywiązania ma zupełnie inne doświadczenia z ojcem, który na początku w ogóle nie zwraca uwagi na jego płacz. Gdy płacz staje się bardziej uporczywy, ojciec podnosi wzrok znad gazety, ale szybko powraca do lektury, gdyż chce najpierw dokończyć artykuł. Jest zirytowany, że córka mu przeszkadza. Gdy podchodzi sprawdzić, co się dzieje, zwraca się do niej: „I po co ten cały hałas?". Podejrzewa, że trzeba zmienić pieluszkę, więc kładzie córeczkę na stole do przewijania, zmienia pieluszkę w milczeniu, a następnie wkłada dziecko z powrotem do łóżeczka i wraca do czytania gazety. Dziewczynka nadal płacze, ojciec wnioskuje, iż pewnie chce spać, więc umieszcza ją w łóżeczku. Córeczka nie przestaje płakać, więc ojciec przynosi kocyk i smoczek, z nadzieją, że to ją uspokoi. Wychodzi z pomieszczenia, zamykając za sobą drzwi w przekonaniu, że dziecko potrzebuje tylko trochę czasu, aby się uspokoić. Ale ono wcale nie przestaje płakać: minęło już czterdzieści pięć minut, odkąd zaczęło komunikować, że jest głodne. Ojciec spogląda wreszcie na zegarek i uświadamia sobie, że córeczka jadła ostatnio cztery godziny temu. W końcu myśli: „Może jest głodna?". Przygotowuje butelkę, a dziewczynka uspokaja się, gdy tata zaczyna ją karmić.

W tym scenariuszu dziecko uczy się, że ojciec nie zawsze prawidłowo odczytuje jego sygnały. Na początku w ogóle nie zwraca na nie uwagi, a potem nie potrafi ich zrozumieć. Nie zwraca uwagi na subtelne wskazówki dziecka. Dopiero, gdy doświadcza ono długotrwałego dyskomfortu, ojciec zaczyna rozumieć, o co mu chodzi. Jeśli takie sytuacje będą się powtarzały, dziewczynka nauczy się, że tata nie jest dostępny i nie może na niego liczyć, jeśli chodzi o zaspokajanie jej potrzeb oraz nawiązanie porozumienia.

Więź ambiwalentna. W tym wypadku dziecko doświadcza jeszcze innych reakcji ze strony ojca. Niekiedy reaguje on prawidłowo na płacz córeczki, a innym razem przejawia niepokój i nie jest pewien, czy potrafi ją uspokoić. Wstaje od stołu, przy którym czyta gazetę, podbiega do dziewczynki i podnosi ją z wyrazem napięcia na twarzy. Jest zaniepokojony, a w dodatku zmaga się ze stresującymi myślami na temat swojej pracy. Ostatni tydzień był wyjątkowo trudny, bo szef powiedział mu, że nie jest zadowolony z jego wyników. Oczekiwał od niego większej asertywności wobec klientów. To przypomniało mu, że jego ojciec wątpił w jego zdolności i często pozwalał sobie na poniżające komentarze, gdy jedli obiad przy stole z matką i dwójką starszych braci. Niepokój matki wzrastał, gdy ojciec zaczynał go krytykować, a jednak nigdy się za nim nie wstawiła. Po obiedzie udawała się za nim do jego pokoju, gdzie chował się z płaczem po tym, jak ojciec go zbeształ, i mówiła mu, że nie powinien odpyskowywać ojcu, lecz uczyć się samokontroli. Wyglądała na zrozpaczoną, a jej lęk bardzo go niepokoił i sprawiał, że czuł się jeszcze bardziej niepewnie. Przyrzekał, że nigdy nie będzie traktował swoich dzieci tak, jak traktowali go rodzice – a z pewnością nigdy nie zrobi nic, co mogłoby doprowadzić dziecko do płaczu.

Ale jego córeczka wciąż płacze w jego ramionach. „To pewnie jedna z tych sytuacji, w których trudno ją uspokoić" – przekonuje sam siebie. Jego zmartwiony wyraz twarzy i napięte ramiona nie dają jej poczucia bezpieczeństwa. Jest tylko dzieckiem i nie wie, że niepokój taty nie ma nic wspólnego z jej własnym głodem. Ojciec wkrótce domyśla się, że dziewczynka jest głodna, i podaje jej butelkę. Jej szczęście daje mu przyjemność, ale wciąż martwi się, że zaraz znów zacznie płakać, a on nie będzie wiedział, co zrobić, aby ją uspokoić.

Jeśli takie sytuacje będą się powtarzać, u dziecka rozwinie się ambiwalentny styl przywiązania, który można podsumować następującymi słowami: „Nie jestem pewna, czy mój ojciec jest w stanie zaspokoić moje potrzeby w odpowiedni sposób. Czasem potrafi to zrobić, a czasem nie. Co będzie tym razem?". Taki niepokój prowadzi do poczucia niepewności oraz przeświadczenia, że nie można polegać na więziach z innymi ludźmi.

Więź zdezorganizowana. Tym razem, gdy dziecko odczuwa silny dyskomfort, jego ojciec zachowuje się zupełnie inaczej. Kiedy córka zaczyna płakać, on czuje się z tym tak źle, że natychmiast odkłada gazetę, zrywa się i biegnie do niej, aby powstrzymać irytujący płacz. Podnosi dziecko gwałtownie – jest cały napięty, więc trzyma je nieco zbyt mocno. Początkowo córeczka reaguje ulgą na jego przyjście, ale uścisk ojca staje się coraz bardziej ograniczający. Płacze więc jeszcze głośniej: jest głodna i w dodatku jest jej niewygodnie. Ojciec wyczuwa nasilające się napięcie dziecka, więc obejmuje je mocniej. Domyśla się, że dziewczynka może być głodna, więc zanosi ją do kuchni, gdzie próbuje szybko przygotować dla niej butelkę z mlekiem. Gdy butelka jest już gotowa, nagle spada ze stołu i mleko rozlewa się po podłodze. Córeczka płacze jeszcze głośniej, przestraszona odgłosem spadającej butelki.

Ojciec jest zirytowany własną nieporadnością i nieustającym płaczem dziecka. Odczuwa frustrację, gdyż nie potrafi uspokoić córeczki. Jego myśli stają się coraz bardziej rozproszone. Zalewają go wspomnienia z dzieciństwa związane z matką alkoholiczką. Jego ciało usztywnia się jeszcze bardziej, serce bije jak szalone, a ramiona napinają się tak, jak wtedy, gdy kulił się pod stołem w kuchni, przygotowując się na kolejny atak ze strony matki. Przypomina sobie odgłos tłukącego się szkła, kiedy matka upuściła na podłogę butelkę wódki. We wspomnieniu widzi odłamki szkła wokół siebie i matkę, która schyla się, by wyciągnąć go spod stołu. Szkło wbija się w jej nogi, a ona, ogarnięta wściekłością, wyciąga go za włosy i krzyczy mu w twarz: „Nigdy więcej tego nie rób!".

Tymczasem jego córeczka płacze teraz cichutko, spoglądając w przestrzeń nieobecnym wzrokiem. Słysząc jej płacz, uświadamia sobie, że „odleciał". Nagłe wspomnienie (*flashback*) minęło i mężczyzna wraca do chwili obecnej, próbując uspokoić córeczkę. Dziewczynka powoli odwraca się ku niemu z pustym wyrazem twarzy. Ojciec przygotowuje dla niej drugą butelkę i siada przy niej, żeby ją nakarmić. Pijąc mleko, dziecko czasem spogląda na ojca, a czasem patrzy w dal. On też jest roztrzęsiony tym, co przeżył, i jakby na wpół obecny. Żadne z nich nie rozumie tego, co się wydarzyło – w ich umysłach dochodzi do dezorganizacji.

Jeśli takie sytuacje będą się powtarzać – ojciec dziewczynki będzie wpadał w stany przypominające trans w sytuacjach, gdy dziecko odczuwa nieprzyjemne emocje – wpłynie to na rozwój jej umiejętności tolerowania oraz regulowania własnych stanów emocjonalnych. Doświadczenia z tatą nauczą ją, że intensywne emocje są dezorganizujące. Zbyt silne emocje ojca wytwarzają dystans, który uniemożliwia dziecku zrozumienie własnego świata wewnętrznego oraz rzeczywistości interpersonalnej. Gdy ojciec przeżywa własną, nierozwiązaną traumę, dziewczynka jest pozostawiona samej sobie w momencie, w którym rozpaczliwie pragnie kontaktu. Jego sygnały niewerbalne – zbyt mocny uścisk, przerażony wyraz twarzy – prowadzą do nasilenia nieprzyjemnych odczuć dziecka. Takie doświadczenia są dezorientujące, ponieważ wywołują w dziewczynce lęk przypominający przerażenie, jakie odczuwał jej ojciec wobec własnej matki i którego doświadcza teraz w związku z nieumiejętnością jej ukojenia. Tego rodzaju interakcje prowadzą do wykształcenia się zdezorganizowanego stylu przywiązania. Dziecko może mieć w przyszłości problem z radzeniem sobie z intensywnymi emocjami, zarówno własnymi, jak i cudzymi. Może czuć się niepewnie w relacjach i mieć spore problemy z radzeniem sobie ze stresem, zważywszy na to, że już w tym momencie przejawia objawy dysocjacji.

WZORCE ADAPTACJI

Z każdym stylem przywiązania idzie w parze pewien zestaw doświadczeń, do których dziecko musi się przystosować. Dziecko przywiązane ufnie rozwinie elastyczne mechanizmy adaptacyjne służące utrzymaniu dobrego samopoczucia. W wypadku unikającego i ambiwalentnego przywiązania lękowego mechanizmy adaptacyjne będą mniej elastyczne. Zaś konflikt biologiczny towarzyszący więzi zdezorganizowanej doprowadzi do wystąpienia reakcji zdezorganizowanych, które nie sprzyjają elastyczności ani optymalnemu rozwojowi.

Z czasem pod wpływem powtarzających się doświadczeń reakcje te zostaną utrwalone jako charakterystyczne wzorce relacji z rodzicem. Mechanizmy adaptacyjne związane z bliskością i regulowaniem emocji porządkują wewnętrzne procesy umysłowe dziecka oraz jego więzi z bliskimi. Oddziałują również na relacje nawiązywane w późniejszym życiu i stają się jeszcze bardziej problematyczne, gdy w przyszłości założy ono własną rodzinę.

Styl przywiązania pozwala ocenić, jakich sytuacji doświadcza dziecko w relacji z rodzicem lub opiekunem. Z każdym rodzicem dziecko może stworzyć inną więź, więc istnieje możliwość, że z jednym nawiąże więź bezpieczną, a z drugim lękową. Przywiązanie może ulegać zmianom w czasie, więc zmiana w relacji z rodzicem umożliwia zmianę stylu przywiązania.

Jeśli uczysz się dostrajać do swojego dziecka i nawiązywać z nim porozumienie w pierwszych latach jego życia, umożliwiasz mu rozwinięcie bezpiecznego przywiązania oraz tworzysz fundament dla prawidłowego rozwoju. Powstaje wówczas poczucie „my" - żywy, pełen energii podmiot. Dziecko wykazujące bezpieczny styl przywiązania doświadcza takiej więzi ze swoimi rodzicami, która wzmacnia jego poczucie bezpieczeństwa i przynależności do świata.

ĆWICZENIE – WGLĄD W SIEBIE

- Zastanów się nad trzema podstawowymi elementami przywiązania: poszukiwaniem bliskości, bezpieczną przystanią oraz bezpieczną bazą. Jak reagujesz, gdy dziecko chce być blisko ciebie? A jak reagujesz, gdy jest niezadowolone i potrzebuje ukojenia? Czy myślisz, że traktuje ciebie jako bezpieczną bazę? W jaki sposób wspierasz jego samodzielną eksplorację świata? Jak mógłbyś poprawić relację z dzieckiem, aby przejawiało wobec ciebie bezpieczny styl przywiązania oraz miało poczucie więzi i autonomii?
- Zastanów się nad tym, jak wprowadzić model dostrojenie–równowaga–spójność do swojej relacji z dzieckiem. Na ile elementy tego modelu są dla ciebie wygodne, a na ile stanowią dla ciebie wyzwanie w wychowywaniu dziecka?
- Zastanów się nad czterema stylami przywiązania: bezpiecznym, unikającym, ambiwalentnym oraz zdezorganizowanym.

CO NA TO NAUKA?

Geny, rozwój mózgu i doświadczenie

Na rozwój strukturalny i funkcjonalny mózgu mają wpływ zarówno geny, jak i doświadczenia zebrane w ciągu życia. W tym miejscu przedstawimy kilka podstawowych koncepcji, które pozwalają zrozumieć te zależności.

W trakcie ciąży dochodzi do ekspresji wielu genów w jądrach komórkowych płodu: decydują one o rodzaju wytwarzanych białek, a także o budowie ciała. W rozwijającym się mózgu zaczynają rozrastać się neurony, które przyjmują prawidłową lokalizację w czaszce i tworzą sieć wzajemnych połączeń, składających się na obwody tego skomplikowanego narządu.

Dziecko przychodzi na świat z wykształconymi podstawowymi strukturami mózgu, ale wzajemna sieć połączeń pomiędzy neuronami jest jeszcze stosunkowo słabo rozwinięta. W trakcie pierwszych trzech lat życia powstaje mnóstwo połączeń, które tworzą złożony zestaw obwodów nerwowych u małego dziecka. Informacja genetyczna wpływa na łączenie się neuronów i decyduje o tym, kiedy oraz w jaki sposób kształtują się obwody w mózgu. Ponieważ w tym czasie istnieje już pamięć ukryta, wiemy, że na kształt połączeń synaptycznych wpływają również doświadczenia życiowe.

W nauce istnieje bardzo pomocne rozróżnienie na rozwój mózgu oczekujący doświadczeń (*experience expectant*) oraz zależny od doświadczeń (*experience dependent*). Rozwój oczekujący doświadczeń wiąże się z tym, że informacja genetyczna, która decyduje o tworzeniu połączeń neuronalnych, potrzebuje minimalnej stymulacji ze strony środowiska zewnętrznego. Nasz system wzrokowy „oczekuje", że oczy będą wystawione na światło, w przeciwnym bowiem razie przestaną być potrzebne. Jeśli nie zapewnimy mózgowi takich podstawowych bodźców, dojdzie do zatrzymania rozwoju powstałych wcześniej obwodów, które ostatecznie mogą zaniknąć. Rozwój mózgu podlega więc zasadzie: organ nieużywany zanika.

Z kolei rozwój zależny od doświadczeń polega na tworzeniu się połączeń neuronalnych pod wpływem doświadczenia. Nowe doznania, takie jak interakcje z opiekunem, wkładanie stóp do basenu z chłodną wodą, huśtanie się na huśtawce lub uściski taty, prowadzą do powstania nowych połączeń synaptycznych.

Nie wszyscy naukowcy przyjmują to rozróżnienie. Niektórzy nawiązują raczej do ogólnej natury dojrzewania mózgu, która wiąże się ze zdeterminowaną genetycznie nadprodukcją synaps. Z tej perspektywy struktura neuronów podlega wpływowi wielu czynników – łącznie z genami i doświadczeniem – które decydują o rozwoju lub destrukcji istniejących połączeń neuronowych w procesie zwanym przycinaniem zbędnych połączeń (*pruning*).

Gęstość synaptyczna – liczba połączeń synaptycznych w mózgu – pozostaje wysoka w okresie przedszkolnym i wczesnoszkolnym. W okresie dojrzewania zachodzi proces „przycinania", który polega na naturalnym zrywaniu istniejących połączeń neuronalnych i „wycinaniu" szczególnych obwodów mózgowych z większych obszarów połączonych ze sobą neuronów. Taka selekcja połączeń jest naturalnym etapem rozwoju i w pewnym stopniu zachodzi także w trakcie pierwszych lat życia. Na zasięg tego procesu oraz wykształcenie się konkretnych obwodów wpływają geny i doświadczenia życiowe. Proces ten ulega nasileniu pod wpływem nadmiernego stresu związanego z długotrwałym uwalnianiem dużych ilości kortyzolu (hormon stresu).

Badania nad zmianami zachodzącymi w okresie dojrzewania wykazały, że ten naturalny i rozległy proces może prowadzić do reorganizacji mózgu dojrzewającego człowieka. Pozwala to zrozumieć niektóre zachowania i przeżycia emocjonalne nastolatków. Taka rekonstrukcja mózgu prowadzi do znaczących zmian jego funkcjonowania. W procesie tym mogą ujawnić się wrażliwe aspekty struktury mózgu, które wcześniej pozostawały ukryte, związane na przykład ze stresującymi przeżyciami z wczesnych lat życia, i przejawiać się w postaci zaburzeń (emocjonalnych lub behawioralnych). Dotyczy to zwłaszcza nasilonego procesu „przycinania", wywołanego nadmiernym stresem.

Założenie, iż geny i doświadczenia życiowe mają wpływ na rozwój człowieka, zostało potwierdzone w badaniach nad naczelnymi przeprowadzonymi przez zespół Stephena Suomi'ego. Naukowcy wykazali, że nowo narodzone rezusy wychowane bez matki (wychowujące się z rówieśnikami) przejawiają nieprawidłowe zachowania społeczne, zwłaszcza gdy są nosicielami pewnego genu. Jednak kontakt z matką pełni rolę bufora blokującego jego aktywację, dzięki czemu zwierzęta wychowujące się z matkami zachowują się prawidłowo. Gdy brak tego matczynego bufora, gen ulega aktywacji, co skutkuje zaburzeniem metabolizmu serotoniny, a następnie zaburzeniami regulacji i zachowań społecznych.

Główny wniosek płynący z tego i innych podobnych badań jest taki, że opieka matki ma bezpośredni wpływ na aktywację genów. Brak takiej opieki może doprowadzić do aktywacji określonego materiału genetycznego. Dalsze badania ujawniły, że wczesne doświadczenia nie tylko wywołują zmiany w genach, ale także w cząsteczkach, które kontrolują aktywację genów. Są to tak zwane czynniki epigenetyczne, które decydują o tym, jakie geny zostaną aktywowane, kiedy i w jaki sposób, oraz jakie białka zostaną wytworzone. Mogą one doprowadzić do zmiany połączeń neuronalnych, a co za tym idzie do sposobu funkcjonowania mózgu. Istnieją jeszcze inne ważne czynniki. Badania wykazały, że wszyscy mamy odmienne „warianty genetyczne" lub „allele", które odpowiadają za różne funkcje, takie jak działanie neuroprzekaźników w mózgu. Pewien wariant metabolizmu dopaminy powoduje, że reagujemy bardziej intensywnie na przemoc niż osoba, która urodziła się z innym wariantem genu. Na podobnej zasadzie istnieją różne warianty wydzielania serotoniny lub oksytocyny oraz innych ważnych substancji chemicznych, które decydują o naszej wrażliwości na sygnały społeczne oraz o charakterze naszych więzi z ludźmi. Wrodzony mechanizm tych wariantów wywiera silny wpływ na sposób reagowania na doświadczenia interpersonalne. Wygląda na to, że naukowcy debatujący nad tym, co jest ważniejsze: natura czy wychowanie, muszą uwzględnić fakt, iż na rozwój człowieka ma wpływ jedno i drugie.

Wspomniane wyniki badań niosą ze sobą ważne przesłanie dla rodziców: mózg jest genetycznie zaprogramowany do prawidłowego rozwoju. Nie możemy zmienić genów, ale w sposób świadomy możemy wywierać wpływ na interakcje, które decydują o ich ekspresji. Niemowlę jest otwarte na miłość i gotowe do nawiązywania więzi. Rodzice nie muszą zabiegać o dostarczanie mu nadmiernej stymulacji sensorycznej ani martwić się o to, czy neurony prawidłowo się połączą! Zamiast bombardować dziecko bodźcami zewnętrznymi, zapewnijmy mu okazje do interakcji, jakich potrzebuje do prawidłowego rozwoju.

Przywiązanie, doświadczenie i rozwój

Neurobiologia i teoria przywiązania rozwijały się niezależnie od siebie. Badania nad ssakami naczelnymi i szczurami skupiały się na wpływie relacji matka-niemowlę na rozwój jednostki. Gdy zestawimy niezależne odkrycia psychologii rozwojowej i neurobiologii poznawczej z wynikami badań nad przywiązaniem (u ludzi i u zwierząt), wyłania się niezwykle fascynująca wizja ludzkiego rozwoju. Przywiązanie niemowlęcia i starszego dziecka do opiekuna wiąże się z pewnymi doświadczeniami, które odpowiadają naszemu modelowi przywiązania: dostrojenie-równowaga-spójność.

Dostrojenie jest dostosowaniem się rodzica do stanu wewnętrznego dziecka. Proces ten wymaga wzajemnego dzielenia się sygnałami niewerbalnymi (kontakt wzrokowy, mimika, ton głosu, gesty i dotyk, postawa ciała, czas oraz intensywność reakcji). Taki rezonans wiąże się ze współpracą pomiędzy prawą półkulą rodzica i prawą półkulą dziecka, które odpowiadają za przekazywanie sygnałów niewerbalnych.

D o s t r o j o n a i s p ó j n a k o m u n i k a c j a to podstawa zewnętrznego procesu nawiązywania porozumienia, który umożliwia dziecku osiągnięcie wewnętrznej równowagi. Dotyczy to również regulacji takich procesów, jak cykle snu i czuwania, reakcje na stres, tętno, trawienie oraz oddychanie. Neurobiolog rozwojowy Myron Hofer wspomina o ukrytych regulatorach, dzięki którym matczyna obecność pomaga potomkowi osiągnąć podstawową równowagę fizyczną. Przedłużona nieobecność matki wywołuje stres u potomka, który traci kontakt z tymi ukrytymi regulatorami, więc jego młody mózg zostaje narażony na destrukcyjną sytuację związaną z brakiem regulacji stresu. Wykazano, że takie powtarzające się stresory wywołują długotrwały negatywny wpływ na zdolność zwierzęcia do zachowania równowagi wewnętrznej w przyszłości.

S p ó j n o ś ć to rezultat skutecznie utrzymywanej równowagi wynikającej z obecności rodzica. Dzięki niej mózg stabilizuje się i elastycznie dostosowuje do zmieniających się warunków środowiska. W dobrze zintegrowanym i zorganizowanym mózgu rozwija się spójny, przystosowany umysł. Pogląd ten potwierdzają wyniki badań nad przywiązaniem, które sugerują, że bezpieczny styl przywiązania, któremu towarzyszy integrująca komunikacja, wspiera rozwój spójnego umysłu, podczas gdy więzi lękowe wiążą się z różnymi przejawami niespójności.

Skrajne przejawy niespójności umysłu można zauważyć u dzieci, które doświadczyły przemocy i zaniedbania. Badania nad dziećmi zaniedbanymi oraz krzywdzonymi potwierdziły niszczący wpływ przemocy na rozwijający się mózg: dzieci te miały mniejsze mózgi, a ciało modzelowate (które łączy obie półkule mózgowe) było słabiej rozwinięte. Przemoc ma również negatywny wpływ na rozwój integrujących obszarów przedczołowych i hipokampa, a także zaburza produkcję GABA (kwasu gamma-aminomasłowego - neuroprzekaźnika o działaniu hamującym) oraz włókien móżdżku, które „uspokajają" emocjonalne struktury limbiczne. Wszystkie te zjawiska zaobserwowano w badaniach obrazowania mózgu u dzieci krzywdzonych i zaniedbywanych. Prawdopodobną przyczyną tych zaburzeń jest wydzielanie nadmiernej ilości hormonu stresu w trakcie traumatycznych doświadczeń. Hormon ten jest toksyczny dla neuronów, hamuje ich rozwój i zabija już istniejące komórki. Wiemy, że pod wpływem przemocy dochodzi do takich zaburzeń neurologicznych w mózgu dziecka, lecz nie dowiedliśmy jeszcze, że pozytywne doświadczenia w późniejszych latach życia mogą pomóc je przezwyciężyć. Dzięki wspierającym relacjom jesteśmy w stanie poradzić sobie z aktami przemocy, których doświadczyliśmy, nie wiadomo jednak, czy dochodzi wówczas do naprawy uszkodzeń mózgu czy też w trakcie procesu uzdrawiania pojawiają się alternatywne obwody mózgowe.

Pewna podstawowa zasada potwierdza istotny wpływ relacji z rodzicem na rozwój mózgu dziecka. Integrujące włókna mózgowe rozwijają się pod wpływem komunikacji integrującej. A zatem, skoro integracja neuronalna w mózgu jest podstawą zdrowej regulacji (uwagi, emocji i zachowania), to staje się dla nas jasne, że zdrowie człowieka polega na integracji wewnętrznej i interpersonalnej. Głównym zadaniem rodzica jest więc dostarczenie dziecku integrujących doświadczeń, dzięki czemu w mózgu (zarówno dziecka, jak i rodzica) powstaną włókna integrujące, które służą rozwijaniu się wszelkich zdrowych mechanizmów regulacji!

Wspomniane odkrycia naukowe potwierdzają, że działania wychowawcze rodziców mają ogromne znaczenie. Nie mamy żadnych wątpliwości, że natura potrzebuje wychowania: wspierająca opieka rodzica ma korzystny wpływ na rozwój umysłu dziecka, zapewnia zdrowy rozwój mózgu i stanowi fundament dla wzorców bezpiecznego stylu przywiązania.

Badania nad przywiązaniem

Badania nad przywiązaniem mają długą i bogatą historię. John Bowlby (1907–1990), angielski lekarz i psychoanalityk, uważał, że charakter relacji z rodzicami decyduje o tym, czy dziecko rozwinie wewnętrzne poczucie dobrostanu, które nazwał *bezpieczną bazą*. Poglądy Bowlby'ego doprowadziły do zmiany sposobu traktowania dzieci w szpitalach i sierocińcach. Wcześniej dziecko miało wielu różnych opiekunów, aby zapobiec cierpieniu związanemu z sytuacją rozstania, gdy będzie musiało opuścić instytucję. Zmiana polegała na tym, że dzieciom przydzielono głównych opiekunów, którzy mogli je lepiej poznać i nawiązać z nimi więź. Dzięki temu sytuacja tych dzieci uległa diametralnej poprawie.

Mary Ainsworth (1913–1999), kanadyjska psycholożka i badaczka, która współpracowała z Bowlbym, potwierdziła jego teorię. Przełomowe odkrycia Ainsworth doprowadziły do wyróżnienia trzech stylów przywiązania: *bezpiecznego*, *unikającego* oraz *ambiwalentnego*. Opracowana przez nią *procedura obcej sytuacji* stanowi sztandarową metodę badania przywiązania rocznego dziecka do opiekuna. Niemowlę umieszcza się z nieznajomą osobą w pokoju z zabawkami. Eksperyment jest monitorowany i nagrywany. Na początku niemowlę pozostaje samo w pokoju z osobą, której nie zna, a potem wraca rodzic, który po chwili wychodzi z tą osobą, a następnie wraca sam. Ocenie podlega interakcja dziecka z rodzicem, który nawiązuje z nim kontakt po krótkiej rozłące.

Dzieci *bezpiecznie przywiązane* bywają niezadowolone, gdy zostają rozłączone z rodzicem, ale gdy rodzic powraca, szukają jego bliskości, szybko się uspokajają i wkrótce wracają do zabawy. Niemowlęta o *unikającym stylu przywiązania* wydają się zachowywać tak, jakby rodzic nigdy nie opuścił pomieszczenia: zajmują się sobą i zabawkami, zupełnie go ignorując. Ich zachowanie wydaje się komunikować: „Skoro nasze interakcje w przeszłości nie były dla mnie pożyteczne, to co dobrego mogłoby z nich teraz wyniknąć?". Pomiar reakcji fizjologicznych na stres pokazuje jednak, że doskonale zdają sobie sprawę z powrotu rodzica. Z kolei dzieci *przywiązane ambiwalentnie* szybko dążą do ponownej bliskości z rodzicem, ale nie jest łatwo je uspokoić i z trudem wracają do zabawy. Lgną do rodzica i sprawiają wrażenie, że nie do końca wierzą, że będzie on w stanie je ochronić i ukoić.

Badania Ainsworth udowodniły, że dane zebrane w trakcie bezpośrednich obserwacji charakteru relacji rodzica z rocznym dzieckiem pozwalają naukowcom przewidzieć – z wysokim stopniem prawdopodobieństwa – rezultat procedury obcej sytuacji. Ogólnie mówiąc, dzieci rodziców, którzy wykazywali się wrażliwością na ich sygnały, tworzyły z nimi więź bezpieczną. Dzieci rodziców, którzy zaniedbywali je lub odrzucali, najczęściej przejawiają unikający styl przywiązania. Natomiast dzieci rodziców, których dostępność ulegała zmianie i którzy zachowywali się w sposób intruzywny, przeważnie były przywiązane ambiwalentnie.

Pogłębianie wiedzy na temat przywiązania

Alan Sroufe z Minnesoty wraz ze współpracownikami kontynuował badania z udziałem dzieci z eksperymentu Ainsworth. Przeprowadził jedne z największych badań podłużnych i odkrył możliwość przewidywania rozwoju dziecka na podstawie jego stylu przywiązania. Jego badania polegały na obserwacji dzieci w salach szkolnych i na obozach letnich: obserwowano, jak porozumiewają się ze sobą, jak są postrzegane przez rówieśników oraz w jaki sposób nawiązują kontakty z dorosłymi. Dojrzewające dzieci związane z opiekunem w sposób bezpieczny przejawiały zdolności przywódcze, a dzieci unikające często były odrzucane przez rówieśników. Dzieci ambiwalentnie przywiązane wykazywały niepokój i niepewność, a niemowlęta, które wykształciły więzi zdezorganizowane, w późniejszym okresie miały największy problem z porozumiewaniem się z otoczeniem i regulowaniem własnych emocji. Styl przywiązania z wczesnych lat życia może ulegać zmianie, jeśli dojdzie do zmiany w ważnych dla dziecka relacjach, ale trwałe relacje przywiązania skutkowały wystąpieniem wielu istotnych zależności.

Także Mary Main z Uniwersytetu Kalifornijskiego w Berkeley wniosła ogromny wkład w rozwój wiedzy o przywiązaniu. To jej zespół zdefiniował zdezorganizowany styl przywiązania. Procedura obcej sytuacji dowiodła, że niektóre dzieci wykazują chaotyczne i dezorientujące zachowania po powrocie rodzica. Main wraz z Erikiem Hessem wysunęła przypuszczenie, iż wzbudzające lęk lub dezorientację zachowania rodzica wprowadzają dziecko w stan zaalarmowania lub nierozwiązywalnego przerażenia, co jest przyczyną występowania tej nietypowej, zaburzonej i zdezorganizowanej reakcji.

Main i współpracownicy rozszerzyli również teorię przywiązania na świat dorosłych, tworząc koncepcję stanu umysłu w odniesieniu do przywiązania (*state of mind with respect to attachment*). Koncepcja ta dostarcza wglądu w przyczyny różnych zachowań rodziców wobec dzieci związanych z określonym stylem przywiązania. Badania prowadzone przez Main wykazały, że stan umysłu rodzica jest najważniejszym czynnikiem wpływającym na kształtowanie się stylu przywiązania u dziecka. Więcej na ten temat przeczytasz w kolejnym rozdziale!

Dalsza lektura

M. Ainsworth i in., *Patterns of Attachment. A Psychological Study of the Strange Situation*, Hillsdale 1978.

Attachment Theory. Social, Developmental and Clinical Perspectives, S. Goldberg i in. (red.), Hillsdale 1995.

J. Bowlby, *A Secure Base. Parent-Child Attachment and Healthy Human Development*, New York 1988.

T. B. Brazelton, S. I. Greenspan, *The Irreducible Needs of Children*, Cambridge 2000.

Handbook of Attachment. Theory, Research, and Clinical Applications, J. Cassidy, P. R. Shaver (red.), New York 2008.

Handbook of Infant Mental Health, C. Zeanah (red.), New York 2009.

Handbook of Early Childhood Intervention, J. P. Shonkoff, S.J. Meisels (red.), New York 2000.

A. F. Lieberman, P. Van Horn, *Psychotherapy with Infants and Young Children. Repairing the Effects of Stress and Trauma on Early Attachment*, New York 2008.

J. P. Shonkoff , D. A. Phillips, *From Neurons to Neighborhoods. The Science of Early Childhood Development*, Washington 2000.

L. A. Sroufe i in., *The Development of the Person*, New York 2005.

ROZDZIAŁ 6.

ZROZUMIEĆ SWOJE ŻYCIE. STYL PRZYWIĄZANIA OSOBY DOROSŁEJ

WPROWADZENIE

Życie dziecka stanowi jeden z rozdziałów historii życia rodzica. Każde pokolenie ulega wpływom wcześniejszych pokoleń i wpływa na przyszłe pokolenia. Nasi rodzice postępowali najlepiej, jak potrafili w danych okolicznościach życiowych, a jednak niekoniecznie chcemy przekazywać swoim dzieciom to, czego sami doświadczyliśmy jako dzieci.

Pozytywne więzi, jakie nawiązaliśmy ze swoimi najbliższymi lub z osobami spoza rodziny w dzieciństwie, były dla nas źródłem siły życiowej, dzięki której mogliśmy poradzić sobie z trudnymi przeżyciami. Na szczęście, nawet te osoby, które miały trudne relacje z rodzicami we wczesnym okresie swojego życia, zwykle doświadczyły pozytywnych wzorców w kontaktach z innymi ludźmi, z których mogły czerpać siłę. Nie jesteśmy skazani na powtarzanie wzorców postępowania swoich rodziców ani na odtwarzanie przeszłości. Zrozumienie własnego życia pozwala rozwijać się dzięki pozytywnym doświadczeniom, wychodzić poza ograniczenia przeszłości i tworzyć nowy sposób życia dla siebie i swoich dzieci. Każdy z nas jest w stanie zbudować taką relację z dzieckiem, która służy jego dobremu samopoczuciu, poczuciu bezpieczeństwa i siły, a także pozwala mu nabyć takie umiejętności interpersonalne, które umożliwiają nawiązywanie głębokich i współczujących relacji w przyszłości.

Rodzaj więzi z dzieckiem zależy przede wszystkim od tego, czy zrozumieliśmy swoje własne życie i czy potrafimy stworzyć spójną opowieść o naszych wczesnych doświadczeniach życiowych. Dorośli, którzy zrozumieli swoje przeżycia, przejawiają bezpieczny styl przywiązania, a ich dzieci przeważnie są do nich bezpiecznie przywiązane. Umożliwiając dziecku nawiązanie ufnej więzi, budujemy fundament pod jego dalszy rozwój.

ZROZUMIENIE SWOJEGO ŻYCIA

Dzięki refleksji nad doświadczeniami z przeszłości, jesteśmy w stanie zrozumieć swoje życie. Co dobrego może z tego wyniknąć, skoro i tak nie jesteśmy w stanie odwrócić biegu wydarzeń? Pogłębianie samorozumienia przemienia nas, pozwala lepiej rozumieć innych, umożliwia podejmowanie świadomych działań, a także otwiera umysł na nowe doświadczenia. Zmiany, które przychodzą wraz z pogłębionym samorozumieniem, pozwalają przyjąć taki sposób bycia i komunikowania się z dzieckiem, który sprzyja bezpiecznemu stylowi przywiązania.

Opowieści życiowe ulegają zmianie w miarę naszego rozwoju. Zdolność integracji przeszłości, teraźniejszości i przyszłości pozwala nam osiągnąć bardziej spójny poziom samopoznania. Gdy nasze historie życiowe nabiorą większej spójności, może dojść do zmiany stylu przywiązania na bezpieczny. Badania naukowe wykazały, iż osoby, które początkowo tworzyły więzi lękowe, potrafiły zmienić styl przywiązania na bezpieczny dzięki rozwojowi osobistemu. Jest to tak zwany stan wypracowanego bezpieczeństwa (*earned security*). Odkrycie tego stanu pomaga nam lepiej zrozumieć istotę spójnego funkcjonowania oraz zapoznać się z możliwościami przemiany. Osoby z wypracowanym bezpieczeństwem doświadczyły trudnych relacji z rodzicami w dzieciństwie, ale zrozumiały te przeżycia i ich wpływ na swoje życie. Do takiej przemiany dochodzi za pomocą relacji, które pomagają uzdrowić rany i przekształcić mechanizmy obronne związane z bliskością. Oto spójna historia z dzieciństwa pewnej kobiety z ufnym wzorcem więzi, matki czteroletniego synka z bezpiecznym stylem przywiązania.

> Moja matka i ojciec byli bardzo troskliwi, ale tata zmagał się z chorobą dwubiegunową. Z tego powodu mój dom rodzinny był dla mnie i dla mojej siostry zupełnie nieprzewidywalny. Na szczęście, moja matka zdawała sobie sprawę, jak bardzo przerażają mnie zmienne nastroje ojca. Była bardzo empatyczna i robiła, co mogła, aby zapewnić mi poczucie bezpieczeństwa. To wszystko było dla mnie przerażające, ale wówczas myślałam, że bycie przerażonym to coś normalnego. Z perspektywy czasu zauważam, że nieprzewidywalność mojego ojca miała ogromny wpływ na moje dzieciństwo, a także na późniejszy okres mojego życia, gdy byłam już dwudziestolatką.
>
> Dopiero po narodzinach mojego syna mogłam przemyśleć sobie tamte wydarzenia. Na początku nie umiałam sobie poradzić, gdy mój syn okazywał zdenerwowanie. Wciąż przerażało mnie, że ktoś zachowuje się w sposób niekontrolowany. Próbowałam zrozumieć, dlaczego tak bardzo mnie to drażni. Chciałam pracować nad sobą, aby stać się lepszym rodzicem. Teraz nie reaguję już

w ten sposób i świetnie dogaduję się z synem. Moja relacja z tatą również ulega poprawie: kiedyś była bardzo burzliwa, ale teraz myślę, że jest naprawdę dobra. Tata został poddany prawidłowemu leczeniu i chociaż nie jest tak wrażliwy i otwarty jak mama, to stara się, jak może. Dużo przeszedł i należy mu się za to szacunek.

Kobieta ta miała trudne dzieciństwo, ale zrozumiała swoje bolesne doświadczenia. Dostrzegła wpływ relacji z dzieciństwa – zarówno „dobrych" jak i „złych" – na swój rozwój oraz na to, jakim jest rodzicem. Jej przemyślenia charakteryzują się otwartością i wskazują na to, że przechodzi nieustający proces nadawania sensu własnemu życiu. Na szczęście dla jej dziecka, wypracowała poczucie bezpieczeństwa w dorosłości i wyzwoliła się ze starych modeli mentalnych, dzięki czemu może teraz opiekować się synem w taki sposób, który wspiera jego witalność i więź ze światem zewnętrznym.

Wspierające relacje służą naszemu rozwojowi, gdyż pomagają nam zrozumieć swoje życie oraz rozwinąć refleksyjny i zintegrowany sposób funkcjonowania. Zawsze jest nadzieja i możliwość zmiany.

PRZYWIĄZANIE OSOBY DOROSŁEJ

Każdy z nas ma określone nastawienie do przywiązania. Jest to specyficzne podejście, które wpływa na nasze relacje i przejawia się w sposobie opowiadania o swoich doświadczeniach życiowych. Naukowcy zbadali te nastawienia i odkryli, że wiążą się one z różnymi wzorcami interakcji między rodzicami i dzieckiem.

Badaczka przywiązania Mary Main uznała, że niektóre elementy historii z dzieciństwa pełnią decydującą rolę, jeśli chodzi o późniejsze zachowanie rodziców wobec własnych dzieci. Jej zespół opracował kwestionariusz zwany Wywiadem Przywiązania Dorosłych, który składa się z pytań dotyczących dzieciństwa. Okazało się, że stopień spójności historii relacjonowanej przez rodzica osobie, która przeprowadza z nim wywiad, jest czynnikiem decydującym, jeśli chodzi o rozwój stylu przywiązania jego dziecka. Przedstawiona poniżej tabela ukazuje korelację pomiędzy stylem przywiązania dziecka i rodzica.

TABELA 8. STYL PRZYWIĄZANIA DZIECKA I RODZICA

Dziecko	Rodzic
Więź ufna	Styl ufny (wolny, autonomiczny)
Więź unikająca	Styl odrzucający
Więź ambiwalentna	Styl zaabsorbowany
Więź zdezorganizowana	Styl zdezorganizowany (nieprzepracowana trauma lub strata)

Jesteśmy w stanie określić styl przywiązania rodzica na podstawie tego, co mówi on o wczesnym okresie swojego życia. To właśnie w takiej sytuacji pokazuje, jak naprawdę postrzega siebie. Możemy wyróżnić cechy charakterystyczne typu przywiązania zarówno na podstawie treści, jak i samego sposobu opowiadania. Wzorce narracyjne rodzica odpowiadają konkretnemu stylowi przywiązania jego dziecka (tabela 8.). Badania długoterminowe potwierdziły, że sposób narracji człowieka dorosłego koresponduje z jego stylem przywiązania z dzieciństwa kilkadziesiąt lat wcześniej.

Zapoznając się z przedstawionymi stylami przywiązania, nie próbuj przyporządkować się na siłę do któregoś z nich. Można posiadać pewne cechy należące do różnych kategorii. Dzieci zwykle nawiązują różnego rodzaju więzi z różnymi osobami. Możemy więc posiadać kilka modeli przywiązania, które aktywują się wobec różnych ludzi i sytuacji. Załóżmy, że w dzieciństwie wykazywałeś zarówno zachowania unikające, jak i ambiwalentne. Jeśli jesteś w relacji z osobą zdystansowaną emocjonalnie, może ona wyzwolić w tobie reakcje unikające, które wynikają z odrzucającego stylu przywiązania. Jeśli później zwiążesz się z osobą, która jest intruzywna i niespójna, może dojść do aktywacji ambiwalentnego modelu przywiązania, w związku z czym w relacji akurat z tą osobą będziesz przejawiał podejście typu zaabsorbowanego. Badania naukowe mają na celu przyporządkowanie osoby badanej do jednej dominującej kategorii, ale z naszego doświadczenia wynika, iż różni ludzie – oprócz dominującego modelu przywiązania, który wykształca się w relacji z głównym opiekunem – przejawiają często jeszcze inne wzorce, które aktywują się w relacjach z różnymi ludźmi.

Styl ufny

Autonomiczny stosunek do przywiązania występuje u dorosłych, którzy jako dzieci przeważnie mieli bezpieczną więź ze swoimi rodzicami. Ich opowieści o własnym życiu charakteryzują się głębokim docenianiem relacji, a także elastycznością i obiektywizmem. Integrują oni swoją przeszłość z teraźniejszością oraz z oczekiwaniami wobec przyszłości. Ich opowieści są spójne i pokazują, że naprawdę zrozumieli swoje życie. Najnowsze badania, które polegają na monitorowaniu rozwoju niemowląt aż do okresu wczesnej dorosłości, sugerują, że takie opowieści powstają wtedy, gdy dana osoba jako dziecko wykazywała bezpieczny styl przywiązania.

Wypracowane bezpieczeństwo przejawia się w tworzeniu spójnej opowieści o własnym życiu. Taki styl przywiązania jest skutkiem procesu zrozumienia swoich przeżyć z dzieciństwa. Przedstawiona w tym rozdziale historia kobiety, której ojciec cierpiał na chorobę dwubiegunową, to przykład tego, jak rodzic z wypracowanym bezpieczeństwem opisuje swoje doświadczenie życiowe.

Styl odrzucający

Ludzie, którzy w dzieciństwie doświadczyli emocjonalnej niedostępności rodziców i odrzucenia, mogą wykazywać odrzucające podejście do przywiązania. Wydają się oni być mało wrażliwi na sygnały swoich dzieci, które zwykle nawiązują z nimi więzi unikające. Wewnętrzny świat takich osób opiera się na niezależności: nie czują potrzeby bliskości i często nie odczuwają też sygnałów ze strony własnego ciała. Ich opowieści wskazują na poczucie izolacji. Często twierdzą, że nie pamiętają swoich przeżyć z dzieciństwa. Nie mają też przeświadczenia, iż przeszłość lub relacje z innymi ludźmi wpłynęły na ich osobisty rozwój. Jedną z możliwych przyczyn takiego stanu rzeczy jest dominacja przetwarzania lewopółkulowego, zwłaszcza w interakcjach międzyludzkich. Osoby z odrzucającym stylem przywiązania rozwinęły mechanizmy obronne, które mają służyć ograniczeniu roli relacji w ich życiu. Liczne badania wskazują jednak, że ich reakcje fizjologiczne zdradzają wciąż niezwykłą wagę, jaką nieświadomie przykładają do relacji z innymi ludźmi. Na pytanie o swoje doświadczenia z dzieciństwa, matka dziecka z unikającym stylem przywiązania odpowiada w następujący sposób.

> Moja matka i ojciec stworzyli dla nas dobry dom. Zapewniono nam dużo aktywności i dostarczono wszystkiego, czego tylko dziecko może oczekiwać od rodziców. Nauczono nas dyscypliny odnośnie do tego, co jest dobre, a co złe, i uzyskaliśmy właściwy kierunek w życiu. Nie pamiętam dokładnie, jak rodzice tego dokonali, ale wiem, że miałam raczej dobre, normalne dzieciństwo. To wszystko. Tak, to było dobre dzieciństwo.

Zwróć uwagę, że głównym motywem tej opowieści jest „dobre dzieciństwo". Nie dostarcza ona jednak żadnych szczegółów ani nie przywołuje wspomnień, które mogłyby o tym zaświadczyć i nadać większą spójność jej historii. Zrozumienie i spójność wymagają głębszej autorefleksji. Stwierdzenie: „Nauczono nas dyscypliny odnośnie do tego, co jest dobre, a co złe, i uzyskaliśmy właściwy kierunek w życiu" jest pozbawione autobiograficznego poczucia „ja" osadzonego w czasie. Brakuje w nim osobistego zaangażowania. Powyższe przemyślenia wskazują na ograniczoną wrażliwość emocjonalną i wysoką niezależność osobistą. Opowieść tej kobiety jest logiczna i charakteryzuje się myśleniem liniowym, ale nie wskazuje na integrację pamięci, emocji i relacyjności, a także na świadomość wpływu przeszłości na teraźniejszość.

Spójna narracja mogłaby zawierać, na przykład, takie przemyślenia: „Moja mama naprawdę starała się nauczyć mnie odróżniać dobro od zła. Nie zawsze jej słuchałam i wtedy wściekała się na mnie. Pamiętam, jak któregoś dnia zerwałam wszystkie kwiatki z ogródka sąsiadki na bukiet dla mamy. A ona powiedziała mi, że mój pomysł był przemiły, ale branie czegokolwiek bez pozwolenia jest niewłaściwe. Bardzo przeżywałam, gdy musieliśmy oddać kwiaty i zanieść sąsiadom roślinę doniczkową w ramach przeprosin".

Styl zaabsorbowany

Dorośli, których opiekun w dzieciństwie reagował niespójnie, a jego dostępność i spostrzegawczość ulegała zmianom, często przejawiają w relacjach styl zaabsorbowany charakteryzujący się niepokojem, niepewnością i ambiwalencją. Ogranicza on zdolność rodzica do trafnego odbierania sygnałów dziecka i interpretowania jego potrzeb. Dzieci takich rodziców często nawiązują z nimi ambiwalentne więzi. Rodzice ci są pełni wątpliwości i lęku, ponieważ nie mają poczucia, że mogą polegać na innych. W ich opowieściach często pojawiają się wtrącenia, które wskazują na to, że nierozwiązane problemy z przeszłości wciąż oddziałują na ich życie. Niepożądany wzorzec nierozwiązanych problemów wewnętrznych w sposób bezpośredni upośledza uważność i może blokować elastyczność reakcji. Brak spójności można rozumieć jako dominację przetwarzania prawopółkulowego, które uniemożliwia lewej półkuli logiczne przedstawienie dawnych wydarzeń.

Pewien ojciec ambiwalentnie przywiązanego dziecka w odpowiedzi na pytanie o swoje doświadczenia z dzieciństwa wypowiedział się w następujący sposób.

> Moje dzieciństwo? Byliśmy sobie bardzo bliscy, nie za bardzo, ale wystarczająco bliscy. Dobrze się ze sobą bawiliśmy: ja i dwóch

moich starszych braci. Czasami byliśmy dość brutalni dla siebie, ja też, ale to nie był problem, chociaż moja matka uważała, że tak. Czasami. Choćby w ten weekend: był Dzień Matki i ona stwierdziła, że jesteśmy zbyt surowi dla swoich dzieci. To znaczy stwierdziła, że ja jestem zbyt surowy dla swojego syna. Ale nigdy nie mówiła w ten sposób o moich braciach, gdy byliśmy dziećmi. Pozwalała im mnie szturchać i popychać i nigdy nie powiedziała ani słowa. Nie. Zawsze moja wina. Ale nie dbam o to. Nie obchodzi mnie to już, chociaż mogłoby. Ale nie pozwolę na to. Chyba nie powinienem?

Taka wypowiedź pokazuje, że sytuacje z przeszłości zaburzyły zdolność rodzica do spójnej refleksji nad swoim życiem. Jego opowieść o przeszłości zlewa się z uwagami na temat zeszłego weekendu, następnie wraca z powrotem do okresu dzieciństwa po to, by znów nawiązać do obecnych zmartwień. Mężczyzna ten wciąż zanurzony jest w swoich problemach z dzieciństwa. Bagaż nierozwiązanych problemów prawdopodobnie w sposób negatywny wpływa na jego zdolność porozumiewania się z dziećmi. Może poczuć się urażony, gdy jego syn będzie domagał się uwagi ze strony jego żony. Doświadczy wówczas przytłaczającego poczucia niesprawiedliwości przypominającego dawne doświadczenia z matką, która faworyzowała jego braci. Jeśli nie zrozumie i nie uzdrowi swoich wewnętrznych problemów, będzie miał tendencję do nawiązywania ambiwalentnych emocjonalnie interakcji ze swoimi dziećmi.

Styl zdezorganizowany (nierozwiązany)

Zdezorganizowany styl przywiązania przejawiają ludzie, którzy nie rozwiązali swoich traum z dzieciństwa. W ich zachowaniu zachodzą gwałtowne zmiany, które są dla ich dzieci przerażające i dezorientujące. Przykładem takiego zachowania są nagłe ataki złości, grożenie dziecku, które radośnie skacze po korytarzu (bo zbyt głośno śpiewa) lub bicie go, gdy prosi o przeczytanie kolejnej bajki na dobranoc. Może to być także „odpływanie", gdy dziecko sygnalizuje dyskomfort.

Jak to się dzieje, że nieprzepracowana trauma lub strata prowadzą do takich niepokojących i dezorientujących zachowań u rodzica? Nierozwiązane problemy wewnętrzne wiążą się z zaburzeniem przepływu informacji w umyśle, zdolności do utrzymywania równowagi wewnętrznej i budowania więzi. Zaburzenie to jest nazywane *labilnością emocjonalną*: charakteryzuje się ona gwałtownymi zmianami w przepływie informacji i energii w trakcie kontaktu z drugim człowiekiem. Osoba labilna emocjonalnie szybko wpada w ponury nastrój, jej emocje zmieniają się gwałtownie bez ostrzeżenia, a spostrzeżenia uzależnione są od nagłych zmian nastawienia. Może mieć trudności w reagowaniu na zmianę, co prowadzi do zahamowania elastyczności.

Takie wewnętrzne procesy w sposób bezpośredni wpływają na interakcje z dzieckiem: nieuzdrowione emocje prowadzą do występowania gwałtownych zmian, które budzą w nim lęk. Prawdopodobnie to one są przyczyną *nierozwiązywalnego przerażenia*, z jakim musi zmagać się dziecko. Rodzic nie tylko wycofuje się z dostrojonej komunikacji, ale także zaczyna zachowywać się w sposób przerażający dla dziecka: coś pozytywnego zostaje nagle zastąpione czymś negatywnym.

W jaki sposób możemy wychwycić takie labilne procesy wewnętrzne w opowieści osoby dorosłej? W ich wypowiedziach mogą pojawiać się fragmenty, które wskazują na wewnętrzne zagubienie, jeśli chodzi o kwestie związane z traumą lub stratą.

Burzą one spójność wypowiedzi i wskazują na podstawowe problemy, z którymi dana osoba jeszcze sobie nie poradziła. Dziecko wykazujące więź zdezorganizowaną jest narażone na chaos będący spuścizną nieuporządkowanej przeszłości rodzica.

Oto odpowiedź pewnej matki na pytanie o to, czy czuła się zagrożona w dzieciństwie.

> Nie sądzę, żebym czuła się naprawdę zagrożona jako dziecko. To znaczy tak, to było przerażające. Mój ojciec czasem przychodził pijany, ale to matka była najgorsza. Zachowywała się tak, jakbyśmy mogli jej zaufać, ale była podła i usprawiedliwiała się alkoholizmem ojca. To znaczy, starała się być miła, ale to wyglądało, jakby opętał ją demon. Jej twarz nagle zmieniała się i nie wiadomo było, co o tym wszystkim myśleć. Wyglądała strasznie dziwnie: jakby jednocześnie była wściekła i przerażona, to wszystko naraz w jej przeszywającym spojrzeniu. Czasem płakała całymi dniami. Wciąż widzę ją, jak płacze. Nie żeby to było jakoś szczególnie przygnębiające, ale tak to wyglądało.

Gdy kobieta ta jako dziecko dostrzegała nagłe zmiany w mimice matki, wskazujące na silną złość lub głęboki smutek, jej umysł przygotowywał się do odtwarzania takich samych intensywnych emocji. Proces ten zachodzi przypuszczalnie pod wpływem neuronów lustrzanych, które sprawiają, że powstają w nas podobne stany emocjonalne do tych, które obserwujemy u innych ludzi. Dezorientujące zachowania rodzica prowadzą do wystąpienia dezorganizacji wewnętrznej u dziecka i wykształcenia się więzi zdezorganizowanej. Mechanizm empatii dla matki – związany z neuronami lustrzanymi – oraz jego własne nierozwiązywalne przerażenie sprawiają, że dziecko doświadcza wewnętrznego chaosu.

Nieuzdrowione emocje często zalewają nas niczym fala, przez co zaburzają naturalny proces wewnętrznego przetwarzania i uniemożliwiają prowadzenie dostrojonej komunikacji. Takie nierozwiązane problemy przejawiają się w indywidualnych opowieściach życiowych i mogą prowadzić do utraty zdolności elastycznego reagowania w okolicznościach, które przypominają nam dawną traumę lub stratę. Zaburzona zdolność integracji lewo- i prawopółkulowego trybu przetwarzania może przejawiać się w postaci dezorganizacji refleksji nad swoim życiem. Gdy dochodzi do przywołania wspomnień autobiograficznych, lewa półkula zostaje „zalana" nieprzetworzonymi obrazami i wrażeniami związanymi z poczuciem przerażenia i zdrady. Taka osoba nie ma kontroli nad tymi wysoce labilnymi procesami, w związku z czym pogrąża się w chaosie przeszłości, zamiast próbować w sposób spójny zrozumieć jej wpływ na chwilę obecną.

REFLEKSJA NAD PRZYWIĄZANIEM

Zamieszczone poniżej pytania służą refleksji nad doświadczeniami z dzieciństwa. Pomogły one wielu osobom zrozumieć samych siebie. Podejdź do nich w sposób elastyczny i weź pod uwagę wszelkie problemy, które mogą posłużyć ci za wskazówkę. Gdy będziesz zadawał sobie te pytania, mogą pojawić się pewne uczucia lub obrazy. Czasami poczujesz się niepewnie lub zawstydzisz niektórymi wspomnieniami, w związku z czym możesz mieć pokusę „zredagowania" swojej wypowiedzi tak, aby zaprezentować się w jak najlepszy sposób. Każdy z nas ma jakieś trupy w szafie! Być może skrywasz w sobie mechanizmy obronne, które dystansują cię od twoich emocji i uniemożliwiają otworzenie się na uczucia innych?

Na początku możesz mieć trudności ze znalezieniem odpowiednich słów na określenie wewnętrznych obrazów i wrażeń. Jest to jak najbardziej naturalne. Pamiętaj, że słowa i myśli są generowane przez lewą półkulę, a pamięć autobiograficzna, pierwotne emocje, zintegrowane wrażenia fizyczne i wyobrażenia wytwarzane są w sposób niewerbalny przez prawą. Z tego względu trudności w przełożeniu komunikatów niewerbalnych na werbalne są jak najbardziej zrozumiałe, zwłaszcza jeśli wspomnienia okazują się przytłaczające lub nie zostały odpowiednio przetworzone. Czasem wspomnienia bolesnych emocji mogą sprawić, że poczujemy się bezbronni. Jeśli jednak do nich nie dotrzemy, nie będziemy w stanie osiągnąć spójności w swoim życiu. Zaakceptowanie wszystkich aspektów samego siebie może być początkowo trudne, ale ostatecznie pozwoli uzyskać pełną współczucia akceptację dla siebie i umożliwi tworzenie zdrowych więzi z innymi.

Do zmiany wzorców reagowania i zachowania dochodzi w procesie poszukiwania nowych sposobów nawiązywania więzi, które wspierają naszą podróż ku głębszym poziomom samorozumienia. W procesie autorefleksji czasem przydaje się pomoc osoby, której możemy zaufać i która wysłucha naszych przemyśleń. Jesteśmy istotami społecznymi, a nasze procesy narracyjne wynikają właśnie z kontaktów społecznych. Autorefleksja jest dużo głębsza, gdy dzielimy się nią z bliskimi.

PYTANIA DO AUTOREFLEKSJI

1. Jak wyglądało twoje dzieciństwo? Z kim się wychowałeś?
2. Jak dogadywałeś się z rodzicami we wczesnym dzieciństwie? Jak rozwijała się wasza relacja, gdy

dorastałeś i w późniejszym okresie twojego życia? Jak wygląda ona obecnie?

3. Czym różniła się twoja relacja z matką od relacji z ojcem? W czym były do siebie podobne? Czy starasz się pod pewnym względem być taki jak twoi rodzice lub przeciwnie – nie być taki, jak oni?
4. Czy kiedykolwiek czułeś się odrzucony przez rodziców lub miałeś poczucie, że ci zagrażają? Czy w okresie dzieciństwa lub później doświadczyłeś sytuacji, które były dla ciebie przytłaczające lub traumatyczne? Czy wciąż przeżywasz któreś z tych doświadczeń? Czy wciąż mają one wpływ na twoje życie?
5. Jak twoi rodzice dyscyplinowali cię, gdy byłeś dzieckiem? Jak wpłynęło to na twoje dzieciństwo i na to, jakim jesteś rodzicem?
6. Czy przypominasz sobie pierwsze momenty separacji z rodzicami? Jak one wyglądały? Czy kiedykolwiek doświadczyłeś dłuższych okresów separacji od rodziców?
7. Czy w dzieciństwie lub później doświadczyłeś śmierci kogoś bliskiego? Jak się wtedy czułeś i jak ta strata wpływa na ciebie teraz?
8. W jaki sposób twoi rodzice komunikowali się z tobą, gdy byłeś szczęśliwy i podekscytowany? Czy dzielili z tobą twój entuzjazm? Co działo się, gdy byłeś niezadowolony lub nieszczęśliwy? Czy twój ojciec i matka reagowali na ciebie w różny sposób, gdy przeżywałeś nieprzyjemne emocje?
9. Czy w dzieciństwie opiekował się tobą jeszcze ktoś inny oprócz rodziców? Jaka była ta relacja? Co się stało

z tymi ludźmi? Jak teraz reagujesz, gdy pozwalasz innym opiekować się swoimi dziećmi?

10. Jeśli doświadczyłeś trudnych sytuacji jako dziecko, czy mogłeś liczyć na jakiekolwiek pozytywne relacje w swoim domu lub poza nim, które pomagały ci przetrwać trudne chwile? Jak myślisz, co dały ci te kontakty i jak mogłyby ci teraz pomóc?
11. W jaki sposób twoje doświadczenia z dzieciństwa wpłynęły na relacje z innymi w twoim dorosłym życiu? Czy przyłapujesz się na tym, że próbujesz nie zachowywać się w pewien sposób ze względu na to, co przydarzyło ci się w dzieciństwie? Czy przejawiasz pewne wzorce zachowania, które chciałbyś zmienić, ale nie potrafisz?
12. Jak myślisz, w jaki sposób twoje dzieciństwo wpłynęło na twoje dorosłe życie, łącznie z mniemaniem o sobie oraz nawiązywaniem relacji z dziećmi? Co chciałbyś zmienić w sobie pod tym względem?

DALSZY ROZWÓJ

Dokonując refleksji nad swoją historią przywiązania, możesz odkryć pewne szczególnie ważne aspekty doświadczeń rodzinnych z wczesnego dzieciństwa, które wpłynęły na twój rozwój. Przekonaliśmy się, że badania nad przywiązaniem dostarczają pewnych podstawowych danych, dzięki którym możemy lepiej zrozumieć siebie i odkryć możliwości zmiany. Badania te pokazują, iż zmiana stylu przywiązania na bezpieczny jest możliwa. Rozwijanie poczucia bezpieczeństwa zwykle wiąże się ze zdrowymi relacjami z przyjaciółmi, partnerami, nauczycielami oraz terapeutami, ale dobrze jest zacząć ten proces od pogłębienia samorozumienia. Zmiana stylu przywiązania na bezpieczny wzbogaci nie tylko twoje życie, ale również życie twojego dziecka.

Unikanie relacji i styl odrzucający

Dzieci, które doświadczyły emocjonalnej niedostępności, braku dostrojenia i braku troski ze strony rodzica, mogły wykształcić mechanizmy adaptacyjne służące ograniczeniu roli relacji i komunikacji emocjonalnej w swoim życiu. Takie podejście umożliwiło im przystosowanie się do życia na emocjonalnej pustyni. Dzieci te starają się zwiększyć swą niezależność od emocjonalnie niedostępnego opiekuna. Ten jak najbardziej odpowiedni i przydatny mechanizm adaptacyjny pozwala im przetrwać. Jednak w miarę utrwalania się go tworzą one ograniczoną więź nie tylko ze swoimi rodzicami, ale także z innymi ludźmi. Chociaż wyniki badań sugerują, że osoby przejawiające unikający styl przywiązania wykazują psychowzroczność i potrafią przyjmować cudzą perspektywę, to jednak defensywny stan umysłu sprawia, że mają niską motywację do otwierania się na innych. Ponadto mogą mieć ograniczoną świadomość własnych emocji. Takie unikające mechanizmy przystosowawcze można postrzegać jako przejaw zahamowanego przetwarzania prawopółkulowego na rzecz dominacji lewej półkuli, która służy zmniejszeniu wrażliwości emocjonalnej.

Przyjmując taką perspektywę, możemy stwierdzić, że u takich osób występuje minimalny stopień integracji pomiędzy lewo- i prawopółkulowym trybem przetwarzania. Przejawia się to także w bardzo uproszczonych opowieściach życiowych. Osoby prezentujące unikający styl przywiązania często utrzymują, że nie pamiętają wielu szczegółów z wczesnego dzieciństwa. W relacjach z innymi wykazują znaczną niezależność, która może wzbudzać u partnera poczucie osamotnienia lub dystansu emocjonalnego. Procesy, które w dzieciństwie stanowiły niezbędne i korzystne mechanizmy adaptacyjne, często stają się przeszkodą w budowaniu zdrowych relacji z małżonkiem lub dziećmi.

Zmiana tych mechanizmów adaptacyjnych polega na wspieraniu obustronnej integracji. Jeśli przetwarzanie prawopółkulowe nie jest wystarczająco rozwinięte, występuje ograniczona psychowzroczność i samoświadomość, a także okresowa niezdolność do postrzegania niewerbalnych komunikatów innych ludzi. Autorefleksja również jest ograniczona, ponieważ dominuje głównie modalność logiczna i nieautobiograficzna. Z tego względu aktywacja prawej półkuli może okazać się bardzo pomocna, a nawet konieczna. Wyniki badań wykazały, że u ludzi o podejściu unikającym występują nasilone reakcje fizjologiczne w trakcie rozmowy o kwestiach związanych z przywiązaniem, mimo że ich wypowiedzi wskazują na minimalizowanie roli przywiązania w ich życiu. Świadczy to o tym, że ich umysł wciąż uznaje relacje za istotne, chociaż zachowanie i prezentowane podejście nie świadczą o emocjonalnym stosunku do więzi międzyludzkich. Innymi słowy, wrodzony mechanizm przywiązania jest w nich wciąż aktywny, chociaż mechanizmy przystosowawcze doprowadziły do przyjęcia innego podejścia.

Takie osoby przez całe swoje życie minimalizują rolę relacji po to, by poradzić sobie z deficytami życia rodzinnego. Rodzina takiej osoby dawała jej niewiele okazji do stymulacji prawej półkuli oraz doświadczania więzi. Znalezienie sposobu na aktywację tych aspektów mentalnych może pełnić kluczową rolę w wyzwoleniu wrodzonego pragnienia tworzenia więzi interpersonalnych i wewnętrznej integralności. Przekonaliśmy się, że takie techniki, jak wizualizacja skoncentrowana na sygnałach niewerbalnych, zwiększają świadomość doznań fizycznych i stymulują lewą półkulę mózgową. Są zatem bardzo przydatne w mobilizacji niewystarczająco rozwiniętych procesów prawopółkulowych.

Osoba zamknięta w świecie logiki może potrzebować logicznego wyjaśnienia, jakie prezentujemy powyżej, aby zrozumieć, że jej stłumiona emocjonalnie rodzina przyczyniła się do występowania u niej dominacji lewej półkuli mózgowej. Warto jednak podkreślić, że ostatnie wyniki badań nad funkcjonowaniem mózgu wykazują, iż mózg przez całe życie produkuje nowe neurony - zwłaszcza te, które pełnią funkcje integrujące. Przyjęcie tej dość neutralnej perspektywy umożliwia rozpoczęcie pracy nad rozwijaniem i integrowaniem prawej półkuli mózgowej, która odgrywa w naszym życiu równie ważną rolę.

Ambiwalencja i styl zaabsorbowany

Dziecko wychowujące się z rodzicami o niespójnej dostępności odczuwa niepokój i niepewność, czy może na nich polegać. Reakcją na niespójnego lub intruzywnego rodzica może być poczucie ambiwalencji i niepewności. U człowieka dorosłego przejawia się to w postaci rozpaczliwego pragnienia więzi, któremu towarzyszy przytłaczające poczucie, iż jego potrzeby i tak nigdy nie zostaną zaspokojone. Jego presja w kierunku tworzenia relacji może odstraszać od niego innych ludzi, co tylko utwierdza go w przekonaniu, że rzeczywiście nie może polegać na innych.

Wykształcenie się tego rodzaju adaptacji można postrzegać

w pewnym sensie jako nadaktywność prawej półkuli mózgowej przy jednoczesnych trudnościach w wyciszaniu emocji. Pamięć oraz modele mentalne utwierdzają jednostkę w przekonaniu, iż jej potrzeby nie zostaną zaspokojone i nie może polegać na więziach z ludźmi. Wewnętrznym wątpliwościom może towarzyszyć głębokie i nieświadome poczucie wstydu wynikające z przeświadczenia: „Coś jest ze mną nie tak".

Może również mieć miejsce utrwalenie różnych form obrony psychicznej, które chronią przed bezpośrednim uświadomieniem sobie przytłaczającego niepokoju, zwątpienia w siebie oraz innych bolesnych emocji. Niestety, takie mechanizmy obronne nie pozwalają uświadomić sobie, w jaki sposób ukryte procesy emocjonalne oddziałują na nasze podejście do własnych dzieci. W rezultacie projektując na dzieci niechciane aspekty własnych, wewnętrznych doświadczeń, możemy złościć się na ich bezbronność i bezradność. Tak oto mechanizmy obronne, które chroniły nas w dzieciństwie, uniemożliwiają nam zrozumienie własnego cierpienia oraz niekorzystnie oddziałują na nasz styl rodzicielstwa.

Zmiana mechanizmów adaptacyjnych związanych z ambiwalencją i zaabsorbowaniem polega na stosowaniu metod uspokajających, takich jak dialog wewnętrzny i ćwiczenia relaksacyjne, a także otwarta komunikacja w relacjach intymnych. Zrozumienie funkcji wstydu oraz faktu, że stanowi on część historii naszego dzieciństwa, może wyzwolić nas ze schematów, które odgrywamy w relacjach z innymi ludźmi pod wpływem emocji. Odkrywanie warstw mechanizmów obronnych, które powstały w reakcji na niedoskonałe doświadczenia z dzieciństwa, jest kluczowym zadaniem w procesie nadawania sensu naszym przeżyciom.

Pierwszym, niezwykle ważnym krokiem jest zmniejszenie lęku i nieufności za pomocą technik relaksacyjnych, dzięki czemu możemy poznać nowe strategie radzenia sobie z poczuciem wewnętrznego dyskomfortu. Jeśli miałeś intruzywnego lub niespójnie zachowującego się rodzica, skutkiem może być blokada mechanizmu uspokajania samego siebie. Poznanie technik dialogu wewnętrznego skutecznie pomoże ci zatroszczyć się o siebie. Rozmowa ze sobą to sposób na wykorzystanie języka lewej półkuli mózgowej do uspokojenia prawopółkulowego niepokoju: „Czuję się teraz niepewnie, ale staram się najlepiej jak mogę i wszystko się ułoży" albo „Zdenerwowałem się jej słowami, ale mogę zapytać ją wprost, co miała na myśli". Spróbuj uświadomić sobie, iż przekonanie o własnej niepełnowartościowości („Nie jestem kochany" lub „Nie można mnie kochać") jest tylko wnioskiem, jaki wyciągnąłeś jako dziecko z niedostrojonej więzi z rodzicami. Przekonanie „Można mnie kochać" jest ogromnie ważne. Sam możesz zapewnić sobie narzędzia, których nie mogli zaoferować ci twoi rodzice. Pod wieloma względami polega to na byciu rodzicem dla samego siebie.

Dezorganizacja: nieprzepracowana trauma lub strata

U dorosłych, którzy jako dzieci doświadczyli przerażenia i niepokoju w kontakcie z rodzicami, mogło dojść do dezorganizacji wewnętrznej. Poczucie odizolowania – od innych i od swojego własnego umysłu – może prowadzić do dysocjacji, która z kolei przejawia się poczuciem nierzeczywistości lub wewnętrznego rozszczepienia. Do subtelnych przejawów zdezorganizowanego mechanizmu adaptacyjnego należą takie reakcje jak: „zamrożenie" w sytuacji stresowej lub gwałtowne doznania psychiczne w odpowiedzi na niektóre interakcje interpersonalne. Im te przeżycia są bardziej intensywne i częstsze, tym trudniej naprawić więź z dzieckiem. Znalezienie sposobu na przepracowanie traum jest więc uzdrawiające nie tylko dla rodzica, ale i dla dziecka.

Nierozwiązane traumy mogą wynikać z braku zdolności do zintegrowania różnych aspektów swojego doświadczenia w sensowną całość. Taki brak integracji można postrzegać jako rodzaj usztywnienia lub chaosu wewnętrznego, których człowiek doświadcza w postaci powtarzających się wzorców zachowania lub przytłaczających stanów emocjonalnych. Uwolnienie się od nich jest możliwe tylko pod warunkiem, że pracujemy nad uzdrowieniem swojego wnętrza.

Wydarzenia z dzieciństwa mogą być dla nas niezrozumiałe, ale wciąż mamy szansę zrozumieć ich wpływ na nasze życie. Przechodząc przez integrujący proces nadawania im sensu, łączymy elementy z przeszłości z przemyśleniami na temat teraźniejszości i odkrywamy, że zwiększa się nasze poczucie sprawczości i poprawia zdolność konstruowania bardziej elastycznej i bogatej przyszłości. Proces ten można przechodzić w samotności, ale wspólna podróż ku uzdrowieniu – dzielenie się z drugim człowiekiem swoim cierpieniem – także okazuje się niezwykle pomocna.

Uzdrowienie zależy od twojej otwartości i gotowości do zmierzenia się z uczuciami, które czasem wydają się nie do zniesienia. Dobrą nowiną jest to, że możemy się zmienić. Zwykle najtrudniejszym krokiem jest przyznanie się, że zmagamy się z poważnym i przerażającym problemem, który musimy rozwiązać. Gdy świadomie dążymy do zmierzenia się z prawdą, jesteśmy gotowi na to, aby uzdrowić siebie i stać się rodzicem, jakim pragniemy być.

ĆWICZENIE – WGLĄD W SIEBIE

- Zadaj sobie pytania do autorefleksji i zapisz swoje odpowiedzi. Po co najmniej jednodniowej przerwie powróć do nich i przeczytaj je na głos. Jak je odbierasz? Co zauważasz? Jak myślisz, jakiego zachowania pragnąłeś doświadczyć ze strony swoich rodziców w dzieciństwie? Jak twoje doświadczenia z dzieciństwa wpłynęły na podejście do własnych dzieci i kontakty z nimi? Jakie najważniejsze wnioski wyciągnąłeś w procesie autorefleksji? Historie naszego życia nie są niczym niezmiennym i skończonym – ulegają zmianie wraz z naszym rozwojem. Przez całe życie nadajemy sens naszym doświadczeniom. Otwórz się więc na swój nieustanny rozwój.
- Poświęć kilka minut na uzupełnienie następującego zdania: „Dobra matka/dobry ojciec to …". Przeczytaj na głos określenia, które zapisałeś (możesz to zrobić w samotności lub w obecności osoby, do której masz zaufanie). Czy masz poczucie, że twoi rodzice byli tacy wobec ciebie? Które z tych określeń pasuje do twoich rodziców? A może żadne z nich? Które z tych cech przekazujesz teraz swoim dzieciom? Wybierz na początek jedną z nich, którą chciałbyś rozwinąć.
- Przeczytaj ponownie podrozdział „Przywiązanie osoby dorosłej". Zapoznaj się jeszcze raz z charakterystyką stylów przywiązania. Zapisz swoje przemyślenia na ten temat, nawiązując do własnych doświadczeń z dzieciństwa. Postaraj się, by dotyczyły one wszystkich stylów przywiązania. Jak myślisz, w jaki sposób określone wzorce komunikacji wpłynęły na twój rozwój, a jak na twoje podejście do innych ludzi? Jaki miały wpływ na twoje bliskie relacje w przeszłości i obecnie?
- Czy w procesie autorefleksji odkryłeś jakieś nieprzepracowane traumy? Jak wpływają one na twoją relację z dzieckiem? Czy jakieś wspomnienia z przeszłości są dla ciebie szczególnie

przykre? Czy masz poczucie, że zmagasz się z głębokim problemem wewnętrznym, takim jak lęk przed bliskością, wstydliwe poczucie, że jesteś kimś niepełnowartościowym, złość na bezradność swojego dziecka lub z innym ukrytym procesem emocjonalnym? Czy masz poczucie, że nosisz w sobie nieprzepracowaną traumę lub stratę? Czy ma to wpływ na twoje przeżycia wewnętrzne i kontakty z dzieckiem?

CO NA TO NAUKA?

Wywiad Przywiązania Dorosłych

Mary Main z zespołem opracowała ważne narzędzie badawcze – Wywiad Przywiązania Dorosłych (*Adult Attachement Interview*, w skrócie AAI) – który stanowił pierwszą próbę zrozumienia, dlaczego rodzice dzieci o różnym stylu przywiązania zachowują się w określony sposób. Naukowcy wysunęli hipotezę, iż na ich podejście wpływ mają doświadczenia z dzieciństwa. Aby to potwierdzić, określono różne style przywiązania u dzieci, a następnie opracowano wywiad, który służył zebraniu wspomnień rodziców na temat ich własnego dzieciństwa. Pozwala to przewidywać, czy dziecko danego rodzica wykazuje bezpieczny czy też lękowy styl przywiązania z dokładnością do około osiemdziesięciu pięciu procent. To bardzo wysoki wynik jak na taki typ badań. W późniejszych projektach przeprowadzono ten sam wywiad z parami, przewidując, jaki rodzaj więzi zbuduje nienarodzone jeszcze dziecko z każdym rodzicem z osobna w pierwszym roku życia. W tym wypadku również uzyskano wysoką zgodność przewidywań z rzeczywistością. Wywiad AAI pozwala więc wykryć istotne aspekty funkcjonowania umysłu rodzica, które w sposób bezpośredni oddziałują na jego relację z dzieckiem.

Wywiad AAI składa się z dwudziestu pytań dotyczących dzieciństwa osoby badanej. Odpowiedzi są nagrywane, a następnie analizowane przez wykwalifikowanego specjalistę, który dokonuje pomiaru stopnia spójności narracji. Do przejawów braku spójności zalicza się: brak przykładów potwierdzających wypowiadane słowa, zbyt krótkie lub zbyt rozwlekłe odpowiedzi, odbieganie od tematu lub gubienie wątku. Takie zakłócenia narracji podlegają ocenie ilościowej. Dokładna analiza pozwala określić ogólny profil osoby badanej w czterech kategoriach stylu przywiązania: styl wolny i autonomiczny, styl odrzucający, styl zaabsorbowany lub styl zdezorganizowany. Jak się przekonaliśmy, klasyfikacja AAI pozwala najtrafniej przewidzieć rodzaj więzi, jaką dziecko nawiąże z rodzicem.

Być może zastanawiasz się nad tym, jak to możliwe, że potrafimy trafnie ocenić przeszłość jednostki na podstawie jej relacji autobiograficznej? Pamięć jest subiektywna, więc jak możemy wyciągać wnioski z czyichś subiektywnych wypowiedzi? Wszak ludzie konstruują swoje historie życiowe nie zawsze zgodnie z tym, co rzeczywiście miało miejsce w przeszłości: zawiera się w nich również to, co chcieliby, żeby się wydarzyło, a także brakuje wielu rzeczy, o których woleliby zapomnieć. Opowieści te są często zafałszowane pragnieniem zaprezentowania się z jak najlepszej strony – przed innymi i samym sobą.

To wszystko prawda, ale wymienione czynniki nie są aż tak istotne, ponieważ wywiad AAI nie opiera się na założeniu, że osoba badana wiarygodnie relacjonuje fakty ze swojego dzieciństwa. Najważniejszy jest sposób, w jaki to robi, ponieważ pokazuje nam on, jak interpretuje ona swoje życie. Dokonujemy więc oceny tylko stopnia integracji różnych elementów pamięci w jedną całość. Spójna i przejrzysta narracja pokazuje, że dorosły zrozumiał wydarzenia z wczesnego etapu swojego życia.

Fascynującym aspektem wywiadu AAI jest kategoria *wypracowanego bezpieczeństwa*. Osoby przejawiające taki styl przywiązania przeżyły trudne doświadczenia w dzieciństwie, ale przemyślały je i potrafią stworzyć spójną opowieść na ich temat. Alan Sroufe sugeruje, że jednostki, które zrozumiały przeciwności losu w swoim życiu, zwykle miały wspierające relacje z krewnym, opiekunem, nauczycielem lub jakimś innym człowiekiem, który służył im za źródło siły życiowej. Wyniki wspomnianych badań potwierdzają, iż przywiązanie może ulegać zmianom w trakcie naszego rozwoju.

Badania nad wypracowanym bezpieczeństwem

Narzędzie AAI zostało opracowane w celu określenia cech, które decydują o zachowaniu rodziców wobec dzieci. Dzięki niemu wyróżniono więź ufną oraz kilka lękowych stylów przywiązania. W wywiadzie AAI ocenia się przede wszystkim spójność treści, a nie jej zgodność z faktami.

Badania ta przyniosły także pewną wiedzę na temat osób, które mimo trudnych doświadczeń z dzieciństwa wypracowały ufny stosunek do przywiązania. We wczesnych latach dziewięćdziesiątych Mary Main i Erik Hesse zajęli się badawczo ludźmi, którym udało się przezwyciężyć trudności życiowe, a ich wypowiedzi charakteryzowały się wysoką spójnością. Pierwsze oficjalne badanie opublikowane przez Pearsona i współpracowników w 1994 roku polegało na porównaniu osób z wypracowanym bezpieczeństwem z osobami zaklasyfikowanymi jako niezmiennie bezpieczne. Pierwszą kategorię zdefiniowano jako jednostki, których opowieści (według analizy AAI) są spójne, mimo że opisują intensywne, trudne lub w jakikolwiek inny sposób znacząco niekorzystne sytuacje związane z rodzicami. Zwykle takie doświadczenia wiążą się z różnymi przejawami niespójności i lękowym stosunkiem do przywiązania. Jednak retrospektywna relacja tych osób w wywiadzie AAI wykazała, że udało im się wypracować bezpieczny styl przywiązania. Badania ujawniły także statystycznie wysoki wskaźnik objawów depresyjnych w tej grupie, a jednak dzieci tych osób były do nich bezpiecznie przywiązane.

Następnie dokonano poszerzonej oceny wypracowanego bezpieczeństwa na drodze bezpośredniej obserwacji tej grupy w interakcji z dziećmi we własnym domu. Wyniki opublikowanego w 1998 roku eksperymentu wykazały, iż osoby z wypracowanym stylem bezpiecznym bardzo dobrze radziły sobie z dziećmi nawet w obliczu stresujących sytuacji, takich jak układanie do snu czy wyprawianie do szkoły. Nie tylko potrafiły konstruować spójne wypowiedzi w trakcie wywiadu, ale także wykazywały się wrażliwością i potrafiły dostroić się do dziecka w obliczu stresu.

W 2002 roku opublikowano bardzo ważne uzupełnienie tych badań. Zespół Alana Sroufe'a przebadał dużą grupę osób w ciągu około dwudziestu lat: najpierw obserwowano je w okresie niemowlęctwa, a kiedy skończyły dziewiętnaście lat, przeprowadzono z nimi wywiad AAI. Zebrane dane wykorzystano do analizy nie tylko z perspektywy retrospektywnej (przyjętej we wcześniejszych badaniach), ale także prospektywnej: wzięto pod uwagę osoby, które w okresie niemowlęctwa przyporządkowano do lękowej kategorii przywiązania, a które potem w dziewiętnastym roku życia tworzyły spójne wypowiedzi. W ich wypadku udokumentowano prospektywne wypracowane bezpieczeństwo. Najbardziej niezwykłym odkryciem był brak zbieżności pomiędzy grupą prospektywną a retrospektywną!

Badacze wskazali na kilka czynników, które mogły wpłynąć na różnice pomiędzy tymi grupami. Każdy eksperyment ma swoje ograniczenia, co jest niezwykle ważne, jeśli chodzi o wyciąganie wniosków. Sroufe i współpracownicy zwrócili uwagę, że ich badania dotyczyły interakcji matki z dzieckiem i nie uwzględniały ojców. Ponadto nie obejmowały obserwacji pomiędzy czwartym a dwunastym rokiem życia, a to właśnie na tym okresie skupiają się pytania w AAI. Naukowcy dopuszczają także możliwość, że grupa retrospektywna opisywała negatywne wydarzenia, które rzeczywiście miały miejsce, ale które nie zostały zaobserwowane ze względu na ograniczenia, jakie w sposób nieunikniony towarzyszą badaniom obserwacyjnym.

Chociaż młodzi ludzie, którzy wzięli udział w badaniu, nie mieli jeszcze swoich dzieci, możemy wysunąć pewne przypuszczenia na temat ich przyszłych relacji na podstawie oceny ich obecnych związków partnerskich. U osób o bezpiecznym stylu przywiązania (udokumentowane poczucie bezpieczeństwa w okresie niemowlęctwa oraz spójny wywiad), osób z wypracowanym prospektywnym stylem bezpiecznego przywiązania (udokumentowane lękowe przywiązanie w okresie niemowlęctwa oraz spójny wywiad AAI) oraz u osób z grupy retrospektywnej (spójny wywiad AAI, ale negatywna treść w opisie dzieciństwa) ocena związków partnerskich wykazała zdolność do nawiązywania wrażliwych i dostrojonych relacji. Umiejętność prowadzenia dostrojonej komunikacji, jaką zaobserwowano w rozmowie z dorosłymi, będzie można zmierzyć ponownie w przyszłości, gdy osoby te zostaną rodzicami.

Dlaczego osoby z grupy „prospektywnej" nie wspominają negatywnych wydarzeń z przeszłości w przeciwieństwie do grupy o wypracowanym stylu bezpiecznym (nazywanej retrospektywną)? Czy przyjęcie innych kryteriów oceny wskazałoby inne cechy wspólne tych dwóch grup? Jeśli dziewiętnastolatki niechętnie przyznają się do własnej wrażliwości i zależności od rodziców, to być może starsza grupa udzieliłaby bardziej refleksyjnych odpowiedzi? Czy podatny na depresję nastolatek jest bardziej skłonny do narzekania na swoich rodziców? Wymienione czynniki z pewnością mogły mieć wpływ na wynik tych badań.

Jeśli uznamy te wyniki za wiarygodne, to być może – jak sugerują badacze – nie powinniśmy stosować terminu „wypracowane bezpieczeństwo" w odniesieniu do osób z grupy retrospektywnej. Nie mamy pewności, czy przypadkiem nie żyły one już w bezpiecznej relacji z rodzicami jako niemowlęta, choć mogły doświadczać trudnych sytuacji w późniejszym okresie dzieciństwa. W ostatecznej ocenie wyników wspomnianych badań może pomóc nam jedno istotne odkrycie: osoby z grupy prospektywnej nie wykazują wysokiego poziomu depresji. Depresja może w sposób negatywny wpływać na nasze wspomnienia, co wyjaśniałoby zależności odkryte w grupie retrospektywnej. Istnieje możliwość, że osoby z prospektywnym wypracowanym bezpieczeństwem – czyli takie, które były lękowo przywiązane do matki w okresie niemowlęctwa, ale w okresie wczesnej młodości przejawiają bezpieczny styl przywiązania w nowych relacjach, a ich wypowiedzi są spójne – przetworzyły pewne niekorzystne doświadczenia i nie skupiają się w sposób szczególny na wpływie wczesnych wydarzeń na teraźniejszość (zwłaszcza że zostały zebrane w dziewiętnastym roku życia).

W interpretacji zaprezentowanych wyników mogą nam pomóc badania nad pamięcią autobiograficzną, które pozwoliły wyróżnić dwa ważne procesy: efekt świeżości oraz zjawisko reminiscencji. Efekt świeżości polega na tym, że łatwiej przypominamy sobie wydarzenia, które miały miejsce stosunkowo niedawno. Zjawisko reminiscencji jest procesem, który zaczyna się około trzydziestego roku życia i polega na tym, że łatwiej nam przypomnieć sobie własną młodość niż niedawne wydarzenia życiowe. Czy to możliwe, iż wywiad AAI przeprowadzany przeważnie z osobami dorosłymi, które już dawno ukończyły wiek dojrzewania, podlega wpływowi zjawiska reminiscencji? Czy pomiar przywiązania dziewiętnastolatków będzie spójny z kolejnymi pomiarami dokonanymi w dwudziestym i trzydziestym roku życia, a także wtedy, gdy osoby badane same zostaną rodzicami? Aby uzyskać odpowiedzi na te pytania, musimy poczekać na wyniki dalszych badań długoterminowych.

Ogólna zasada związana z trwałością więzi ufnej w okresie niemowlęctwa (ocenianej za pomocą procedury obcej sytuacji) i dorosłości (ocenianej na podstawie spójnej narracji w badaniu AAI) pozwala nam zrozumieć proces zmiany stylu przywiązania. Gdy bliskie relacje nie ulegają zmianie, obserwujemy wysoką korelację pomiędzy stylem przywiązania niemowlęcia i człowieka dorosłego. Bezpieczeństwo w okresie niemowlęctwa wydaje się prowadzić do bezpieczeństwa w dorosłości, z kolei brak bezpieczeństwa w okresie niemowlęctwa wiąże się z brakiem bezpieczeństwa w dorosłości. Jeśli charakter relacji ulegnie zmianie – stracimy bliską osobę, zaznamy z jej strony przemocy lub braku wrażliwości – może dojść również do zmiany pierwotnej ufnej więzi niemowlęcia na lękową w późniejszym okresie życia. Z kolei osoby, które w okresie niemowlęctwa nawiązywały z rodzicami więź lękową, w dorosłości mogą przejawiać bezpieczny styl przywiązania (prospektywne wypracowane bezpieczeństwo). Nauka nie potrafi jeszcze udzielić wyczerpującej odpowiedzi na pytanie, w jaki sposób dana osoba może zmienić styl przywiązania na bezpieczny. Liczni badacze przypuszczają jednak, że wymaga to przede wszystkim nawiązania relacji z wrażliwą, reagującą i troskliwą osobą. Takie pozytywne więzi mogą służyć nam za źródło siły życiowej i pomagać w przetrwaniu trudnych sytuacji.

Na koniec warto również wspomnieć o przeprowadzonej przez Mary Ainsworth ocenie AAI, która ujawniła, iż same wypowiedzi rodzica na temat dawnej traumy lub straty nie przesądzają w sposób negatywny o losie jego dziecka. Jeśli jednak wypowiedziom tym towarzyszy dezorientacja i dezorganizacja, to traumę uznaje się za nierozwiązaną, co jest najważniejszym czynnikiem, jeśli chodzi o rozwój stylu przywiązania dziecka. Analiza AAI nie koncentruje się na wydarzeniach z przeszłości, lecz na sposobie ich przetwarzania przez osobę badaną. Najważniejsze jest to, aby rodzic zrozumiał swoje życie, niezależnie od tego, jakiego miał opiekuna (wrażliwego, niewrażliwego lub depresyjnego) ani jakiej doświadczył traumy.

• • •

Stosunek dorosłych do przywiązania

W badaniach nad przywiązaniem funkcjonuje pojęcie s t a n u u m y s ł u d o r o s ł e g o w s t o s u n k u d o p r z y w i ą z a n i a. Warto wspomnieć o niektórych zagadnieniach z tym związanych.

- Wywiad AAI pozwala na przyporządkowanie osoby badanej tylko do jednej kategorii stylu przywiązania. Wynika to z założenia, że w wieku dojrzewania łączymy swoje doświadczenia w jedno podejście –

najprawdopodobniej pod wpływem więzi z główną figurą przywiązania.

- Stan umysłu wiąże się z pewnym procesem, w którym umysł tworzy określoną postawę lub tryb funkcjonowania. Gra on rolę filtru percepcyjnego, który kształtuje nasze reakcje emocjonalne i w sposób bezpośredni wpływa na zachowanie. Wszystkie stany umysłu i związane z nimi modele mentalne wiążą się z występowaniem takiego organizującego procesu skoncentrowanego wokół określonego motywu. Te postawy wobec przywiązania mogą być szczególnie trwałe i stabilne.

- Z punktu widzenia nauki o mózgu możemy powiedzieć, że taki proces umysłowy jest zakorzeniony we wzorcach aktywacji neuronów: dawne doświadczenia oraz mechanizmy adaptacyjne prowadzą do utrwalenia się połączeń synaptycznych. W takim wypadku model mentalny jest częścią pamięci ukrytej: powstaje na wczesnym etapie naszego życia, jego aktywacji nie towarzyszy poczucie, że cokolwiek sobie przypominamy, a jednak w sposób bezpośredni oddziałuje na naszą percepcję, emocje, zachowania i doznania fizyczne. Modele mentalne utrwalone w procesie uczenia się stanowią istotę zjawiska, które John Bowlby nazwał wewnętrznymi modelami roboczymi przywiązania.

• • •

Aby zmienić styl przywiązania, musimy zmienić stan umysłu. Każda wewnętrzna przemiana wymaga oduczenia się starych wzorców, a jednocześnie stworzenia takich warunków i sytuacji, które służą utrwalaniu się nowego podejścia. Nasz mózg potrafi zmieniać połączenia synaptyczne w procesie uczenia. Potrafi również wytwarzać nowe neurony, zwłaszcza w obszarach integrujących, co umożliwia organizowanie szerokiego zakresu procesów związanych z określonym stanem umysłu. Przypuszczamy więc, że zmiana samorozumienia w połączeniu z doświadczeniami interpersonalnymi, które wspierają nowe formy komunikacji i nawiązywania więzi, może doprowadzić do zmiany stylu przywiązania na bezpieczny. Taka przemiana wymaga zarówno nowego samorozumienia, jak i otwartości na nowe podejście do nawiązywania więzi.

Emocje, pamięć i przywiązanie

Analiza AAI wykazała, że osoby o odrzucającym nastawieniu do przywiązania w pewien specyficzny sposób odnoszą się do swojego dzieciństwa. Odpowiadając na pytania, utrzymują, że nie pamiętają żadnych wydarzeń z dzieciństwa związanych z życiem rodzinnym. Dalsze badania przeprowadzone przez zespół van Ijzendoorna miały na celu ustalenie, czy przyczyną tego braku wspomnień są ewentualne problemy poznawcze lub deficyty pamięci. Badania nie wykryły jednak żadnych problemów z pamięcią u tego typu osób. Potrafiły one przypomnieć sobie inne fakty z dzieciństwa, na przykład popularne wówczas programy telewizyjne. Poziom inteligencji osób wykazujących podejście odrzucające także nie różnił się od poziomu inteligencji przedstawicieli innych grup.

Na podstawie badań nad bliźniętami jednojajowymi, które wychowywały się w różnych rodzinach, prześledzono również wpływ czynników genetycznych na wyniki AAI. Nie wykazano jednak żadnej korelacji ani w zakresie inteligencji, ani cech osobowości czy preferencji stylu życia. Potwierdza to hipotezę, iż styl przywiązania rozwija się przede wszystkim pod wpływem relacji z bliskimi, a nie genów.

Dlaczego więc dorośli o odrzucającym nastawieniu do przywiązania mają tak niewiele wspomnień z pierwszych lat życia? Dotyczy to nie tylko okresu naturalnej amnezji dziecięcej, ale także późniejszego okresu dzieciństwa. Pierwsza możliwość jest taka, że po prostu nie są oni skłonni dzielić się swoimi wspomnieniami z innymi. Zaburzenia w przywoływaniu wspomnień mogą jednak wynikać z zablokowanego dostępu do magazynu pamięci lub z faktu, że dane wydarzenie nie zostało zakodowane. Nie wiemy jeszcze dokładnie, dlaczego tak się dzieje. Dzięki badaniom nad pamięcią, emocjami oraz funkcjonowaniem mózgu wiemy jednak, że może to mieć związek z doświadczeniem. Wykazano, iż brak pobudzenia emocjonalnego ogranicza proces kodowania wspomnień w magazynie pamięci jawnej, a także ich późniejszego przechowywania i wydobywania. Także nadmierne pobudzenie zaburza ten proces. Prawidłowe procesy pamięciowe wymagają więc optymalnego pobudzenia emocjonalnego.

Czym jest optymalne pobudzenie emocjonalne? Z punktu widzenia efektywnej regulacji emocji to stan, w którym ośrodki oceny w mózgu (znajdujące się w większości w obwodach limbicznych, takich jak ciało migdałowate oraz obszar oczodołowo-czołowy) zostają aktywowane w takim stopniu, który służy zwiększonej plastyczności neuronalnej i prawidłowemu funkcjonowaniu neuronów. Prawidłowe funkcjonowanie neuronów oznacza, że strefy konwergencyjne maksymalizują integrację obwodów mózgowych, które pełnią istotną rolę w procesie przetwarzania informacji w trakcie danego doświadczenia. Zwiększona plastyczność neuronalna oznacza z kolei, że substancje chemiczne wyzwalane w limbicznych ośrodkach oceny umożliwiają powstawanie nowych połączeń synaptycznych. Oto przykład: hipokamp uznawany jest za „kartografa poznawczego", ponieważ integruje dane z licznych obszarów neuronalnych w jedną poznawczą całość. Optymalna neuromodulacja sprzyja procesom integracji pamięci.

Obwody neuromodulujące służą powstawaniu nowych połączeń synaptycznych oraz umożliwiają uczenie się. Uwalniają neuroaktywne substancje chemiczne, które sprzyjają aktywacji neuronów i genów, co prowadzi do wytwarzania białek potrzebnych do powstawania nowych połączeń. Wysunięto przypuszczenie, iż doświadczenia optymalne pod względem emocjonalnym aktywują obwody neuromodulujące, co sprzyja kodowaniu i zwiększa prawdopodobieństwo późniejszego przywołania zakodowanych wspomnień. Siła przechowywania elementów pamięci jest większa przy optymalnej aktywacji obwodów mózgowych, które odpowiadają za emocje.

Jednym z najbardziej istotnych aspektów pamięci jest zapominanie. Nasz umysł nie wytrzymałby nieustannego bombardowania wspomnieniami wszystkich dawnych przeżyć. Potrzebujemy selektywnego zapominania. Jest to przypuszczalnie proces automatyczny, który polega na tym, że wydarzenia obojętne emocjonalnie nie zostają zakodowane z odpowiednią siłą, przez co trudno jest je potem przywołać.

Przypuszczamy, iż osoby o odrzucającym stylu przywiązania, miały obojętne emocjonalnie życie rodzinne, przez co nie są w stanie przypomnieć sobie szczegółów życia rodzinnego z dzieciństwa. Potrafią, co prawda, przywołać ogólne fakty – jak programy telewizyjne, wydarzenia sportowe, a nawet pewne szczegóły związane z wydarzeniami rodzinnymi – ale mają niewiele wspomnień autobiograficznych. Wyjątkową cechą jawnej pamięci autobiograficznej jest to, że obejmuje ona poczucie „ja" oraz czasu. Odpowiada za nią zupełnie inny zestaw obwodów mózgowych (prawa półkula) niż za pamięć semantyczną (lewa półkula). Brak wspomnień z dzieciństwa ma więc związek z wychowywaniem się na emocjonalnej pustyni, co ogranicza prawopółkulowy proces autobiograficznego samopoznania zwany a u t o n o e z ą.

Endel Tulving wraz ze współpracownikami z Toronto wykazał, że za świadomość autonoetyczną – poznającą samą siebie – odpowiadają obszary przedczołowe, a za wspomnienia autobiograficzne przede wszystkim prawa część kory oczodołowo-czołowej. Tulving przypuszcza, iż procesy prawopółkulowe umożliwiają rozwój samoświadomości oraz doświadczenie mentalnej podróży w czasie, która łączy przeszłość z teraźniejszością i przyszłością. Jeśli założenia te zestawimy z wynikami badań nad przywiązaniem, zauważymy, iż samorozumienie może rozwinąć się pod wpływem wydarzeń rodzinnych, a następnie ulec pogłębieniu dzięki samodzielnej pracy.

Wyniki badań nad przywiązaniem wskazują, iż dzieci wchodzą w podobne interakcje interpersonalne z nauczycielami i ze swoimi rodzicami. Omówione przez nas badania stanowią dowód na to, iż przywiązanie kształtuje się w wyniku doświadczeń życiowych i nie jest cechą wrodzoną dziecka. Zaprezentowane wyniki potwierdzają tezę, iż na podstawie wzorców zachowania dziecka poza domem rodzinnym możemy określić, jakie mechanizmy adaptacyjne zostały wykształcone przez nie w środowisku rodzinnym. Reakcje otoczenia mogą jeszcze bardziej wzmacniać niektóre z tych schematów zachowania.

Jeśli dojdzie do zahamowania rozwoju systemu neuronalnego związanego z samorozumieniem, ograniczeniu może ulec zdolność do tworzenia bogatego życia wewnętrznego i nawiązywania głębszych kontaktów z innymi ludźmi. Jest to mechanizm adaptacyjny służący zmniejszeniu podatności na negatywne odczucia emocjonalne i rozczarowanie, lecz prowadzi do zablokowania procesów prawopółkulowych. W takim wypadku zmiana stylu przywiązania na bezpieczny będzie wymagała aktywacji mniej wykorzystywanych mechanizmów, a także zapewnienia sobie takich doświadczeń, które pozwolą uzyskać dostęp do różnych funkcji prawopółkulowych: komunikacji niewerbalnej, świadomości ciała, docenienia emocji u siebie i innych, wspomnień autobiograficznych oraz dostrajania się do emocji innych osób. Wsparcie w tym procesie stopniowej aktywacji może pomóc zaakceptować własną wrażliwość oraz otworzyć się na bliskość z zaufanymi osobami. Uczenie się przez doświadczenie umożliwia zmianę stylu przywiązania osoby dorosłej na bezpieczny.

Dalsza lektura

Attachment from Infancy to Adulthood. The Major Longitudinal Research, K. E. Grossman i in. (red.), New York 2005.

Clinical Applications of the Adult Attachment Interview, H. Steele, M. Steele (red.), New York 2008.

R. Fraley i in., *Patterns of Stability in Adult Attachment. An Empirical Test of Two Models of Continuity and Change*, „Journal of Personality and Social Psychology" 2011 nr 5.

C. E. Hamilton, *Continuity and Discontinuity of Attachment from Infancy Through Adolescence*, „Child Development" 2000 nr 7.

Handbook of Attachment. Theory, Research, and Clinical Applications, J. Cassidy, P. R. Shaver, (red.), New York 2008.

Healing Trauma. Attachment, Mind, Body, and Brain, M. Solomon, D. J. Siegel (red.), New York 2003.

J. L. Phelps i in., *Earned Security, Daily Stress, and Parenting. A Comparison of Five Alternative Models*, „Development and Psychopathology" 1998 nr 10.

G. I. Roisman i in., *Earned-Secure Attachment Status in Retrospect and Prospect*, „Child Development" 2002 nr 73.

R. Saunders i in., *Pathways to Earned-Security. The Role of Alternative Support Figures*, „Attachment and Human Development" 2011 nr 4.

E. Waters i in, *Attachment Security in Infancy and Early Adulthood. A Twenty-Year Longitudinal Study*, „Child Development" 2000 nr 71.

ROZDZIAŁ 7.

FUNKCJONOWANIE UMYSŁU. WYSOKA I NISKA DROGA PRZETWARZANIA

WPROWADZENIE

Większość rodziców kocha swoje dzieci i pragnie zapewnić im szczęśliwe dzieciństwo. Nietrudno jednak zagubić się w skomplikowanej dynamice tej relacji. Ktoś mógłby powiedzieć: „Nie chcę krzyczeć ani straszyć swoich dzieci, ale one uderzają w moje czułe miejsca i tak się wściekam, że nie potrafię się pohamować". Rodzice bywają zaskoczeni własnym zachowaniem: reagują na dziecko znacznie bardziej surowo, niżby chcieli. Czasem emocje biorą górę i przejmują nad nimi kontrolę. Jeśli więc w kontakcie z dzieckiem wyzwala się w tobie nieprzepracowana trauma, nadszedł czas na refleksję. Jest to okazja do uzdrowienia, tak aby emocje z przeszłości nie zaburzały twojej obecnej relacji z dziećmi.

Gdy czujesz się zestresowany lub pewne sytuacje wyzwalają w tobie nierozwiązane traumy z przeszłości, możesz zamknąć się w sobie i utracić zdolność elastycznego reagowania. Wiąże się to z wchodzeniem w pewien stan umysłu, który w sposób bezpośredni zaburza zdolność myślenia oraz uniemożliwia utrzymanie kontaktu emocjonalnego z dzieckiem. Nazywamy go niską lub nieświadomą drogą przetwarzania. Gdy funkcjonujemy w tym trybie, ogarniają nas intensywne uczucia, takie jak lęk, smutek lub gniew, a nasze reakcje stają się odruchowe. Uważność ustępuje miejsca nieświadomym reakcjom emocjonalnym, co zmniejsza zdolność do utrzymania wspierającej komunikacji i więzi z dzieckiem. W rezultacie możesz wpaść w powtarzający się cykl, który unieszczęśliwia zarówno ciebie, jak i twoje dziecko. Jeśli borykasz się z nierozwiązanymi problemami wewnętrznymi lub nieprzepracowanymi traumami, stajesz się bardzo podatny na funkcjonowanie w tym trybie, zwłaszcza w obliczu stresujących sytuacji.

Załóżmy, że twój problem wewnętrzny dotyczy separacji. W takim wypadku układanie dziecka do snu może przerodzić się w nocną walkę. Na początku wszystko idzie dobrze – zaczynasz od przeczytania bajki na dobranoc, rozmawiasz z dzieckiem o tym, jak spędziło dzień, przytulasz i całujesz je na dobranoc - ale w chwili, gdy wychodzisz z pokoju, ono woła cię lub wstaje z łóżka i idzie za tobą. Jeśli żywisz ambiwalentne odczucia względem pozostawiania dziecka, możesz mieć trudności w stawianiu mu granic. Dziecięcy opór przed pójściem spać jest w stanie wywołać u rodzica burzliwą reakcję emocjonalną. Jeśli wpadniesz w złość, zaczniesz krzyczeć lub zachowywać się w sposób agresywny, sytuacja stanie się jeszcze trudniejsza. Oboje utracicie poczucie więzi, będziecie nieszczęśliwi i zmęczeni. Dziecko odczuwające złość ze strony rodzica może mieć trudności w odseparowaniu się od niego i zaśnięciu.

Żaden rodzic nie czuje się dobrze ze sobą ani ze swoim zachowaniem w takiej sytuacji. Będzie ona jednak powracać, jeśli nie zastanowi się nad swoimi przeżyciami. Tylko refleksja nad przyczyną tych problemów na poziomie wewnętrznym może doprowadzić do pogłębienia samorozumienia i wejścia na wyższą drogę przetwarzania.

Wysoka droga przetwarzania wymaga udziału kory przedczołowej, która znajduje się w przedniej górnej części mózgu. Wiąże się ona z racjonalnym i refleksyjnym myśleniem, dzięki któremu jesteśmy w stanie zastanawiać się nad swoimi możliwościami i rozważać konsekwencje różnych działań. W ten sposób możemy dokonywać elastycznych wyborów, co pozwoli nam stanąć na wysokości zadania, jeśli chodzi o wychowanie dzieci. Nie oznacza to, że nasze dziecko nigdy się nie zezłości ani nie zasmuci. Jednak możemy decydować o tym, jak zareagujemy na jego zachowanie. Świadomy stan umysłu umożliwia prowadzenie życzliwej i intencjonalnej komunikacji oraz podejmowanie takich działań, które służą budowaniu zdrowej i pełnej miłości relacji.

NISKA DROGA PRZETWARZANIA

Niższy tryb funkcjonowania jest prawdziwym wyzwaniem dla rodzica. Nieprzepracowane traumy mogą doprowadzić do dezorganizacji umysłu i zachowania, przez co w interakcjach z dzieckiem będzie reagował zbyt emocjonalnie i nieprzewidywalnie. Dla dziecka może to okazać się dezorientujące lub nawet przerażające.

TABELA 9. RODZAJE PRZETWARZANIA

Wysoka droga – świadomy tryb przetwarzania

Tryb przetwarzania informacji, który angażuje racjonalne i refleksyjne procesy myślowe. Świadome przetwarzanie pozwala na zachowanie uważności, elastyczności reagowania oraz zintegrowanego poczucia samoświadomości. Wymaga udziału kory przedczołowej.

Niska droga – nieświadomy tryb przetwarzania

Niskiemu trybowi przetwarzania towarzyszą silne emocje, impulsywne i nieelastyczne reakcje, a także brak autorefleksji i uznania dla perspektywy drugiej osoby. W takim stanie dochodzi do zahamowania funkcji kory przedczołowej i świadomego myślenia.

Wyobraź sobie, że jesteś trzyletnim chłopcem. Uwielbiasz spędzać czas w parku z matką, która towarzyszy ci w zabawie i dzieli entuzjazm odkrywania kolejnych urządzeń na placu zabaw. Czujesz się kochany i doceniany. W końcu matka mówi ci, że pora wracać: akurat wtedy, gdy wspinasz się po drabince do zjeżdżalni. Koleżanka twojej mamy przechodzi obok i kobiety zaczynają ze sobą rozmawiać. Po kilku zjazdach mama wciąż rozmawia z koleżanką, więc idziesz wspinać się na inne urządzenie. Udaje ci się wejść na samą górę i machasz z dumą do mamy, która spogląda na ciebie, a potem na swój zegarek i wpada w nagły gniew, bo okazuje się, że jest już spóźniona na spotkanie. Krzyczy do ciebie: „Natychmiast schodź stamtąd!". Grozi ci palcem i wygląda na bardzo zagniewaną, a ty zastanawiasz się, co takiego się stało, przecież jeszcze przed chwilą mama miło spędzała z tobą czas. Nie chcesz mieć kontaktu ze „złą mamą", więc ześlizgujesz się i chowasz w tunelu dla dzieci. Matka sięga do środka i zaczyna ciągnąć cię za rękę. Jej głos i mimika wskazują, że jest naprawdę wściekła. Gani cię za to, że jesteś „złym chłopcem", bo jej nie słuchasz. Zaczynasz płakać i odpychasz ją. Wpada w jeszcze większą wściekłość, krzyczy, że ją uderzyłeś. Wyciąga cię z tunelu i nie zważając na twoje łzy, ciągnie cię do samochodu.

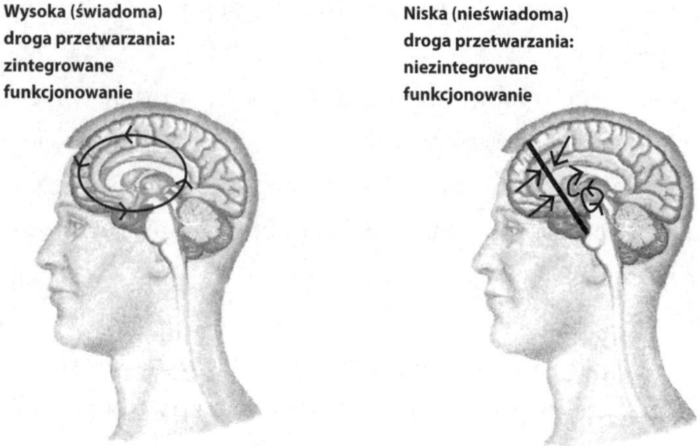

Rysunek 4. Drogi przetwarzania umysłu

Przyczyną automatycznej, pełnej gniewu reakcji matki nie było zachowanie dziecka, ale jej własny problem wewnętrzny. Być może spóźnienie wyzwoliło w niej pewne nieuzdrowione emocje związane z brakiem umiejętności stawiania granic. Niewykluczone, że w przeszłości, zamiast doświadczać matczynej opieki, sama musiała zaspokajać jej potrzeby, zapominając o swoich. A teraz jej własne dziecko nie dbało o to, żeby mogła zdążyć na spotkanie - co natychmiast wyzwoliło w niej silne emocje.

Gdy rodzice noszą w sobie nieprzepracowane traumy, mogą zachowywać się w sposób przerażający i dezorientujący dla dzieci. Moglibyśmy przytoczyć znacznie bardziej drastyczne przykłady takiego zachowania, ale tak naprawdę dla małego dziecka nawet nagła zmiana wyrazu twarzy rodzica może być dezorientująca. Rodzic, który staje się źródłem przerażenia, stawia dziecko w sytuacji wewnętrznego konfliktu. Zmaga się ono z niemożliwym do rozwiązania problemem i potrzebuje opieki rodzica, tymczasem właśnie on budzi w nim lęk. Dochodzi do blokady emocjonalnej: dziecko jest zdezorientowane i zwykle zachowuje się jeszcze gorzej.

Okoliczności, które wzbudzają w rodzicach takie nieświadome reakcje, mogą wiązać się z sytuacjami rodzinnymi lub traumatycznymi doświadczeniami z przeszłości. Rodzic jest szczególnie podatny na wejście w niższy tryb funkcjonowania podczas codziennych wyzwań, takich jak stawianie własnych granic, pozostawianie dziecka samego, radzenie sobie z jego niezadowoleniem lub negocjowanie pory snu.

Ten nieświadomy stan umysłu można podzielić na cztery komponenty: czynnik wyzwalający, wejście, zanurzenie oraz wyjście. Czynniki wyzwalające aktywują nierozwiązane problemy wewnętrzne lub traumy. Wejście polega na pojawieniu się poczucia, że znajdujemy się „na granicy wytrzymałości", co świadczy o wchodzeniu w niski tryb przetwarzania. Zanurzenie w trybie nieświadomym to intensywne doznania, łącznie z frustracją oraz poczuciem utraty kontroli, a także uwięzienie w pułapce, jaką jest sam ten stan. Dochodzi wtedy do zablokowania zdolności przetwarzania w wyższych obszarach mózgowych, co uniemożliwia prowadzenie współczującej komunikacji. Znalezienie sposobu na wyjście z tego stanu jest niezwykle ważne, gdyż pozwala zachować zdrowe relacje z dziećmi.

TABELA 10. ETAPY NIEŚWIADOMEGO STANU UMYSŁU

Czynniki wyzwalające: Przeżycia wewnętrzne lub wydarzenia zewnętrzne, które inicjują proces niższego przetwarzania.

Wejście: Przejście ze zintegrowanego trybu przetwarzania w kierunku przetwarzania nieświadomego.

Zanurzenie: Funkcjonowanie w trybie nieświadomym. Zatrzymanie wyższych procesów autorefleksji, dostrojenia oraz psychowzroczności.

Wyjście: Proces reaktywacji procesów integrujących, związanych z funkcjonowaniem świadomym. Na tym etapie może występować wysoka podatność na ponowne wejście w nieświadomy stan umysłu.

Częste i nieuświadomione zachowania rodzica związane z niższą drogą przetwarzania wywołują w dziecku lęk i dezorientację. Rodzice również czują się zagubieni, gdyż doświadczają konfliktu wewnętrznego, ambiwalencji oraz niepożądanych wspomnień, które wywołują silne emocje i prowadzą do nagłych zmian psychicznych. Czasem pochłaniają ich własne procesy wewnętrzne pojawiające się w odpowiedzi na stresującą sytuację, przez co całkowicie tracą kontakt z dzieckiem i nie potrafią poradzić sobie z jego emocjami. Funkcjonując w trybie nieświadomym, rodzic nie jest w stanie skutecznie się komunikować. Najlepsze, co może zrobić, gdy zauważy w sobie silną złość lub zacznie zachowywać się w sposób agresywny, to przerwać interakcję z dzieckiem. Dopóki się nie uspokoi, ryzykuje pogorszenie sytuacji: prawdopodobnie straci kontrolę nad sobą, a dziecko będzie jeszcze bardziej przerażone.

PUŁAPKA NISKIEJ DROGI

Dan pracował kiedyś z rodziną, w której ojciec doświadczał nagłych zmian psychicznych. Zwykle dochodziło do tego w sytuacjach, gdy czuł się odrzucony, a zwłaszcza gdy jego córka nie robiła tego, o co prosił. Mężczyzna wyznał, że miał wtedy „szalone poczucie, jakby coś miało zaraz wystrzelić". Ręce zaczynały mu się trząść, odczuwał ucisk w głowie i wydawało mu się, że zaraz oszaleje. Zupełnie jakby wchodził do jakiegoś tunelu, który oddzielał go od świata i ludzi. W takich chwilach wchodził w stan nieświadomego funkcjonowania i nie potrafił tego zatrzymać. Zdawał sobie sprawę, że mięśnie jego twarzy i całego ciała napinały się pod wpływem złości. Czasem z wściekłością krzyczał na córkę, a niekiedy nie potrafił nad sobą zapanować i ściskał ją za rękę lub bił.

Bardzo wstydził się swoich wybuchów i próbował negować te przerażające stany wściekłości. Wstyd uniemożliwiał mu zainicjowanie jakiegokolwiek procesu naprawy relacji z córką po tych traumatycznych wydarzeniach. Ona zaś doświadczała powtarzających się sytuacji zerwania więzi z tatą, który nie dążył do naprawienia relacji. W rezultacie rozwinęło się w niej poczucie, że nie może polegać na ojcu ani go zrozumieć. Wspomnienia związane z tymi doświadczeniami mogą powrócić do niej w późniejszym wieku w postaci nagłych zmian psychicznych, wybuchów złości lub obrazów wściekłego ojca. Może mieć poczucie, że gdy czegoś zapragnie, inni ludzie mogą się na nią za to zdenerwować. Jej ojciec nie miał takich intencji, ale tego właśnie dziewczynka nauczyła się w relacji z nim.

Dlaczego mężczyzna ten postępował w taki sposób wobec córeczki, którą tak bardzo kochał?

Gdy sam był dzieckiem, nieustannie doświadczał wybuchów złości pijanego ojca, który czasem także go bił. Jego matka miała depresję, była wycofana i nie broniła syna, więc pozostawał narażony na nieprzewidywalne zachowania ojca. Jako dorosły człowiek nie potrafił zaakceptować sytuacji, w których jego córka upierała się, by zrobić coś po swojemu, co jest u dzieci normalnym zachowaniem. Jej irytacja, gdy nie dostawała tego, czego chciała, była jak najbardziej naturalna. Tak właśnie postępują dzieci. Mężczyzna jednak traktował jej zachowanie osobiście: to znaczy odczuwał je jako odrzucenie. To uruchamiało lawinę nagłych zmian psychicznych i doprowadzało go do wściekłości. W ten sposób wchodził na nieświadomą drogę przetwarzania.

W jaki sposób uaktywnia się niższy tryb funkcjonowania? Dlaczego nierozwiązana trauma sprawia, że stajemy się podatni na taki stan? Prześledźmy poszczególne etapy tego procesu, aby uzyskać wgląd w istotne mechanizmy zerwania więzi. W wypadku wspomnianego mężczyzny do zmiany dochodziło pod wpływem irytacji córki. Widok jej poirytowanej twarzy aktywował w nim nieprzepracowane problemy wewnętrzne. Jego umysł wypełniało poczucie odrzucenia oraz niezintegrowane, ukryte wspomnienia: impuls ucieczki, wizerunek rozwścieczonego ojca i pogrążonej w depresji matki, a także emocjonalna reakcja przerażenia i wstydu. Odczuwał również napięcie fizyczne i ból. Do takiego powiązania dochodziło bardzo szybko: mężczyzna doznawał tego wszystkiego bez poczucia, że przywołuje jakieś wydarzenia z przeszłości. To jego pamięć ukryta kształtowała te przeżycia wewnętrzne.

A zatem sposób postrzegania zachowania córki uruchamiał w mężczyźnie automatyczny przypływ ukrytych wspomnień, które gwałtownie zmieniały jego stan psychiczny. Taka nagła zmiana może prowadzić do przerwania przepływu świadomości, co nazywamy d y s o c j a c j ą. Osoby z nierozwiązanymi traumami mogą być szczególnie podatne na tego rodzaju procesy i wchodzenie na niższą drogę przetwarzania. Czasem może przejawiać się to „zamrożeniem" lub zamgleniem umysłu, a innym razem nagłym wzburzeniem i wybuchami gniewu.

Wspomniany mężczyzna miał poczucie, że „wychodzi z siebie" i „za chwilę wybuchnie". Przytłaczały go niepożądane wspomnienia zakodowane w pamięci ukrytej. W rezultacie nagle wchodził w te same stany psychiczne, które odczuwał w dzieciństwie, a którym towarzyszył lęk, poczucie odrzucenia, złość i rozpacz. Dodatkowo odczuwał wstyd w związku z poczuciem chaosu i własną niemocą. Irytację córki odbierał jako złość skierowaną wobec siebie i czuł się poniżony. W stanie umysłu ogarniętym przez gniew nie był w stanie świadomie zatrzymać tej lawiny emocji. Niższa droga przetwarzania prowadziła go do zahamowania elastycznego przetwarzania związanego z wyższymi obszarami mózgu. W tym zmienionym, zdysocjowanym stanie zachowywał się w sposób przerażający dla córki, czego świadomie nigdy by nie zrobił. Dosłownie tracił kontrolę nad sobą.

Mężczyzna ten wielokrotnie wchodził w takie stany psychiczne jako dziecko, co sprawiło, iż stały się one częścią jego osobowości. Dezorganizacja przeżyć wewnętrznych w sposób bezpośredni oddziaływała na jego interakcje z córką, która z kolei również doświadczała dezorganizacji swojego własnego świata wewnętrznego. Jej ojciec wpadł w pułapkę niższej drogi przetwarzania.

WYJŚCIE Z PUŁAPKI

Mężczyzna nie potrafił zrozumieć, dlaczego zachowuje się w tak przerażający sposób. Na początku terapii miał trudność z przyznaniem się do tego. Krótkie wyjaśnienie na temat wyższej i niższej drogi przetwarzania ułatwiło mu refleksję nad własnymi procesami wewnętrznymi. Zyskał większe poczucie bezpieczeństwa, dzięki czemu mógł przezwyciężyć poczucie winy i wstydu, które wcześniej blokowały jego myślenie. Przyjęcie nowego podejścia umożliwiło mu rozpoczęcie procesu terapeutycznego w kierunku uzdrowienia przeszłości.

W trakcie tego procesu mówił o swoim agresywnym ojcu alkoholiku, zestawiając to ze swoim obecnym doświadczeniem z córką. Z czasem jego opowieść nabrała większej spójności, mimo że na początku towarzyszyły jej przerażające i niezrozumiałe emocje i obrazy. Świadomość, że pamięć ukryta może pozostać nietknięta przy jednoczesnym zaburzeniu przetwarzania jawnego, pozwoliła mu zbudować spójną historię życiową. Wcześniej miał tylko jedno wyjaśnienie własnego zachowania: po prostu uważał, że jest podatny na „ataki gniewu". Dzięki wiedzy o funkcjonowaniu mózgu, pamięci i niższej drodze przetwarzania zrozumiał, że w jego mózgu doszło do odcięcia istotnych funkcji autorefleksyjnych. Pomogło mu to zrozumieć, czym naprawdę były jego „ataki gniewu": odcięciem od obszarów, które odpowiadają za racjonalne, przemyślane i elastyczne decyzje, a także utratą dostępu do racjonalnego myślenia. To wszystko uwięziło go w pułapce nieświadomego funkcjonowania.

Dzięki nowej wiedzy zrozumiał swoje przeżycia. Zintegrował historyczne informacje autobiograficzne z obecnymi doświadczeniami, co pozwoliło mu na stworzenie spójnej opowieści o swoim życiu wewnętrznym.

PRACA NAD TRAUMĄ I STRATĄ

Nasze doświadczenia z dzieciństwa mogą wiązać się z traumą lub jakąś formą straty. Praca nad nimi wymaga pewnej wiedzy na temat niższej drogi przetwarzania w umyśle oraz jej związku z wzorcami zachowania, jakie poznaliśmy w przeszłości. Przekazywanie nierozwiązanej traumy z pokolenia na pokolenie generuje niepotrzebne cierpienie i utrwala je. Jeśli nie uzdrowimy swoich traum, dezorganizacja w naszym umyśle prawdopodobnie doprowadzi do dezorganizacji w umyśle naszych dzieci.

Bardzo ważne jest uświadomienie sobie, że każdy z nas ma jakieś problemy wewnętrzne. Są one naszymi słabymi punktami, które ujawniają się dopiero wtedy, gdy zostajemy rodzicami. Nierozwiązane problemy wewnętrzne, nieprzepracowane traumy lub straty wychodzą na światło dzienne, gdy nasz umysł wchodzi na niższą drogę przetwarzania bodźców. Większość rodziców od czasu do czasu wpada w taki stan, ale u osób z nieprzepracowaną traumą zdarza się to znacznie częściej i przebiega z większą intensywnością.

Wychowanie dzieci nieuchronnie prowokuje ujawnianie takich problemów. Nawet jeśli nie wchodzimy na niższą drogę przetwarzania, to nierozwiązane problemy i tak zaburzają naszą zdolność racjonalnego myślenia: zniekształcają nasze spostrzeżenia, wpływają na proces podejmowania decyzji, uniemożliwiają prowadzenie dostrojonej komunikacji z dziećmi.

Jeśli dziecko będzie doświadczać powtarzalnych interakcji z rodzicem, który traci zdolność racjonalnego myślenia, a intensywne emocje zalewają go niczym fala (niższa droga przetwarzania) i jednocześnie nie podejmuje prób naprawy relacji, może dojść do zaburzenia podstawowego modelu przywiązania dziecka (tabela 6). Dzieci potrzebują, byśmy dostrajali się do nich po to, by mogły utrzymać wewnętrzną równowagę, która umożliwia im osiągnięcie spójności umysłu. Spójność jest stanem umysłu, w którym świat wewnętrzny przystosowuje się do nieustannie zmieniających się doświadczeń zewnętrznych. Towarzyszy mu poczucie kontaktu z własnym wnętrzem oraz z innymi ludźmi. W sytuacjach związanych z niższą drogą przetwarzania może dojść do zablokowania tych części mózgu, które umożliwiają prowadzenie dostrojonej komunikacji. Jeśli dziecko nie doświadcza dostrojenia, nie może osiągnąć wewnętrznej równowagi ani spójności.

Nieprzepracowane traumy skutkują większym chaosem wewnętrznym niż nierozwiązane problemy wewnętrzne. Jak sobie z nimi radzić? Potrzebna jest głęboka refleksja. Zacznij od założenia, że zarówno ty sam, jak i twoi rodzice, daliście z siebie wszystko w tych okolicznościach życiowych, w jakich żyliście. Nie obwiniaj i nie osądzaj siebie ani innych, lecz bądź dla siebie łagodny. Szanuj doznania fizyczne, emocje i obrazy, które pojawiają się w twoim umyśle. Praca z traumą lub stratą wymaga cierpliwości, czasu oraz wsparcia. Jeśli doświadczasz dezorganizacji wewnętrznej - intensywnych emocji i bezładnych myśli, zaburzenia zdolności wyrażania siebie lub izolacji społecznej - wykwalifikowany profesjonalista udzieli ci potrzebnego wsparcia i pomoże przejść proces uzdrawiania.

Nie ma takiej osoby na świecie, która nie doświadczyłaby bolesnej straty. Żal po odejściu ukochanej osoby to uczucie, z którym wszyscy prędzej czy później będziemy musieli się zmierzyć. Zdrowy żal pozwala doświadczyć wewnętrznej reorganizacji relacji z ukochaną osobą po jej odejściu. Częścią takiej zdrowej żałoby może być troszczenie się o zmarłego lub myślenie o nim. Nasze ciało i umysł nie są jednak stworzone do tego, aby ciągle odczuwać żal. Nieprzepracowana strata może przejawiać się w postaci natrętnych myśli i emocji związanych ze zmarłą osobą. Opóźniony lub patologiczny żal objawia się przedłużoną żałobą, która nie prowadzi do uzdrowienia. Wiąże się wówczas z dłuższymi okresami izolacji społecznej i trudnościami w codziennym funkcjonowaniu z powodu uporczywego i przytłaczającego cierpienia. Jeśli poddajesz się autorefleksji i bierzesz udział w grupie wsparcia dla osób w żałobie, a mimo to wciąż nie odczuwasz ulgi – skorzystaj z pomocy profesjonalnego terapeuty.

Warto pamiętać, że dzieci również przeżywają żałobę. Aby ją zrozumieć, potrzebują pomocy w przetworzeniu swoich emocji. Dziecko może odczuwać żal nie tylko z powodu śmierci bliskiej osoby. Odejście opiekunki, zmiana dostępności rodziców po rozwodzie, a nawet przeprowadzka do nowego domu stanowią znaczną zmianę dla dziecka i mogą wywołać poczucie straty. Rodzic ma szansę pomóc w zrozumieniu tych doświadczeń, jeśli przyjmie perspektywę dziecka i opowie mu jego historię.

Dzieląc się refleksją nad subiektywnymi przeżyciami dziecka, umożliwia się mu poradzenie sobie ze stratą. Pamiętaj jednak, aby opisywać emocje dziecka, a nie swoje własne odczucia, albo takie, które wolałbyś, aby ono czuło. Oto kilka przykładów. Jeśli twoje dziecko ma nową opiekunkę, możesz powiedzieć: „Anna opiekowała się tobą, odkąd byłeś mały. Pewnie wcale nie chciałeś, żeby odchodziła. Czy nadal chciałbyś widywać się z nią na co dzień?". W wypadku rozwodu dziecku mogą pomóc takie słowa: „Założę się, że to dla ciebie bardzo trudne, że mama i tata mieszkają teraz w różnych domach. Pewnie nie zdecydowałeś jeszcze, gdzie chciałbyś spać. Co jest dla ciebie najtrudniejsze, odkąd rozwiedliśmy się z twoim tatą?". Gdy przeprowadzacie się: „Przyzwyczajanie się do nowego domu może być trudne. Za czym najbardziej tęsknisz w naszym starym domu?". Dzieciom bardzo pomagają również konkretne ćwiczenia, takie jak tworzenie książeczek lub rysunków, które pozwalają im przyswoić nowe doświadczenia życiowe.

Rodzic może pomóc dziecku w zrozumieniu dezorientujących lub przerażających odczuć związanych ze stratą. Wydarzenia, które dorośli uznają za nieistotne, dla małego dziecka mogą być niezwykle ważne. Przedstawiona poniżej historia jest przykładem tego, jak bardzo przeżycia dziecka różnią się od doświadczeń rodzica w tej samej sytuacji.

Pewien ojciec udał się do sklepu meblowego ze swoim trzyipółletnim synkiem, aby wybrać materac dla kolejnego, jeszcze nienarodzonego dziecka. Obydwaj czerpali radość z tego doświadczenia, a chłopczyk czuł się już całkiem „duży". Po odejściu od kasy ojciec zaniósł materac do samochodu, myśląc, że synek idzie za nim. Włożył materac do bagażnika i odwrócił się, aby pomóc chłopcu wsiąść na fotelik. Jednak synka przy nim nie było: stracił ojca z oczu, ponieważ zasłaniał go materac, i został w sklepie. Stał przy kasie, a po jego twarzy spływały łzy. Był przekonany, że tata zostawił go samego. Ojciec szybko odnalazł go, przytulił i wytłumaczył swoje zagapienie. Zapewnił synka, że nigdy nie zostawiłby go samego. Gdy wrócili do domu, chłopczyk opowiedział mamie o tym, jak tata „zostawił go w sklepie". Matka uważnie wysłuchała jego opowieści, a następnie sama opowiedziała mu całą tę historię jeszcze raz. Dziecko pragnęło zrozumieć swoje traumatyczne przeżycie. Uspokoiło się dopiero, gdy mama kilkakrotnie powtórzyła tę opowieść. Problem wydawał się rozwiązany. Na koniec matka powiedziała: „Jeśli będziesz miał jeszcze jakieś pytania na temat tego, co się stało, zawsze możesz mi je zadać". Po południu chłopczyk bawił się z mamą, spojrzał na nią i zapytał: „Czy tatuś naprawdę zostawił mnie samego w sklepie?". Wciąż przetwarzał swoje poczucie porzucenia, chociaż stracił ojca z oczu jedynie na dwie minuty i tak naprawdę tata wcale go nie zostawił.

Dzieci potrzebują czasu, żeby poradzić sobie z uczuciami i zrozumieć swoje przeżycia. Trudne emocje dziecka, które nagle poczuło się porzucone w sklepie przez ojca, bardzo silnie wpłynęły na jego umysł. Rodzice pomogli mu zrozumieć to doświadczenie, opowiadając mu o nim i pozostawiając otwartą furtkę do dalszej rozmowy.

PROCES UZDRAWIANIA

Jeśli nie pracujemy i nie uzdrawiamy swoich traum, one oddziałują na nasze życie. Przytłaczające przeżycia z przeszłości rzutują na naszą teraźniejszość na wiele sposobów. Na przykład, w pewnych sytuacjach może zalewać nas fala emocji lub negatywnych myśli albo możemy przechodzić „odłączenie" pamięci ukrytej od pamięci jawnej. W świadomości dominują wówczas różne elementy pamięci ukrytej – emocje, impulsy, wrażenia fizyczne – chociaż brak odpowiadających im wspomnień. Kiedy elementy pamięci ukrytej reaktywują dawne urazy, może to przybrać formę tak zwanego *flashbacku*, czyli bardzo realistycznego wrażenia, że ponownie doświadcza się traumatycznego przeżycia z przeszłości. Jeszcze innym przejawem ukrytej traumy bywa pojawianie się fragmentów dawnych wspomnień (które nie składają się w jedną całość), przypadkowych odruchów (takich jak bezgłośne westchnienia), doznań fizycznych (ból kończyn), intensywnych emocji (lęk lub złość) oraz impulsów behawioralnych (zastygnięcie lub ucieczka). Nie musi towarzyszyć im świadomość, że dotyczą wydarzeń z przeszłości, a jednak są one elementami pamięci ukrytej. Nieprzepracowana trauma może także wiązać się z elementami pamięci jawnej, które nie zostały zintegrowane w spójną historię życiową. Takie wspomnienia dotyczą fragmentów przeszłości, które nie pasują do ogólnej opowieści o naszym życiu. Historia życiowa kształtuje się w procesie jawnego przetwarzania, w którym integrujemy szeroki zakres elementów pamięci w jedną całość. Aby uzdrowić niezintegrowane doświadczenia dawnych traum i wpleść je w spójną historię życiową, musimy poddać je refleksji.

Na niskiej drodze przetwarzania często dochodzi do zahamowania refleksji. Zanim dojdzie się do pogłębionego samorozumienia, trzeba najpierw popracować nad umiejętnością wychodzenia z nieświadomych stanów umysłu. W miarę upływu czasu można dokonywać refleksji już na etapie wejścia w taki stan, a nawet na etapie zanurzenia. Niektórzy ludzie potrafią obserwować siebie z dystansu, nawet jeśli nie potrafią jeszcze zmienić swojego zachowania. Rozwinięcie takiej umiejętności jest pierwszym i niezwykle ważnym etapem na drodze do wyzwolenia się z więzienia, jakim jest funkcjonowanie w takim nieświadomym stanie.

Na niskiej drodze przetwarzania bodźców i informacji często uaktywniają się instynktowne reakcje przetrwania (walka, ucieczka, zastygnięcie w bezruchu, a nawet omdlenie), które przejmują kontrolę nad naszym zachowaniem. Na występowanie tych pierwotnych, instynktownych i automatycznych odruchów wskazują reakcje fizyczne: napięcie mięśni (w wypadku złości) albo odrętwienie lub znieruchomienie (w wypadku lęku). Uświadomienie sobie własnych doznań fizycznych jest pierwszym krokiem do zrozumienia niższego trybu funkcjonowania. Świadome wprowadzenie zmian na poziomie fizycznym może pomóc w wyzwoleniu się z pułapki utrwalonych odruchów.

Mózg sprawdza, jak się czujemy, odczytując sygnały z całego organizmu, dlatego uświadamianie sobie swoich reakcji fizycznych może stanowić bezpośredni i skuteczny sposób radzenia sobie z etapem zanurzenia w niższym trybie funkcjonowania.

Zminimalizowanie wpływu automatyzmów na nasze życie często wymaga poznania ich przyczyn, czyli uświadomienia sobie, co oznaczają dla nas dane przeżycia. Sytuacja konfliktu lub niezrozumienia u niektórych ludzi budzi nagłe poczucie wstydu, któremu towarzyszy „gula w żołądku" i odwracanie wzroku. Jeśli takie osoby nie chcą ciągle wpadać w ten stan, muszą zidentyfikować czynnik, który go wywołuje. Inni ludzie w takich okolicznościach będą odczuwali złość i wpadali we wściekłość, nad którą trudno im zapanować. Ustalenie czynników, które wyzwalają określone reakcje emocjonalne, jest niezbędne do zrozumienia własnych przeżyć i uzdrowienia bolesnych problemów wewnętrznych .

Wiedza o funkcjonowaniu mózgu pomaga odejść od obwiniania siebie oraz zwiększyć samoakceptację. Autorefleksja wymaga wolnego czasu i samotności, które mogą być nieosiągalne dla rodziców małych dzieci. Jednak warto choćby przez chwilę pod koniec dnia zwierzyć się przyjacielowi ze swoich przeżyć, zwłaszcza tych, z którymi wiążą się silne emocje. Jeśli dojdzie do awantury w związku z zachowaniem twojego dziecka, a twoja własna reakcja na to zachowanie pozostawi w tobie frustrację, zadaj sobie pytanie: „Dlaczego tak postąpiłem? Dlaczego sądziłem, że moje działania doprowadzą do pozytywnej zmiany postępowania mojego dziecka?". Tego rodzaju pytania służą rozwijaniu zdolności autorefleksji i uważności, dzięki którym jesteśmy w stanie zintegrować elementy swojego świata wewnętrznego niedostępne przez wiele lat.

W procesie uzdrawiania – oprócz poszerzania świadomości i refleksji – warto również zadbać o nowe doświadczenia. Pisanie w dzienniku ma działanie terapeutyczne i integrujące, a dzielenie się swoim bólem i zmaganiami z zaufaną osobą może przynieść nam większe poczucie jasności i spójności w naszym życiu.

Od czego zacząć proces uzdrawiania? Na początek możesz założyć dziennik lub opowiedzieć o swoich wspomnieniach zaufanej osobie, która jest w stanie udzielić ci wsparcia. Przeżycia rodziców mogą być zbyt przytłaczające dla dzieci, więc nie powinniśmy oczekiwać z ich strony emocjonalnego wsparcia. Jeśli doznałeś traumatycznych przeżyć we wczesnym okresie życia, możesz potrzebować profesjonalnej pomocy w swojej podróży ku uzdrowieniu. Praca nad traumą lub stratą jest możliwa i bardzo potrzebna – zarówno tobie, jak i twoim dzieciom. Nie poddawaj się lękowi, który pojawia się w konfrontacji z nieuzdrowionymi emocjami. Nie musisz ulegać tym przeżyciom ani pozwalać, by wywierały wpływ na życie twoich dzieci.

ĆWICZENIE – WGLĄD W SIEBIE

- Zastanów się nad sytuacjami, w których wchodziłeś w niższy tryb funkcjonowania w relacji z twoimi dziećmi. Jak się wtedy zachowywałeś? Jak reagowały na ciebie twoje dzieci? Czy potrafisz powiedzieć, jakie doznania towarzyszyły ci, gdy wchodziłeś w ten stan? Rozpoznanie czynników wyzwalających oraz momentu, w którym wchodzisz w ten stan, jest pierwszym krokiem na drodze do zminimalizowania jego wpływu na twoje życie oraz relacje z dziećmi.
- Czy wchodzisz w niższy tryb funkcjonowania w pewnych specyficznych sytuacjach związanych z twoimi dziećmi? W jakich

interakcjach odzywają się w tobie przytłaczające emocje, takie jak lęk, smutek lub wstyd? Niektórzy ludzie tracą kontrolę nad sobą, gdy czują się porzuceni lub ignorowani, a inni, gdy czują się niekompetentni. Co jest czynnikiem wyzwalającym, który zbliża cię do krawędzi? Spróbuj zwiększyć swoją świadomość odnośnie do jego wpływu na twoje życie. Jakie elementy tego problemu wewnętrznego najbardziej utrudniają ci odzyskanie świadomego stanu umysłu?

- Jeśli znalazłeś się w niższym trybie funkcjonowania, mogło dojść do zablokowania autorefleksji. Przerwij interakcję z dzieckiem, poruszaj ciałem, przeciągnij się, pójdź na spacer. Obserwuj swój oddech. Gdy nieco się wyciszysz, zacznij obserwować swoje odczucia wewnętrzne. Niektóre techniki dialogu wewnętrznego mogą okazać się przydatne w łagodzeniu odczuwanych emocji i reakcji: „Potrzebuję się uspokoić", „Jestem w nieświadomym stanie i nie mogę polegać na swoich odczuciach i impulsach", „Potrzebuję teraz przerwy. Zostawiam to...". Nawet, jeśli ta strategia nie sprawi, że od razu wyjdziesz z nieświadomego trybu funkcjonowania, to jednak może zminimalizować jego destrukcyjny wpływ na twoje dzieci oraz na twoje mniemanie o samym sobie. Dialog wewnętrzny skraca czas trwania tego stanu, a także służy stopniowemu oduczaniu się automatycznych, nieświadomych reakcji. Autorefleksja i wgląd w siebie dają ci wolność, która pozwala ograniczyć negatywny wpływ nieświadomego działania na twoje życie.

- Dopuść możliwość zmiany schematów postępowania z przeszłości. Gdy dochodzi do aktywacji traumy i stajesz na granicy niższego trybu funkcjonowania, uświadom sobie, że zawsze masz możliwość wyboru. Weź głęboki oddech, policz do dziesięciu, zatrzymaj się, wypij szklankę wody. Zdystansuj się fizycznie do danej sytuacji i poświęć czas swoim emocjom. A gdy nabierzesz do nich nieco dystansu, zastanów się nad tym, co się dzieje. Zauważ, że za twoimi obecnymi reakcjami stoją pewne wydarzenia z przeszłości. Nie musisz ciągle odtwarzać tych samych schematów zachowania. Możesz postanowić, że nie będziesz im już więcej ulegał. Pomyśl, jak mógłbyś zareagować następnym razem?

CO NA TO NAUKA?

Mózg w twojej dłoni

Aby zrozumieć, jak to się dzieje, że umysł utrzymuje wewnętrzną równowagę w całym naszym organizmie i w relacjach z ludźmi, musimy dogłębnie przestudiować proces jego rozwoju, który zachodzi zarówno pod wpływem interakcji społecznych, jak i mechanizmów neurofizjologicznych. Wiemy już, że dla neurobiologii umysł to proces polegający na przepływie energii i informacji. Przepływ ten zależy od połączeń między neuronami w mózgu, a także od komunikacji międzyludzkiej. Dostrojona komunikacja pozwala nam osiągnąć poczucie równowagi pomiędzy wewnętrzną jaźnią „neuronalną" a zewnętrznymi reakcjami świata społecznego. Jak to możliwe, że mózg potrafi utrzymywać równowagę w całym ciele i w naszym środowisku społecznym?

Aby odpowiedzieć na to pytanie, przyjrzyjmy się relacji pomiędzy budową mózgu a jego funkcjami. Najnowsze badania ukazują niezwykle ekscytujący obraz. Mózg to bardzo skomplikowany narząd z miliardem neuronów oraz bilionem połączeń przypominających pajęczynę. Model, który poniżej przedstawiamy, okazał się przydatny zarówno z punktu widzenia profesjonalistów, jak i rodziców. Ukazuje on pewnego rodzaju schemat mózgu i wyjaśnia, w jaki sposób powstaje umysł. Jest on szczególnie pomocny w zrozumieniu wyższego, zintegrowanego trybu funkcjonowania oraz niższego, niezintegrowanego i zdysocjowanego stanu umysłu.

Dotknij kciukiem wewnętrznej części dłoni i zegnij pozostałe palce tak, by objęły kciuk: uzyskasz w ten sposób całkiem trafny, ogólny model mózgu. Podobnie jak wielu innych neuronaukowców dzielimy mózg na trzy główne obszary (mózg trójjedyny Paula MacLeana). Poniżej przyjrzymy się niektórym zależnościom pomiędzy tymi trzema obszarami: p n i e m m ó z g u, c z ę ś c i ą l i m b i c z n ą oraz k o r ą. Są one różne pod względem anatomicznym, lecz połączone pod względem funkcjonalnym.

Odwróć swą dłoń tak, aby paznokcie były zwrócone w stronę twojej twarzy. Wyobraź sobie, że twoja pięść przedstawia głowę. Paznokcie dwóch środkowych palców znajdują się tuż za oczami, a uszy po bokach dłoni. Kostki zgiętych palców to czubek głowy, wierzchnia część dłoni jest tam, gdzie tył głowy, a nadgarstek to szyja. W środkowej części nadgarstka znajduje się zakończenie r d z e n i a k r ę g o w e g o, zaś środkowa część dłoni symbolizuje p i e ń m ó z g u, który stanowi przedłużenie rdzenia. P i e ń m ó z g u to najniższa i najstarsza pod względem ewolucyjnym część mózgu, która czasem jest też nazywana mózgiem pierwotnym lub gadzim. Stanowi część układu nerwowego, który przyswaja dane ze świata zewnętrznego za pośrednictwem doznań fizycznych oraz systemu percepcji (z wyjątkiem węchu). Odgrywa on istotną rolę w regulowaniu stanów snu i czuwania. Pełni również inną ważną funkcję: odpowiada za główne odruchy służące przetrwaniu – walkę, ucieczkę, zastygnięcie w bezruchu lub omdlenie.

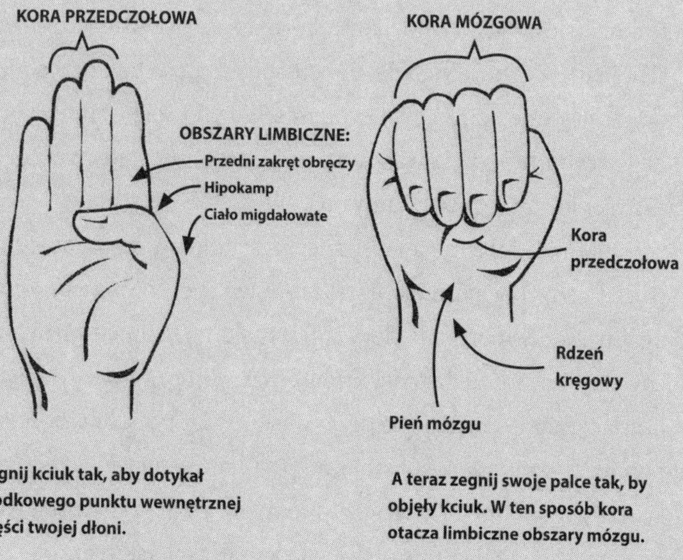

Rysunek 5. Budowa ludzkiego mózgu

Unieś w górę palce i odsłoń kciuk zwinięty w wewnętrznej części twojej dłoni: ten kciuk to struktury limbiczne, które odpowiadają za emocje i motywację. Funkcje limbiczne wpływają na procesy zachodzące w całym mózgu, a emocje oddziałują na wszystkie obwody mózgowe oraz związane z nimi procesy mentalne. Struktury limbiczne mają tę samą spuściznę ewolucyjną oraz te same neuroprzekaźniki co pień mózgu. Ich wpływ jest tak rozległy, że naukowcom bardzo trudno określić ich dokładne granice.

Spora część mózgu dzieli się na dwie półkule, a wiele struktur – na przykład hipokamp – znajduje się w obu półkulach. Aby uprościć proponowany przez nas model, nie będziemy dzielić hipokampa na lewą i prawą część, lecz potraktujemy go jako całość, mimo że istnieją pewne różnice funkcjonalne, jeśli chodzi o przetwarzanie w obu półkulach mózgowych.

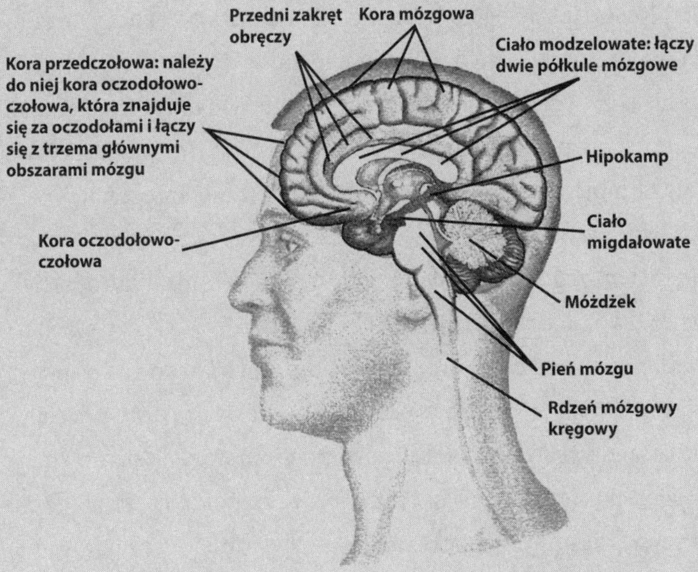

Rysunek 6. Schemat ludzkiego mózgu (widok od środka do prawej strony). Zaznaczono najważniejsze obszary mózgu, takie jak pień mózgu, struktury limbiczne (ciało migdałowate, hipokamp) oraz korę mózgową z obszarem przedczołowym, który obejmuje korę oczodołowo-czołową oraz korę przednią zakrętu obręczy (obie mogą być uznawane również za struktury limbiczne).
Ciemniejszy obszar reprezentuje miejsce, w którym znajduje się hipokamp po drugiej stronie pnia mózgu. Z przednią częścią hipokampa styka się ciało migdałowate, które przetwarza emocje. Struktury te przynależą do płata skroniowego przyśrodkowego.

Gdy naukowcy mówią, że dana struktura mózgowa odpowiada za jakąś funkcję – na przykład hipokamp odpowiada za pamięć jawną – znaczy to: badania empiryczne pokazują, iż określony proces (pamięć jawna) wymaga udziału zdrowej, nienaruszonej struktury mózgowej (hipokamp). Udział ten może polegać na tym, że przetwarzanie neuronowe w danym obszarze jest albo niezbędnym elementem składowym całego procesu (jak przetwarzanie wzrokowe dla widzenia), albo procesem ogólnym (jak w ogóle postrzeganie danego obiektu). Może to również znaczyć, że dany obszar pełni ważną funkcję integrującą: łączy pracę różnych części mózgu w jedną funkcjonalną całość. Jak przekonamy się za chwilę, struktury przedczołowe oraz limbiczne są niezbędne w takim procesie integracji.

Istnieje kilka struktur w części limbicznej mózgu, które pełnią szczególnie ważną funkcję z punktu widzenia rodzicielstwa. Są to h i p o k a m p, c i a ł o m i g d a ł o w a t e, p r z e d n i z a k r ę t o b r ę c z y oraz k o r a o c z o d o ł o w o - c z o ł o w a. Umożliwiają one wiele procesów umysłowych, które pozwalają osiągnąć równowagę fizyczną, przystosowywać się do zmieniającego się środowiska oraz tworzyć głębokie więzi z ludźmi. Przypuszczamy, iż dzięki relacji przywiązania – zintegrowanej więzi dziecka z rodzicem, charakteryzującej się współczującą postawą oraz poszanowaniem różnic – struktury te osiągają taki poziom integracji, który umożliwia optymalny rozwój mózgu dziecka.

Wspomnieliśmy już o hipokampie w rozdziale dotyczącym pamięci. W naszym modelu jest on reprezentowany przez środkową część kciuka. Gra rolę „kartografa poznawczego", ponieważ tworzy połączenia pomiędzy impulsami z wielu obszarów neuronalnych, które pełnią istotną rolę w integracji procesów decydujących o pamięci jawnej i autobiograficznej.

C i a ł o m i g d a ł o w a t e – reprezentowane przez pierwszą kostkę kciuka – znajduje się nieco głębiej za hipokampem. Gra ono istotną rolę w przetwarzaniu licznych emocji, zwłaszcza lęku. „Przetwarzanie" oznacza tu zarówno generowanie wewnętrznego stanu emocjonalnego i przejawów ekspresji zewnętrznej, jak i odczytywanie stanów emocjonalnych innych ludzi na podstawie ich ekspresji. W ciele migdałowatym znajdują się komórki odpowiedzialne za rozpoznawanie twarzy, które uaktywniają się w odpowiedzi na emocjonalną ekspresję mimiczną innych ludzi. Jest ono także jednym z wielu istotnych ośrodków oceny, które nadają znaczenie odbieranym przez nas bodźcom.

W naszym modelu paznokcie dwóch środkowych palców symbolizują przedni zakręt obręczy. Znajduje się on nad ciałem modzelowatym – pasmami tkanki, która łączy półkule mózgowe. Niektórzy ludzie uznają ten obszar za „dyrektora operacyjnego mózgu". Odpowiada on za połączenie działania z myśleniem i funkcjami organizmu, a także za alokację zasobów uwagi (decyduje o tym, na czym skupiamy uwagę). Przedni zakręt obręczy odbiera również bodźce z całego organizmu, co stanowi ważną część procesu powstawania emocji. Pełni istotną funkcję w naszych relacjach, gdyż odpowiada za poczucie społecznego odrzucenia, a także za ból fizyczny. To dlatego tak bardzo cierpimy, gdy nasze relacje nie układają się dobrze!

Obszar limbiczny w sposób bezpośredni wpływa na funkcjonowanie ważnej struktury, którą trudno jest przedstawić w naszym modelu. Jest nią podwzgórze, które niektórzy uważają za część obwodów limbicznych. Podwzgórze to istotny ośrodek neuroendokrynny, który stymuluje wydzielanie hormonów i neuroprzekaźników związanych z koordynowaniem wielu funkcji mózg-ciało, łącznie z odczuwaniem głodu i sytości, oraz reakcjami na stres. Kolejną strukturą, którą nie jest łatwo przedstawić w naszym modelu, jest móżdżek, znajdujący się w tylnej części dłoni – w miejscu, w którym łączy się ona z przegubem. Móżdżek pełni niezwykle ważną rolę w osiąganiu równowagi fizycznej. Niedawno odkryto również, że pełni istotną funkcję w przetwarzaniu informacji. Wytwarza neuroprzekaźniki hamujące GABA (kwas gamma-aminomasłowy), które zmniejszają pobudzenie emocjonalne, oraz przekazuje je do podwzgórza i struktur limbicznych. Co ważne, badania wykazały, iż doświadczenie traumy lub zaniedbania w okresie dzieciństwa mają negatywny wpływ na wydzielanie się tych neuroprzekaźników, a także na rozwój ciała modzelowatego i ogólnie całego mózgu.

Kora oczodołowo-czołowa, ostatnia struktura limbiczna w tym modelu, znajduje się w trzecim, głównym obszarze mózgu – korze nowej – którą reprezentują palce obejmujące kciuk. Obszar ten, znany również jako kora mózgowa lub po prostu kora, leży w górnej warstwie mózgu. Uznaje się go za ośrodek najbardziej rozwiniętych funkcji mózgowych: myślenia abstrakcyjnego, refleksji oraz samoświadomości. Kora składa się z licznych płatów, odpowiedzialnych za konkretne funkcje, takie jak przetwarzanie wzrokowe i słuchowe oraz funkcje ruchowe. W kontekście rodzicielstwa najbardziej interesuje nas przednia część kory nowej, zwana płatem czołowym, który w naszym modelu znajduje się pomiędzy drugą kostką palców a końcówkami paznokci i odpowiada za myślenie oraz procesy asocjacyjne. Przednia część płatu czołowego jest nazywana korą przedczołową, którą reprezentuje obszar pomiędzy trzecią kostką a końcówkami paznokci.

Dwa główne obszary kory przedczołowej to część boczna, zwana grzbietowo-boczną korą przedczołową, oraz środkowa, obejmująca korę oczodołowo-czołową i przyśrodkową korę przedczołową, a także, zdaniem niektórych, korę przednią zakrętu obręczy i obszar zwany brzuszno-boczną korą przedczołową. Część grzbietowo-boczną reprezentują ostatnie segmenty dwóch zewnętrznych palców i jest ona ośrodkiem pamięci roboczej – naszego umysłowego notatnika, który umożliwia wybranie podanego przed chwilą numeru telefonu czy zapamiętanie wypowiedzianego zdania. Kora oczodołowo-czołowa zawdzięcza swą nazwę temu, że znajduje się za oczodołami. W naszym modelu korę oczodołowo-czołową oraz inne przyśrodkowe obszary przedczołowe reprezentuje obszar pomiędzy trzecią kostką dwóch środkowych palców a końcówkami paznokci. Niektórzy naukowcy łączą korę oczodołowo-czołową z przednią częścią zakrętu obręczy, który jest z nią połączony anatomicznie. Badania J. Douglasa Bremnera i innych ujawniły, że przednia część zakrętu obręczy oraz kora oczodołowo-czołowa funkcjonują jako jeden obwód mózgowy, którego interakcja z hipokampem oraz ciałem migdałowatym może zostać upośledzona na skutek stresu pourazowego. Jak się wkrótce przekonamy, elastyczne funkcjonowanie umysłu wymaga koordynacji kory przedczołowej z pozostałymi strukturami limbicznymi. Dla naszych celów przyjmiemy więc, że na wyższej drodze przetwarzania bodźców i informacji te integrujące struktury przedczołowe i limbiczne współpracują ze sobą niczym zgrana drużyna, a na niższej drodze tracą koordynację i równowagę. Ze względów praktycznych będziemy się odwoływać do integrującej roli obszarów przedczołowych.

Wróćmy do naszego modelu. Zwróć uwagę, że paznokcie dwóch środkowych palców – kora przedczołowa – łączą się z korą nową (palce), a także opierają się na górnej części pozostałych struktur limbicznych (kciuk) i dotykają pnia mózgu (wewnętrznej części dłoni). Model ten odpowiada faktycznej lokalizacji tych obszarów w naszym mózgu! Kora przedczołowa jest jedyną częścią mózgu, która styka się ze wszystkimi trzema głównymi obszarami mózgu i odbiera bodźce napływające z całego organizmu. Wysyła więc i odbiera impulsy z pozostałej części kory, struktur limbicznych i pnia mózgu, łącząc te trzy obszary w jedną funkcjonalną całość. Ze względu na tę wyjątkową lokalizację, pełni integrującą rolę w całym, złożonym systemie mózgowym. Kora przedczołowa jest ostateczną, neuronalną strefą konwergencyjną mózgu. Jakby tego było mało, obszar przedczołowy odpowiada również za tworzenie map umysłów innych ludzi na podstawie bodźców odbieranych przez układ nerwowy. Oznacza to, że obszar przedczołowy zapewnia równowagę pomiędzy pięcioma różnymi źródłami energii i informacji: korą, obszarem limbicznym, pniem mózgu, organizmem oraz światem zewnętrznym. To właśnie mamy na myśli, gdy mówimy, że obszar ten pełni rolę integrującą: dba o równowagę pomiędzy różnymi elementami i łączy je w jedną funkcjonalną całość.

Istotną funkcją kory przedczołowej jest także regulacja autonomicznego układu nerwowego (AUN), czyli tej części układu nerwowego, która reguluje funkcje fizjologiczne (tętno, oddychanie, trawienie). AUN składa się z dwóch podukładów: układu sympatycznego, który działa niczym pedał gazu, oraz parasympatycznego, który przypomina układ hamulcowy organizmu. Oba układy odpowiadają za utrzymanie równowagi w organizmie: układ sympatyczny reaguje zwiększonym pobudzeniem na zagrożenie, a parasympatyczny uspokaja organizm po ustąpieniu zagrożenia. Zdolność osiągania równowagi wewnętrznej zależy również od funkcji obszarów oczodołowo-czołowych, które działają niczym „emocjonalne sprzęgło", koordynując pracę układu sympatycznego (pedał gazu) oraz parasympatycznego (hamulce).

Kora przedczołowa reguluje także funkcje podwzgórza, neuroendokrynnego ośrodka mózgu, który wydziela hormony do całego organizmu. Ponadto, stan czujności oraz pobudzenia emocjonalnego, za które odpowiadają struktury pnia mózgu, takie jak twór siatkowaty, podlegają bezpośredniemu wpływowi kory. Warto wspomnieć, że obszar oczodołowo-czołowy jest większy po prawej stronie mózgu. Wiele z wymienionych tutaj funkcji regulujących zależy od indywidualnych mechanizmów reagowania na stres, które wiążą się głównie z pracą prawej półkuli. Wydaje się więc zrozumiałe, że cały obszar przedczołowy nazywany jest „dyrektorem generalnym". Pomaga utrzymać równowagę w organizmie i umyśle człowieka dzięki integracji trzech głównych obszarów mózgowych, a także koordynuje ich funkcje za pomocą stanów metabolicznych w całym organizmie.

Obszar przedczołowy jest szczególnie istotny, jeśli chodzi o rodzicielstwo, gdyż integruje wiele aspektów pracy mózgu, które pełnią kluczową rolę w funkcjonowaniu psychicznym i emocjonalnym. Oprócz kontroli autonomicznego układu nerwowego, kora przedczołowa odpowiada także za regulację emocji i emocjonalnie dostrojonej komunikacji interpersonalnej, która często wymaga kontaktu wzrokowego. Wydaje się, że wraz z przednią częścią zakrętu obręczy i innymi, ściśle związanymi z nią obszarami, odgrywa krytyczną rolę w poznaniu społecznym – ludzkiej zdolności do wyczuwania subiektywnych doświadczeń innych osób oraz rozumienia interakcji interpersonalnych. Najnowsze badania sugerują, że obszar ten jest niezwykle ważny, także jeśli chodzi o rozwój zachowań moralnych. Kora przedczołowa ma wiele wspólnego z elastycznością reagowania: zdolnością do odbierania informacji, zastanawiania się nad nimi, rozważenia różnych możliwości, a następnie wybierania odpowiedniej reakcji. Uważa się, że kora przedczołowa i związane z nią obszary są niezbędne do powstawania samoświadomości i pamięci autobiograficznej.

Kora przedczołowa wraz z korą oczodołowo-czołową stanowi najwyższy obszar systemu limbicznego oraz najbardziej limbiczną część kory nowej. Jest punktem końcowym dla impulsów z autonomicznego układu nerwowego (pień mózgu), rejestrującego i kontrolującego funkcje ciała. Dzięki swej wyjątkowej pozycji anatomicznej integruje różne neurony. Na poziomie struktur limbicznych stanowi część rozciągniętego obwodu przedczołowego wraz z przednią częścią zakrętu obręczy. Obszar przedczołowy zarządza organizacją uwagi oraz złożonymi procesami autobiograficznymi, społecznymi, fizjologicznymi i emocjonalnymi, które przebiegają pod nadzorem kory oczodołowo-czołowej. Ponieważ współpracuje ona z hipokampem, to umożliwia przetwarzanie obszernych map poznawczych związanych z pamięcią i kontekstem, dzięki czemu pojawia się jawne przetwarzanie autobiograficzne. Kora przedczołowa, powiązana z ośrodkiem szybkiego przetwarzania emocji – ciałem migdałowatym – wpływa na charakter naszych stanów emocjonalnych, a także na dostrajanie się do stanów wewnętrznych innych osób. Ten obszar integrujący stanowi pewnego rodzaju pomost pomiędzy więziami interpersonalnymi a równowagą wewnętrzną.

W y s o k a   d r o g a   p r z e t w a r z a n i a wymaga udziału tych integrujących funkcji przedczołowych, które umożliwiają elastyczne, stabilne i adaptacyjne funkcjonowanie. Zachowanie równowagi psychicznej zależy od zdolności umysłu do integrowania swoich funkcji. Obszar przedczołowy, który łączy się ze wszystkimi głównymi obszarami mózgu, musi funkcjonować prawidłowo, abyśmy mogli dobrze radzić sobie ze swoim życiem wewnętrznym i interpersonalnym.

Niska droga przetwarzania wiąże się z chwilowym zahamowaniem integrujących procesów przedczołowych. Upośledzone funkcjonowanie przyśrodkowych struktur kory przedczołowej – z hipokampem i ciałem migdałowatym – występuje w obrazie klinicznym zespołu stresu pourazowego. Wiele zdrowych osób wchodzi jednak w taki stan zaburzonej integracji przedczołowej pod wpływem określonych czynników wewnętrznych lub zewnętrznych. Może temu towarzyszyć silne pobudzenie emocjonalne w ciele migdałowatym lub wydzielanie nadmiernej ilości hormonu stresu pod neuroendokrynną kontrolą podwzgórza. „Niższe" stany umysłu mogą zostać utrwalone w pamięci ukrytej, skąd zostają aktywowane. Innymi słowy, wzorce aktywacji neuronów związanych ze zdezorganizowanym trybem funkcjonowania zostają odtworzone z większą łatwością, jeśli w przeszłości towarzyszyły im intensywne emocje.

Posługując się naszym modelem, możemy zobrazować tryb wyższego przetwarzania poprzez zgięcie palców tak, by przylegały do kciuka. Twoja dłoń przedstawia teraz zintegrowany system, w którym obszary przedczołowe współpracują z mechanizmami limbicznymi oraz pniem mózgu. Natomiast podnosząc palce, można przedstawić chaotyczny stan umysłu związany z niską drogą przetwarzania: obszar przedczołowy nie jest w stanie współpracować z pozostałymi strukturami limbicznymi, a zatem nie pełni już roli integrującej i regulującej. Brak współpracy z przednią częścią zakrętu obręczy prowadzi do rozregulowania mechanizmów społecznych, emocjonalnych i procesów koncentracji. Ciało migdałowate nie podlega kontroli kory przedczołowej, więc możemy wyjątkowo silnie odczuwać takie emocje, jak lęk, złość czy smutek. Hipokamp nie dostarcza kontekstu, gdyż także zostaje odłączony od integrującego obszaru przedczołowego. Ponadto, „emocjonalne sprzęgło", które reguluje „pedał gazu" i „hamulce" mózgu, przestaje prawidłowo funkcjonować. W ten sposób wchodzimy w nieświadomy, automatyczny tryb funkcjonowania.

Jeśli dojdzie do jakiegokolwiek uszkodzenia w obszarze przedczołowym lub tymczasowego zablokowania jego funkcji - które koordynują związane z nim obszary, takie jak przednia część zakrętu obręczy, ciało migdałowate i hipokamp - człowiek może doświadczać poczucia izolacji oraz zablokowania autorefleksji. Przedczołowe procesy hamujące są wówczas rozregulowane, a elastyczne reagowanie zostaje zastąpione reakcjami odruchowymi. Doświadczenie traumy może doprowadzić do zaburzenia integracji neuronalnej w obszarze przedczołowym, której potrzebujemy, aby dojść do siebie po traumatycznym wydarzeniu. Proces uzdrawiania powinien obejmować nowe formy uczenia się, które umożliwiają przywrócenie funkcji integrującej obszarowi przedczołowemu.

Niska droga przetwarzania i obszary przedczołowe

N i ż s z e   f u n k c j o n o w a n i e definiujemy jako taki rodzaj przetwarzania, w którym dochodzi do zablokowania funkcji integrujących. Jakie mamy dowody na poparcie tej tezy? Nauczyciele i terapeuci relacjonują, że osoby wychowujące dzieci często wspominają o sytuacjach, w których „tracą głowę" lub panowanie nad sobą, załamują się lub „wpadają w otchłań". Te subiektywne opisy dotyczą chwilowych zmian w prawidłowo funkcjonującym umyśle. W takim odmiennym stanie umysłu osoby te nie potrafią prawidłowo przetwarzać informacji zewnętrznych i zachowują się inaczej niż zwykle. Rodzice często zgłaszają, że ich myśli oraz emocje są wówczas pełne gniewu, lęku lub smutku, nad którymi nie mają kontroli. Zachowują się wtedy w sposób szorstki, tracą wrażliwość na potrzeby dziecka, a czasem nawet zadają mu ból.

Jak dochodzi do takich zmian w zachowaniu człowieka? Mózg funkcjonuje w skomplikowany sposób, dzięki połączeniu różnych obwodów w jedną całość. Przy zaburzonej integracji neuronalnej normalne funkcje mózgu ulegają dezorganizacji. Nauka wyjaśnia, jak to się dzieje, że tak szybko wchodzimy w niezintegrowany typ przetwarzania. Jednym z kluczowych obszarów związanych z integracją neuronalną jest kora przedczołowa.

Mesulam dostarcza dowodów na istnienie niższego trybu funkcjonowania oraz potwierdza istotną funkcję integrującą systemu przedczołowego. „Wyraźne anatomiczne połączenie z ciałem migdałowatym wskazuje, że paralimbiczna część obszaru oczodołowo-czołowego może odgrywać szczególną i decydującą rolę w regulacji emocjonalnej (...). Uszkodzenie kory oczodołowo-czołowej może prowadzić do poważnych zaburzeń w dopasowywaniu odpowiednich stanów emocjonalnych do określonych doświadczeń, a co za tym idzie skutkuje niewłaściwymi osądami, wglądami i zachowaniem". Biorąc pod uwagę te odkrycia oraz istotną rolę sąsiedniej przedniej części zakrętu obręczy, możemy wnioskować, iż zaburzenia funkcji obszarów integrujących środkowej części kory przedczołowej prowadzą do wystąpienia wyraźnych zmian w doświadczeniu wewnętrznym jednostki oraz jej zachowaniu.

Integracja funkcji kory oczodołowo-czołowej oraz kory przedniej zakrętu obręczy jest niezbędna do utrwalenia wyższego, elastycznego trybu funkcjonowania. Obszar oczodołowo-

-czołowy ma liczne połączenia z korą, strukturami limbicznymi i pniem mózgu. Oddziałuje na rozgałęzienia autonomicznego układu nerwowego (AUN), który zarządza takimi funkcjami ciała, jak tętno, oddychanie oraz funkcje układu pokarmowego. Kora przednia zakrętu obręczy składa się z dwóch części: jedna reguluje przepływ informacji (obszar „poznawczy") i pełni rolę „operatora uwagi", a druga przetwarza dane fizyczne i jest odpowiedzialna za stany emocjonalne oraz wyrażanie emocji (obszar „emocjonalny"). Devinsky, Morrell i Vogt piszą: „Kora przednia zakrętu obręczy wydaje się pełnić kluczową rolę w inicjowaniu działań zorientowanych na cel oraz w procesach motywacyjnych (...). Przednia część zakrętu obręczy wraz ze swymi połączeniami tworzy system, który umożliwia połączenie afektu z intelektem. Zakręt obręczy można postrzegać jako pewnego rodzaju wzmacniacz oraz filtr, łączący ze sobą emocjonalne i poznawcze komponenty mózgu. Złożone interakcje społeczne, takie jak kontakt matki z dzieckiem, wymagają takiego poziomu organizacji mózgu, który wykracza poza zwykłe sensoryczno-motoryczne łuki odruchowe. Niektóre z tych interakcji zależą od funkcji afektywnych i wykonawczych, jakie zapewnia kora przednia oraz tylna zakrętu obręczy, która przechowuje wspomnienia z magazynu pamięci długotrwałej".

Przy dysfunkcji przedniej części zakrętu obręczy wywołanej urazem mózgu zaobserwowano liczne poważne zmiany, które swym charakterem przypominają niższy tryb funkcjonowania. Devinsky i inni zauważają, że: „Zmiany behawioralne związane z uszkodzeniami kory przedniej zakrętu obręczy mogą obejmować: nasiloną agresję, wybuchy emocjonalne, obniżoną motywację, zaburzone interakcje matki z dzieckiem, niecierpliwość, obniżony próg lęku i reakcji na nagłe bodźce oraz nieprawidłowe zachowania wewnątrzgatunkowe". Badania przeprowadzane na małpach i chomikach wykazały, że obrażenia przedniej części zakrętu obręczy upośledzają zdolność matki do sprawowania opieki nad potomkiem. Opisy kliniczne stanów psychicznych osób z urazami mózgu ukazują, że „społeczne konsekwencje urazów przedniej części zakrętu obręczy w połączeniu z urazami kory oczodołowo-czołowej mogą być druzgocące. Dochodzi do zerwania połączenia między intelektualnym rozumieniem wyobrażeń a ekspresją autonomiczną". Uraz środkowej części obszaru przedczołowego mózgu może doprowadzić do wystąpienia znaczących zmian w funkcjonowaniu emocjonalnym i społecznym, przedstawionych w naszym opisie niższego trybu funkcjonowania.

Nie dysponujemy definitywnymi wynikami badań z udziałem rodziców funkcjonujących w takim stanie, ale mamy dostęp do badań klinicznych nad zachowaniem ludzi oraz danych badawczych na temat naczelnych i innych ssaków. Poświadczają one występowanie zmian funkcji emocjonalnych, społecznych, regulujących i fizjologicznych, które w dużym stopniu odpowiadają opisom pewnych interakcji rodziców z dziećmi. Ponadto wyniki badań nad osobami po silnej traumie sugerują, że przyśrodkowe części obszaru przedczołowego, połączone funkcjonalnie z niezwykle ważnym ciałem migdałowatym i hipokampem, również ulegają zaburzeniu w zespole stresu pourazowego. Stany pourazowe, napady padaczkowe oraz urazy mózgu są z pewnością bardziej ekstremalnymi przypadkami niż sytuacja, w której rodzic traci kontrolę nad swoim zachowaniem. Silny stres może doprowadzić jednak do krótkotrwałego zaburzenia przedczołowych funkcji integrujących, dzięki którym zachowujemy spójny stan umysłu. Te krótkotrwałe zaburzenia mogą przypominać przewlekłe i bardziej poważne stany kliniczne. Co więcej, trauma lub strata w połączeniu z brakiem wsparcia zewnętrznego może predysponować do szybszego i głębszego wchodzenia umysłu na niską drogę przetwarzania.

Interdyscyplinarne podejście do ludzkich doświadczeń korzysta z różnych odkryć naukowych w celu opisania procesów zachodzących w naszym mózgu i umyśle. Perspektywa ta pozwala pogłębić wiedzę na temat tego, co dzieje się w naszym wnętrzu w związku z wychowaniem dzieci. Pomaga również zapobiec poczuciu utraty kontroli, a także wyzwolić się z paraliżującego poczucia winy i wstydu z powodu tego, że – w swoim odczuciu – jesteśmy niedoskonałymi rodzicami. Proponujemy przyjęcie bardziej współczującego podejścia do siebie. Zwracamy uwagę na istotną rolę powracania do świadomego stanu umysłu oraz ponownego nawiązywania więzi z dziećmi, które na to czekają.

Pewna matka na jednym z naszych warsztatów wyznała, że po zapoznaniu się z ogólnym modelem mózgu oraz informacjami o niższej drodze przetwarzania przestała obwiniać się o to, że „wpada we wściekłość", a jednocześnie uświadomiła sobie, że to właśnie ona jest odpowiedzialna za poprawę sytuacji. Wiedza na temat pracy mózgu pozwoliła jej wyzbyć się poczucia winy i wstydu, które tak bardzo utrudniają ponowne nawiązanie więzi z dzieckiem. Mózg, co prawda, funkcjonuje w taki, a nie inny sposób, ale zawsze możemy próbować naprawiać relację z dzieckiem i przejąć odpowiedzialność za swoje zachowanie.

Dalsza lektura

J. D. Bremner, *Does Stress Damage the Brain?*, New York 2002.

O. Devinsky i in., *Contribution of Anterior Cingluate to Behaviour*, „Brain"1995 nr 118.

P. MacLean, *The Triune Brain in Evolution. Role in Paleocerebral Functions*, New York 1990.

M. M. Mesulam, *From Sensation to Cognition*, „Brain" 1998 nr 121.

Healing Trauma, M. Solomon, D. J. Siegel (red.), New York 2003.

D. Siegel, *The Mindful Brain. Reflection and Attunement in the Cultivation of Well-Being*, New York 2007.

D. Siegel, *Psychowzroczność*, op. cit.

D. Siegel, *Rozwój umysłu*, op. cit.

D. Siegel, *The Pocket Guide to Interpersonal Neurobiology. An Integrative Handbook of the Mind*, New York 2012.

ROZDZIAŁ 8.

BUDOWANIE POROZUMIENIA. KONFLIKTY I NAPRAWA RELACJI

WPROWADZENIE

Żaden rodzic nie uniknie sprzeczek ani niepowodzeń w komunikacji z dzieckiem. Konflikty pojawiają się, gdy ich wzajemne pragnienia, cele albo plany się różnią. Czasem twoje dziecko chce grać wieczorem na komputerze, a ty wolałbyś, żeby już poszło spać. Taka sytuacja z łatwością może doprowadzić do konfliktu na tle wyznaczania granic. Niektóre konflikty mogą być bardziej toksyczne i stresujące dla dziecka, zwłaszcza jeśli rodzic budzi w nim lęk. Nieporozumienia są nieuniknione i rodzice powinni zdawać sobie z nich sprawę, jeśli zależy im na porozumieniu z dzieckiem i budowaniu wspierającej więzi.

Proces pojednania nazywamy n a p r a w i a n i e m r e l a c j i. Aby go zainicjować, rodzice muszą zrozumieć swoje emocje i zachowanie, a także swój udział w konflikcie. Jeśli nie dojdzie do naprawy relacji, rodzic i dziecko będą coraz bardziej oddalać się od siebie. Przedłużone okresy rozłamu w relacji mogą prowadzić do pojawienia się toksycznego poczucia wstydu oraz poniżenia, które szkodzą rozwijającej się tożsamości dziecka. Dlatego tak ważne jest, aby rodzice wzięli odpowiedzialność za tę sytuację i w odpowiednim momencie ponownie nawiązali kontakt z dzieckiem.

Nasz umysł jest ściśle połączony z umysłami innych ludzi dzięki sygnałom, które wysyłamy i odbieramy. Utrata tego połączenia, a zwłaszcza brak sygnałów niewerbalnych, prowadzi do oddzielenia naszych uczuć od pierwotnych emocji drugiej osoby. Oddalamy się od siebie i przestajemy czuć, że nasz umysł „odbija się" w umyśle drugiego człowieka. A gdy tracimy porozumienie z ważną dla nas osobą, czujemy się niezrozumiani i osamotnieni. Najczęściej dochodzi wtedy do zachwiania równowagi wewnętrznej oraz spójności umysłu. Nie zostaliśmy stworzeni do tego, by żyć w odosobnieniu: nasze dobre samopoczucie emocjonalne zależy od naszych relacji.

Relacje z dziećmi bywają napięte. Rodzice nie zawsze czują sympatię do swoich dzieci, zwłaszcza gdy utrudniają im one życie. Jednak kiedy matka czuje się winna z powodu swojej złości na dziecko, nie będzie w stanie w pełni uświadomić sobie, że doszło do osłabienia więzi. Poczucie winy uniemożliwia dążenie do naprawy sytuacji oraz pogłębia dystans. Dopiero uświadomienie sobie własnych wewnętrznych procesów pozwoli jej odbudować więź z dzieckiem, a współczujące podejście do samej siebie umożliwi rezygnację z samopotępienia.

Nie jest łatwo wyznaczać dziecku granice i jednocześnie oferować mu partnerską komunikację i więź emocjonalną. Jak to zrobić? Odnalezienie równowagi między strukturą a więzią to podstawowy cel, do którego zmierzamy, lecz którego najpewniej nie osiągniemy w pełni. W miarę jak rodzice uczą się radzić sobie ze swoimi emocjami – by nie odczuwać na zmianę poczucia winy i złości na dziecko – coraz łatwiej przychodzi im zapewnianie dziecku czułości i porządku. Traktowanie samego siebie z życzliwością i empatią zapobiega zbyt emocjonalnym reakcjom na jego zachowanie.

Samoświadomość nie sprawi jednak, że unikniemy konfliktów, ponieważ nieporozumienia w relacjach są nieuniknione. Wszyscy mierzymy się z wyzwaniem, jakim jest zaakceptowanie własnego człowieczeństwa. Jeśli jednak będziemy traktować siebie z poczuciem humoru i cierpliwością, zachowamy także otwartość i życzliwość dla dzieci. Natomiast nieustanne potępianie siebie za „błędy" zamknie nas w obrębie naszych emocjonalnych problemów i uniemożliwi budowanie porozumienia. Wzięcie odpowiedzialności za swoje czyny jest niezwykle ważne, ale nie możemy potępiać siebie za to, że nie zawsze zachowujemy się w sposób doskonały i w pełni świadomy. Podobnie jak nasze dzieci staramy się postępować najlepiej, jak potrafimy. Uczymy się komunikować z coraz większym szacunkiem. Nawet gdybyśmy ściśle trzymali się najlepszych zasad rodzicielstwa, nie unikniemy nieporozumień. Osłabienie więzi jest naturalnym zjawiskiem w każdej relacji, więc zamiast się obwiniać i traktować to jako porażkę, możemy wyciągnąć wartościową lekcję życiową i poszukać sposobów na pojednanie z dzieckiem.

Weź głęboki oddech i odpręż się! Wszyscy uczymy się przez całe swoje życie.

CHWILOWE OSŁABIENIE WIĘZI I ŁAGODNE KONFLIKTY

Więź dziecka z rodzicem ulega nieustannym zmianom. Gdy komunikacja jest spójna i dąży do porozumienia, obie strony relacji czują się zrozumiane. Czerpią przyjemność z wzajemnego dostrojenia i silnej więzi. Jeśli takie sytuacje powtarzają się, pojawi się rezonans polegający na tym, że „czujemy siebie" nawzajem w swoim wnętrzu.

TABELA 11. RODZAJE KONFLIKTÓW

Chwilowe osłabienie więzi
Łagodny konflikt
Konflikt na tle granic
Konflikt toksyczny

Nie jesteśmy w stanie przez cały czas utrzymywać idealnego dostrojenia w relacji z dziećmi. Przerwy w tym wspaniałym poczuciu są nieuniknione i mogą przejawiać się w różny sposób. W codziennym życiu dorośli i dzieci potrzebują na przemian zarówno kontaktu ze sobą, jak i bycia w samotności. Nasze życie wiąże się z napięciem między potrzebą więzi a potrzebą autonomii. Empatyczni rodzice potrafią wyczuć obie te potrzeby u dziecka i dać mu przestrzeń na autonomię, a jednocześnie pozostać dostępnym, jeśli znów zapragnie ono się zbliżyć. Dla rodzica, który potrzebuje samotności, dziecko domagające się kontaktu może wydawać się natrętne. Wystarczy wtedy, że poświęci mu trochę czasu, by móc wrócić do realizacji swoich potrzeb. Starszym dzieciom łatwiej jest zrozumieć i zaakceptować, że ich rodzice chcą być sami, ponieważ coraz wyraźniej rozróżniają także własne potrzeby. Z kolei nastolatki same często dążą do izolacji od rodziców, gdyż nawiązują silniejsze więzi ze swoimi rówieśnikami.

Jeśli odczuwasz potrzebę przebywania w samotności, powiedz o tym dziecku. Zdecydowanie lepiej jest powiedzieć:

„Potrzebuję teraz trochę czasu dla siebie, ale za dziesięć minut przeczytam ci tę bajkę", niż ignorować dziecko albo mieć do niego pretensje o to, że „zmusza" cię do czegoś. Twoja potrzeba samotności nie będzie przez dziecko postrzegana jako odrzucenie, gdy dasz jasno do zrozumienia, że twoje emocje i działania mają na celu zaspokojenie własnych potrzeb, a nie są tylko reakcją na jego zachowanie. W przeciwnym wypadku możesz mieć skłonność, żeby złościć się na dziecko albo uznawać je za natręta.

Wzajemna relacja może ulec zakłóceniu także z powodu niezrozumienia komunikatów dziecka. Dzieje się tak, gdy rodzic nie zwraca wystarczającej uwagi na to, co ono mówi, ponieważ jest zbyt zajęty czymś innym. Innym powodem może być niezrozumienie sensu wypowiedzi. Dzieci często mają problemy z wyrażeniem swoich myśli, a jednak bardzo potrzebują zrozumienia, nawet jeśli ich przekaz nie jest jasny. Gdy rodzic skoncentruje się tylko na zewnętrznych aspektach jego zachowania, może pominąć głębsze znaczenie komunikatów. Ponadto rodzice sami mogą wysyłać sprzeczne komunikaty, wobec których dziecko czuje się zagubione. Dorośli nie zawsze potrafią wyrażać swoje myśli w zrozumiały sposób, a gdy przekazują dziecku sprzeczne sygnały, próbuje ono rozszyfrować, o co tak naprawdę im chodzi.

Takie łagodne konflikty występują dość często w naszym codziennym życiu. Gdy dzieci odczuwają silne emocje – ekscytację lub zdenerwowanie – mają większą potrzebę zrozumienia ze strony rodziców. W takich momentach nawet łagodne nieporozumienia są dla nich niezwykle bolesne. Naprawianie relacji – z troską i w stosownym czasie – jest niezwykle istotne, gdyż pozwala dziecku zbudować i utrzymać poczucie wewnętrznej siły oraz witalności.

KONFLIKTY NA TLE WYZNACZANIA GRANIC

Dzieci czerpią korzyści z wprowadzanego przez rodziców porządku. Dzięki granicom uczą się, które zachowania są właściwe w rodzinie lub w społeczeństwie. Gdy dziecko pragnie zrobić coś, na co rodzic nie chce mu pozwolić, może dojść do konfliktu. Takie spięcia wiążą się z emocjonalnym dyskomfortem dla dziecka oraz poczuciem osłabienia więzi z rodzicem. Chce ono zrealizować pewne działania lub dostać jakąś rzecz, ale nie otrzymuje w tym wsparcia. Brak porozumienia z rodzicem może wywołać w nim silne, nieprzyjemne emocje.

Rodzice nie zawsze zgadzają się na prośby swoich dzieci. Jeśli chcą one jeść lody przed obiadem, domagają się kolejnej zabawki w sklepie albo próbują wspiąć na stół w jadalni – rodzic musi wyznaczyć granice. Takie doświadczenie jest dla dziecka niezbędne: pozwala mu rozwinąć zdrowy system hamowania, dzięki któremu wie, że jego zamierzenia nie są bezpieczne lub właściwe w ramach rodziny.

Gdy dziecko słyszy „nie", ma poczucie, że jego pragnienia lub działania są „złe". Rodzic ma wówczas za zadanie skierować jego impulsy w bardziej bezpiecznym i właściwym kierunku. Kluczem do zachowania porozumienia w takiej sytuacji jest dostrojenie się do podstawowego stanu emocjonalnego dziecka. Zamiast spełniać jego pragnienia, można okazać mu zrozumienie i odzwierciedlić istotę jego pragnienia: „Wiem, że chciałbyś zjeść lody, ale zaraz będzie obiad. Możesz zjeść lody po obiedzie". Taki komunikat zostanie zupełnie inaczej odebrany niż: „Nie! Nie dostaniesz lodów".

Empatyczne i refleksyjne komentarze rodzica pomagają dziecku poradzić sobie z frustracją, jaka pojawia się, gdy nie otrzymuje ono tego, czego chce. Jednak nawet przy maksymalnym wsparciu dziecko może odczuwać przykre emocje i upierać się przy swoich pragnieniach. Gdy pozwalasz mu doświadczać tych emocji – bez karania go ani zaspokajania zachcianek – nauczy się radzić sobie z emocjonalnym dyskomfortem. Nie musisz naprawiać sytuacji, poddawać się jego emocjom ani ich łagodzić. W takim momencie najlepszym i najbardziej konstruktywnym rozwiązaniem jest pozwolić dziecku na te emocje oraz zakomunikować, że rozumiesz, jak bardzo jest to dla niego frustrujące.

Rodzice mogą doskonalić swoje podejście za pomocą refleksji. Oto historia pewnej matki i jej konfliktu z dzieckiem na tle wyznaczania granic.

Jest godzina siódma trzydzieści rano. Mama przygotowuje śniadanie w kuchni, jednocześnie planując sprawy do załatwienia na dzisiaj. Czteroletni Jack jest pełen energii i właśnie wspina się na kosze, które stoją przy lodówce.

– Nie wchodź tam. To niebezpieczne. Czego tam szukasz? – pyta mama.

– Chcę trawę dla króliczków – odpowiada chłopiec.

Mama wolałaby nie mieć teraz bałaganu w kuchni, więc okłamuje syna, że na lodówce nie ma już wielkanocnej trawy dla króliczków. Jack doskonale wie, że mama nie mówi prawdy, więc staje do konfrontacji.

– Właśnie, że jest!

Mama czuje się winna, że skłamała, więc sięga po trawę i niechętnie wręcza ją synkowi.

– Co zamierzasz z nią zrobić? – pyta. Jack zaczyna wyciągać trawę z torebki, kierując się do jadalni.

– Nie wynoś jej z kuchni. I nie rozrzucaj po całym domu, bo zapcha nam odkurzacz.

Jack początkowo ignoruje ją i idzie dalej, ale gdy matka woła go stanowczo, wraca do kuchni.

– Tylko udawałem – mówi. Kieruje się do swojej zabawkowej kuchni i zaczyna ją dekorować źdźbłami trawy.

Tymczasem tata czyta gazetę przy stole. Parę minut później mama ogląda się za siebie i widzi, że Jack „dekoruje" trawą stół w jadalni. Na wszystkich podkładkach, na solniczce i pieprzniczce znajdują się teraz kawałki plastikowej trawy. W oczach mamy jest to okropny bałagan, którym ona będzie musiała się zająć, więc zwraca się do syna stanowczo:

– Nie kładź tutaj tej trawy!

Jack jednak ignoruje jej wezwanie.

– Większość dzieci nie bawi się trawą dla króliczków po Świętach Wielkanocnych – mówi mama, ale Jack nadal nie zwraca na nią uwagi.

– Nie słuchasz, co do ciebie mówię – wyrzuca w końcu z siebie matka.

– Mama nie chce tutaj tej trawy – próbuje wesprzeć ją tata, ale Jack najwyraźniej udaje, że stracił słuch, bo nie przerywa zabawy.

– Zabieraj stąd tę trawę! – krzyczy wreszcie zdenerwowana mama, a tata zwraca się groźnie do Jacka po imieniu. Jack jest zły, że na niego nakrzyczano.

– No dobrze – mamrocze.

Zbiera trawę ze stołu i zrzuca na podłogę. Ten jawny przejaw braku szacunku złości tatę, który podnosi się gwałtownie i próbuje wyrwać dziecku resztki trawy.

– Dość tego! Żadnej trawy więcej! – krzyczy. Jack zaczyna płakać i próbuje przytrzymać torebkę z trawą.

– Ale przecież zrobiłem to, co chciała! Zdjąłem ją! – zawodzi.

Niewinnie zaczynający się poranek przerodził się w głośną awanturę. Mama i tata próbują wyrwać chłopcu trawę, a on odczuwa coraz większą złość. Rozdrażnieni rodzice nakładają mu karę – zaś trawa dla króliczków ląduje w szafie. Nieco później, gdy rodziców nie ma w domu, Jack namawia opiekunkę, żeby pozwoliła mu rozsypać trawę po całym domu, zapewniając, że mama mu na to pozwala.

Co można było zrobić, aby uniknąć tego konfliktu? Oczywistym rozwiązaniem byłoby schowanie trawy przed dzieckiem, jeśli nie chcemy, żeby się nią bawiło. Ale łatwo jest być mądrym po fakcie. Jednak w trakcie wymiany zdań można było skierować konflikt na inne tory. Oto kilka takich możliwości.

Mama mogła powiedzieć prawdę na temat trawy i już wtedy wyznaczyć dziecku wyraźną granicę: „Tak, trawa jest na lodówce, ale nie chcę, żebyś się nią teraz bawił. Czy chcesz się nią pobawić, kiedy skończymy śniadanie?".

Co mogła zrobić matka, jeśli już wręczyła synowi trawę? Mogła przerwać przygotowywanie śniadania i zająć się tylko tym problemem, zapobiegając jego eskalacji: „Jack, to nie jest dobry pomysł! Powinnam była od razu powiedzieć, żebyś nie bawił się trawą, dopóki nie zjemy śniadania. Odstawię ją teraz, a ty pomyśl, gdzie mógłbyś się nią później pobawić, żeby nie narobić bałaganu".

Wyznaczenie dziecku granicy na wczesnym etapie interakcji pozwala na bardziej skuteczne i konsekwentne podejście. Nie jest konieczne wzbudzanie w nim lęku ani angażowanie się w walkę o władzę.

W chwili gdy sytuacja przeradzała się już w większy konflikt, rodzice wciąż mieli do dyspozycji skuteczne środki zaradcze. Co prawda, nie ma jednej recepty na wszystkie takie sytuacje, ale jest wiele reakcji do wyboru. Warto, aby rodzic nie poprzestawał na słowach, ale podjął jakieś działania. Jak mieliśmy okazję zauważyć, Jack ciągle testował granice rodziców, ponieważ nie zakomunikowano mu ich jasno. Matka przekazywała mu sprzeczne i niespójne komunikaty, w których chłopiec nie potrafił się odnaleźć.

Odtworzenie tej scenki może być ciekawym ćwiczeniem różnych reakcji na zachowanie dziecka oraz ich konsekwencji. Pomyśl o podobnej sytuacji w twojej rodzinie. Spróbuj zrozumieć, dlaczego twoje dziecko zareagowało w taki, a nie inny sposób, oraz co mógłbyś zrobić, żeby skierować bieg wypadków na inne tory.

Musimy świadomie nawiązywać kontakt ze sobą, aby upewnić się, jakie granice chcemy wyznaczać i jakie informacje przekazywać dzieciom. Wyznaczanie granic jest przejawem szacunku: do siebie oraz do swojego dziecka. Jeśli chcemy być w tym skuteczni, najlepiej robić to spokojnie, a nie wtedy, kiedy się zdenerwujemy.

KONFLIKT TOKSYCZNY

Konflikty, które wiążą się z intensywnymi, przykrymi emocjami oraz bolesnym zerwaniem porozumienia, nazywamy *toksycznymi*, ponieważ mogą być szkodliwe dla dziecięcego poczucia „ja". W trakcie takich starć dziecko czuje się odrzucone i rozpaczliwie samotne, a rodzic traci kontrolę nad emocjami i grozi, krzyczy lub wyzywa dziecko. Najczęściej dochodzi do tego wtedy, gdy dorosły wpada w niższy tryb funkcjonowania i traci zdolność spójnego i elastycznego porozumiewania się. Takie konflikty najczęściej wywołują w dziecku przytłaczające poczucie wstydu oraz reakcje fizjologiczne: bóle brzucha lub uczucie ciężaru w klatce piersiowej. Dziecko może wtedy unikać kontaktu wzrokowego, popadać w przygnębienie, zamykać się w sobie albo uznać, że jest „złe" lub niepełnowartościowe.

Nierozwiązane problemy wewnętrzne lub nieprzepracowane traumy sprawiają, że rodzice stają się szczególnie podatni na toksyczne konflikty z dziećmi i pułapkę niskiej drogi przetwarzania bodźców. Nawet jeśli rozpoznają, że dochodzi do sytuacji toksycznej, nie są w stanie odbudować relacji, dopóki nie odzyskają wewnętrznej równowagi, która najczęściej wymaga przerwania interakcji z dzieckiem. Dystans fizyczny nie zawsze jest konieczny: należy przede wszystkim stworzyć przestrzeń w swoim umyśle i nawiązać kontakt z samym sobą. Jeśli rodzice nie przerwą interakcji, a jednocześnie pozostaną w niższym stanie umysłu, nadal będą reagować emocjonalnie, a ich stan uniemożliwi podjęcie skutecznych działań.

Toksyczne konflikty bardzo negatywnie wpływają na rozwijające się poczucie „ja" dziecka, jeśli występują często lub utrzymują się przez dłuższy czas. Aby zapobiec takim zaburzeniom, rodzic powinien w odpowiednim czasie dążyć do naprawy relacji w sposób empatyczny i skuteczny.

Wielu rodziców ma problem z uświadomieniem sobie, że zachowują się w sposób przerażający lub krzywdzący dla dziecka. Mogą mieć również trudności z przyznaniem się do tego, że tracą nad sobą kontrolę. W rezultacie stają się ślepi na swój udział w toksycznym konflikcie. Niezwykle istotne jest zatem, aby wzięli odpowiedzialność za swoje zachowanie. Uświadomienie sobie swojego udziału w kłótni to niezbędny aspekt naprawy relacji: „Przepraszam, że na ciebie nakrzyczałem, gdy spóźniłeś się na obiad i nie wysłuchałem tego, co masz do powiedzenia. Ściemniało się i martwiłem się, że coś ci się stało. Nie chciałem cię przestraszyć krzykiem. Naprawdę przesadziłem. Powinienem był cię wysłuchać, a potem powiedzieć, że się o ciebie martwiłem". Niezwykle ważne jest także zastanowienie się razem z dzieckiem nad wewnętrznym doświadczeniem emocjonalnym związanym z kłótnią. Taka refleksja zazwyczaj skutecznie odbudowuje wspólną więź. Uzdrawia również dziecięce poczucie wstydu i poniżenia związane z byciem podmiotem niekontrolowanego zachowania rodzica. Gdy uspokajamy się i zastanawiamy nad minioną sytuacją, wychodzimy z niższego trybu przetwarzania. Refleksyjny dialog na temat doświadczeń rodziców i dzieci skupia się na czynnikach wewnętrznych, które przyczyniły się do wystąpienia konfliktu. W takiej dyskusji rodzic może podzielić się refleksją na temat swoich reakcji i przeżyć, a także doświadczeń dziecka. Ostatecznym celem jest osiągnięcie nowego poziomu dostrojenia, w którym zarówno dziecko, jak i rodzic mają poczucie więzi i zrozumienia - a także odzyskują swoją godność, dzięki czemu znów mogą poczuć się dobrze z samym sobą oraz w relacji.

Należy unikać tego rodzaju konfliktów, ale gdy już do nich dojdzie, wykorzystujmy je jako okazję do wglądu w siebie i lepszego zrozumienia relacji z dzieckiem. W procesie naprawy dziecko uczy się, że pojednanie po konflikcie jest możliwe, co pozwala mu zyskać nowe poczucie bliskości z rodzicem.

WSTYD

Przytłaczający wstyd jest głównym motywem większości toksycznych konfliktów. Rodzic, który ma wrażenie, że nie potrafi wpłynąć na dziecko tak, aby zachowywało się w pożądany sposób, może odczuwać silne emocje: frustrację, poczucie poniżenia lub wściekłość. Uczuciu wstydu może towarzyszyć poczucie niepełnowartościowości, które ma swoje źródło we wczesnym okresie życia. Jeśli w dzieciństwie czuliśmy się niezrozumiani i byliśmy źle traktowani, nasz umysł wykształcił określone modele mentalne związane z relacjami oraz automatyczne reakcje, które chronią nas przed własnym wstydem. Uwięzieni w pułapce emocji i mechanizmów obronnych, z łatwością zapominamy o potrzebach dziecka. Wchodzimy w niższy tryb funkcjonowania, w którym spójna, dążąca do porozumienia komunikacja jest ostatnią rzeczą, jaka przychodzi nam do głowy.

Gdy rodzic odczuwa wstyd, często nadmiernie koncentruje się na opiniach innych ludzi oraz na swoich wyobrażeniach tego, co jest właściwe, a co nie. Na przykład, jeśli w miejscu publicznym jego dziecko zachowuje się w sposób, który uważa za niewłaściwy, skupia się bardziej na reakcjach ludzi postronnych niż na próbie zrozumienia jego zachowania i efektywnym działaniu. W takich okolicznościach może traktować je bardziej surowo, ponieważ czuje się upokorzony i nie jest dostrojony do jego emocji. Taki stan umysłu uniemożliwia właściwe reagowanie na sygnały dziecka. Sprawia też, że rodzic staje się szczególnie podatny na lęk przed ocenieniem go jako osoby niekompetentnej i nieskutecznej. Jeśli mamy wrażenie, że nie potrafimy kontrolować swojego dziecka w sposób, jakiego oczekiwaliby od nas inni ludzie, możemy odczuwać wstyd związany z poczuciem bezradności. Taki wstyd aktywuje nasze nierozwiązane problemy wewnętrzne, a wtedy zaczynamy reagować według starych wzorców. Uruchamianie kolejnych mechanizmów obronnych prowadzi do tego, że wchodzimy w niższy tryb funkcjonowania.

Mechanizmy obronne są automatyczną reakcją umysłu, który próbuje zachować równowagę, blokując świadomość dezorganizujących emocji. Mechanizmy obronne związane z uczuciem wstydu - nazywane dynamiką wstydu (*shame dynamic*) - służą utrzymaniu tego bolesnego doświadczenia emocjonalnego w nieświadomości. Gdy dojdzie do ich aktywacji, ulegamy różnym starym wzorcom zachowania i myślenia. Tego typu reakcje wynikają nie tylko z naszych dawnych doświadczeń, ale także z aktualnego dążenia do stłumienia przykrego uczucia.

Dynamika wstydu, podobnie jak inne mechanizmy obronne, zachodzi bez udziału świadomości. Jest to automatyczny proces minimalizowania destrukcyjnych myśli oraz uczuć, które negatywnie oddziałują na codzienne funkcjonowanie. Uświadomienie sobie tego mechanizmu pozwala zmienić swoje życie i lepiej poznać siebie.

Dzieci również odczuwają wstyd w toksycznym konflikcie z rodzicem. Jest to naturalna reakcja na utratę kontaktu w chwili, gdy dziecku najbardziej potrzeba porozumienia i spójności. Jeśli konflikt się przedłuża, uczucie to może stać się niezwykle toksyczne i zaszkodzić dziecięcemu poczuciu „ja". A jeśli towarzyszy mu złość rodzica na dziecko, pojawi się także uczucie poniżenia. W rezultacie dziecko zamyka się w sobie, przeżywa intensywne emocje i nabywa przekonania, że „coś jest z nim nie tak". Na dłuższą metę prowadzi to do wykształcenia reakcji obronnych, które ukształtują osobowość dziecka. Długotrwałe toksyczne konflikty, za którymi nie idą próby naprawy relacji, są szkodliwe dla rozwijającego się umysłu.

Jeśli w dzieciństwie doświadczyliśmy częstych toksycznych konfliktów z rodzicami, po których nie dochodziło do pojednania, wstyd może nadal odgrywać istotną rolę w naszym życiu. Nie zawsze jesteśmy tego świadomi. Nagłe zmiany emocjonalne odczuwane w komunikacji z innymi ludźmi wskazują na aktywację mechanizmów ochraniających nas przed dotkliwym uczuciem wstydu. Te schematy reakcji utrzymują się w dorosłym życiu i wpływają na sposób, w jaki wychowujemy swoje dzieci. Refleksja jest niezwykle istotnym narzędziem odkrywania tych skomplikowanych zależności, które uniemożliwiają nam bycie skutecznym rodzicem.

Nieporozumienia z dzieckiem mogą przejawiać się na różne sposoby. Skrajne konflikty prowadzą do wycofania się lub agresywnego zachowania dziecka. Z kolei subtelnym przejawem osłabienia więzi może być unikanie kontaktu wzrokowego, zmiany w tonie głosu albo spadek zaangażowania, które wskazują na wstyd odczuwany przez dziecko. Gdy rodzice lub dzieci czują się niewysłuchani, mogą także upierać się przy swoim zdaniu, co prowadzi do dalszych kłótni i nieporozumień. W ten sposób zostaje uruchomiony mechanizm błędnego koła, w którym rodzic i dziecko czują się coraz bardziej ignorowani, niewysłuchani i niezrozumiani.

NAPRAWA RELACJI

Naprawa relacji wymaga nawiązania interakcji, ale zanim do tego dojdzie, rodzic musi się wyciszyć. Nie uda ci się pojednać z dzieckiem, jeśli wciąż odczuwasz złość i znajdujesz się w niższym stanie umysłu. Dlatego poświęć czas, aby najpierw przejść w wyższy tryb funkcjonowania. Dziecko ma ogromne trudności w inicjowaniu porozumienia z rodzicem, który jest na nie wściekły lub budzi w nim lęk. Pamiętaj także, że brak porozumienia – zwłaszcza kiedy odczuwamy silne emocje i najbardziej potrzebujemy zrozumienia – rodzi uczucie wstydu, które utrudnia naprawę relacji. To właśnie z tego powodu może w ogóle nie dojść do pojednania. Niektórzy rodzice wolą zapomnieć o nieprzyjemnych wydarzeniach i zachowywać się tak, jakby nic się nie stało. W rezultacie dziecko jeszcze bardziej traci kontakt ze swoimi uczuciami.

Nie musisz ulegać tendencji do „zapominania" o nieporozumieniach, nawet jeśli w dzieciństwie doświadczyłeś wielu toksycznych konfliktów, po których nie doszło do pojednania. Jeśli po kłótni twoi rodzice zachowywali się tak, jakby nic się nie stało, prawdopodobnie zmagasz się z nierozwiązanymi problemami dotyczącymi wstydu. Teraz masz jednak okazję do ich uzdrowienia i zapewnienia swojemu dziecku innego, wzbogacającego zestawu doświadczeń. Najtrudniejsze chwile i wyzwania rodzicielstwa nie muszą stanowić dla ciebie tylko obciążenia – mogą być także okazją do nauki i rozwoju. Nieporozumienia i pojednania pozwalają nam budować wewnętrzną siłę oraz bliskość w relacji.

W jaki sposób rodzic może rozpocząć proces pojednania? Po pierwsze, należy nabrać dystansu do konfliktu. Każdy człowiek potrzebuje czasu, żeby przetworzyć bolesne wydarzenia i uczucia, dlatego tak ważne jest, aby mieć go tylko dla siebie. Głębokie oddychanie pomaga odciągnąć myśli od konfliktu i wyciszyć umysł, zaś aktywność fizyczna rozprasza intensywne emocje i pomaga pozbyć się nadmiaru adrenaliny. Ruch przywraca także dobry nastrój i pozwala w nowy sposób spojrzeć na daną sytuację, a przebywanie na świeżym powietrzu wśród przyrody oddziałuje uspokajająco.

Gdy uda ci się wyciszyć i odzyskać jasność myślenia, zastanów się, jak nawiązać kontakt z dzieckiem. Nie rób tego przedwcześnie, zanim „chmury burzowe" w twoim umyśle się rozproszą i kiedy ciągle jesteś podatny na utratę kontroli. Łatwo wtedy możesz powiedzieć lub zrobić coś, czego później będziesz żałował. Jeśli to możliwe, nie dotykaj swojego dziecka. Wyrażamy złość przez swoje dłonie, więc zawsze istnieje ryzyko, że zachowasz się w sposób dla niego krzywdzący. A gdyby tak się stało, proces naprawy relacji byłby jeszcze trudniejszy.

Zastanów się, dlaczego twoje problemy wewnętrzne ujawniły się akurat w tej konkretnej sytuacji. Postaraj się jednak także dostroić do sygnałów i przeżyć dziecka. Przyjęcie obu perspektyw jest niezbędne, gdyż w przeciwnym razie mógłbyś ponownie utracić kontrolę nad sobą, gdyby dziecko stawiało opór wobec twoich prób pojednania.

Zastanów się zatem nad swoimi doświadczeniami z przeszłości. Jak to się stało, że interakcja z dzieckiem aktywowała w tobie właśnie taki wzorzec zachowania? Jak doszło do tego, że zacząłeś reagować z poziomu niższego stanu umysłu? A potem spróbuj spojrzeć na tę sytuację z perspektywy swojego dziecka. Jak wyobrażasz sobie jego przeżycia? Bardzo łatwo zapomnieć, jak małe i wrażliwe są dzieci i jak przerażające mogą być dla nich rodzinne konflikty. Szczególnie najmłodsze nie potrafią sobie poradzić z długotrwałym osłabieniem więzi z rodzicami: czują się wtedy porzucone i doświadczają ogromnego stresu. W takim wypadku należy jak najszybciej podjąć próbę pojednania.

Złość na siebie, jaką rodzice odczuwają z powodu utraty kontroli, uniemożliwia naprawę relacji. Mechanizmy obronne nie pozwalają dorosłemu dostrzec, jak bardzo jego dziecko potrzebuje się z nim pojednać. Jeśli rodzice nienawidzą samych siebie za swoją bezbronność lub nie akceptują swej emocjonalnej potrzeby więzi, projektują te uczucia na dziecko i złoszczą się z powodu jego zachowania. W ten sposób ich nierozwiązane problemy wewnętrzne uniemożliwiają naprawę relacji.

INICJOWANIE NAPRAWY RELACJI

Zdolność do koncentracji na swoich emocjach i jednocześnie na przeżyciach dziecka jest głównym warunkiem skutecznej naprawy relacji. Przykucnij, aby dostosować się do wzrostu dziecka. Pamiętaj, że młodsze dzieci zwykle pragną być blisko, ale dla starszych taka bliskość może być zbyt natarczywa – wolą zachować dystans. Twoje dziecko może nie wykazywać chęci pojednania ani nie chcieć poruszania przykrych kwestii, więc to ty jesteś odpowiedzialny za podjęcie nienatarczywych, empatycznych prób naprawy relacji. Sposób, w jaki dziecko się zachowuje w trakcie kryzysu emocjonalnego, zależy od jego temperamentu. Niektóre dzieci potrzebują dużo czasu, aby dojść do siebie, inne mniej. Ważne jest, aby dorosły starał się odnowić z nim porozumienie.

Nie poddawaj się, jeśli zostaniesz odrzucony przy pierwszej próbie. Twoje dziecko pragnie mieć z tobą ciepłą i pozytywną relację, a twoim zadaniem jest zainicjowanie jej naprawy. Dobrze jest nawiązać do konfliktu w sposób neutralny, uwzględniając obie perspektywy: „Ta kłótnia była bardzo trudna dla nas obojga. Chciałbym, żebyśmy znów czuli się dobrze ze sobą. Porozmawiajmy o tym". Razem z dzieckiem doświadczyliście nieporozumienia, chociaż każde z was inaczej postrzega to, co się stało. Nie dojdzie do pojednania, jeśli będziesz próbował obwiniać je za wszystko. Rodzice muszą przejąć odpowiedzialność za swoje zachowania i problemy.

Rozpocznij od wyrażenia swych intencji. Przekaż dziecku, że pragniesz się z nim porozumieć, oraz zwróć uwagę na trudności, jakich oboje doświadczyliście. Następnie wysłuchaj, co ono ma do powiedzenia na temat swoich odczuć. Nie przesłuchuj go. Powstrzymaj się od oceniania jego wypowiedzi - po prostu słuchaj. Bądź otwarty na jego punkt widzenia. Nie musisz bronić siebie i swojego zachowania. Poznaj perspektywę dziecka, zanim podzielisz się z nim własnymi przeżyciami. Pamiętaj też, by dzielić się swoimi przemyśleniami na temat tego, co od niego usłyszałeś. Zwracaj uwagę zarówno na treść, jak i na głębsze znaczenie jego doświadczeń emocjonalnych.

Gdy zaczniesz omawiać toksyczne aspekty konfliktu (krzyk, przeklinanie, rzucenie butelką ketchupu), przekaż dziecku, że wszystkim ludziom - nawet rodzicom - zdarzają się kryzysy emocjonalne, podczas których nie zachowują się racjonalnie i „tracą głowę". Dzieci muszą to usłyszeć, aby mogły zrozumieć innych ludzi, swoich rodziców i samych siebie oraz pojąć istotę toksycznych konfliktów. W przeciwnym razie nie będą w stanie stworzyć spójnej historii o tych trudnych doświadczeniach.

Dzieci różnie radzą sobie z konfliktami w zależności od wieku i temperamentu. Niemowlęta są szczególnie wrażliwe na toksyczne konflikty, gdyż nie potrafią ich wewnętrznie przetworzyć. Przedszkolak może poczuć się zagubiony lub zachowywać się impulsywnie w celu rozładowania nagromadzonego w nim napięcia (acting-out), w związku z czym potrzebuje więcej uwagi i większego kontaktu niż starsze dziecko. Młodsze dzieci potrzebują także pomocy w stworzeniu spójnej historii o wydarzeniach związanych z konfliktem - wykorzystania maskotek, bajek, rysunków lub odgrywania ról. Starsze znacznie lepiej radzą sobie z komunikacją werbalną, więc mogą wziąć udział w rozmowie o tym, co się wydarzyło, i zastanowić się zarówno nad swoimi własnymi reakcjami, jak i nad przeżyciami rodzica.

PEDAŁ GAZU I HAMULEC

Rodzic może pomóc dziecku w regulowaniu jego emocji i impulsów. Jak pisaliśmy wcześniej, obszar przedczołowy mózgu koordynuje bardzo istotne procesy: samoświadomość, uwagę oraz komunikację emocjonalną. Kora przedczołowa odgrywa kluczową rolę w regulowaniu emocji, gdyż znajduje się w takim miejscu, że łączy się z trzema głównymi obszarami mózgu: korą nową - odpowiedzialną za przetwarzanie wyższych procesów umysłowych, takich jak racjonalne myślenie; obszarem limbicznym w środkowej części mózgu - odpowiadającym za procesy motywacyjne oraz emocjonalne; oraz niższymi strukturami pnia mózgowego, które odbierają bodźce z całego organizmu i wiążą się z takimi podstawowymi procesami, jak reagowanie instynktowne, regulacja cyklów snów i czuwania oraz stanów czujności i pobudzenia.

Obszar przedczołowy znajduje się w górnej części układu nerwowego, która reguluje funkcje narządów wewnętrznych, takich jak serce, płuca i jelita. Wielu naukowców uważa, że sygnały z tych części ciała docierają do umysłu i decydują o naszym samopoczuciu. Okazuje się, że kora przedczołowa nie tylko odbiera sygnały z różnych układów, ale także pełni rolę „dyrektora generalnego" regulującego ich funkcjonowanie. Obszar przedczołowy działa na zasadzie „sprzęgła", gdyż kontroluje i dba o równowagę między dwiema częściami autonomicznego układu nerwowego: układem sympatycznym (pedał gazu) oraz parasympatycznym (hamulec). Aktywacja „pedału gazu" prowadzi do tego, że nasze serce, płuca i jelita pracują znacznie intensywniej, z kolei pod wpływem „hamulca" organizm się uspokaja. Zachowanie równowagi pomiędzy tymi dwoma układami jest kluczem do zdrowej regulacji emocji.

Gdy jesteśmy podekscytowani, dochodzi do aktywacji „pedału gazu", a gdy mówimy „nie", aktywujemy „hamulec". Spróbuj przeprowadzić pewien eksperyment: poproś przyjaciół lub bliskich, aby usiedli, zamknęli oczy i w ciszy skoncentrowali się na swoich wewnętrznych odczuciach. A teraz powoli i wyraźnie wypowiedz pięć razy słowo „nie". Poczekaj kilka minut, aby osoby biorące udział w eksperymencie mogły obserwować swoje reakcje. Następnie powoli i wyraźnie wypowiedz pięć razy słowo „tak". Potem poproś uczestników o podzielenie się wrażeniami. Zwykle słowo „nie" wywołuje uczucie ciężkości, wycofania oraz nieuchwytnego dyskomfortu, a słowo „tak" wzbudza raczej podnoszące na duchu, radosne lub spokojne odczucia.

„Tak" aktywuje „pedał gazu", z kolei „nie" uruchamia „hamulec". Jako rodzice zmierzamy się z koniecznością wyznaczania granic. Dzieci często słyszą od nas „nie", szczególnie po ukończeniu pierwszego roku życia. Osiemnastomiesięczne dziecko jest podekscytowane eksploracją świata i praktykowaniem nowych zdolności motorycznych. Z całą pewnością będzie chciało zrobić coś niebezpiecznego, a rodzice będą musieli postawić mu granice. Wyznaczanie granic polega na włączaniu „hamulców", gdy w mózgu dziecka aktywny jest „pedał gazu". W idealnej sytuacji hamulec doprowadzi do wyłączenia „pedału gazu" i dziecko posłucha rodzica.

Aktywacja „pedału gazu", a potem włączenie „hamulca" prowadzi do takiej reakcji układu nerwowego, która przejawia się odwracaniem wzroku, uczuciem ciężkości w klatce piersiowej oraz uciskiem w dołku. Przypomina to uczucie wstydu, o którym mówiliśmy wcześniej, ale wstyd związany z wyznaczaniem granic naukowcy uznają za „zdrowy". W ten sposób dzieci uczą się regulować swoje zachowanie za pomocą „sprzęgła emocjonalnego" zlokalizowanego w korze przedczołowej. Potrafi ono wyłączyć „pedał gazu" pod wpływem „hamulca" i przekierować uwagę na bardziej akceptowalne tory. Dzieci dowiadują się, że nie zawsze mogą zrobić to, co chcą, a wtedy mogą skierować uwagę na coś innego.

Dzieci, które nie doświadczyły prób wyznaczania granic, będą miały słabo rozwinięte „sprzęgło emocjonalne". Niektórzy rodzice nie chcą być postrzegani jako „źli", więc niechętnie mówią „nie" i nie dostarczają dziecku tych istotnych doświadczeń rozwojowych. Jeśli „sprzęgło emocjonalne" nie zostanie wystarczająco rozwinięte, dziecko nie będzie potrafiło skutecznie zarządzać swoją energią. Jednym z zadań rodziców jest więc wspieranie w dzieciach rozwoju zdolności utrzymywania równowagi między „hamulcem" a „pedałem gazu". Z czasem nauczą się one radzić sobie z odmową i granicami, zachowując przy tym dobre samopoczucie i wiarę w siebie.

Twoje dziecko jest podekscytowane rzucaniem zabawek lub wspinaniem się na szafkę kuchenną. Mówisz mu „nie", a tym samym włączasz jego „hamulce". Następnie pomagasz mu znaleźć taki rodzaj aktywności, który rozładuje jego energię i zaspokoi potrzebę ruchu: „Możesz iść na zewnątrz i wziąć koszyk z piłeczkami. Założę się, że bardzo chciałbyś nimi porzucać" lub „Szafki nie służą do wspinania się, ale możesz pójść na zewnątrz i powspinać się na wieżę obok huśtawki. Pewnie będziesz miał stamtąd niezły widok". W takiej sytuacji dochodzi do ponownego włączenia „pedału gazu", gdyż dziecko czuje, że dostroiłeś się do jego podekscytowania związanego z zabawą. „Hamulce" zostają wyłączone, gdyż „pedał gazu" jest teraz skierowany na inną aktywność. Przekazywanie wyraźnych komunikatów na temat akceptowanych i nieakceptowanych aktywności jest źródłem doświadczeń rozwijających w dziecku poczucie bezpieczeństwa. Musi ono zostać skonfrontowane z granicami innych ludzi, ponieważ tylko w ten sposób może rozwinąć w sobie zdolność samoregulacji: włączania „hamulców" i kierowania swojej energii na inne tory. W przeciwnym wypadku jego „sprzęgło emocjonalne" nie nabierze zdolności do elastycznego reagowania na otoczenie, a odmowy i „nie" będą wywoływać w nim lawinę emocji lub napady złości. Takie wybuchy emocjonalne staną się równie wyczerpujące dla rodziców, jak dla niego.

Rodzice pomagają w dziecięcej nauce utrzymywania równowagi między „pedałem gazu" a „hamulcem". Wymaga to od nich zdolności do tolerowania napięcia oraz niezadowolenia, jakie odczuwa dziecko w sytuacji, gdy zostaje skonfrontowane z odmową lub czyimiś granicami. Jeśli rodzic nie jest w stanie znieść dziecięcej frustracji, jeśli poddaje się i zawsze daje mu to, czego ono chce, tylko dlatego, aby uniknąć konfliktów, nie pomoże mu w nauce regulowania emocji i samokontroli.

Dziecku nie trzeba zawsze tłumaczyć, dlaczego mu się czegoś odmawia lub zabrania. Nie zawsze jest to pomocne. Jeśli dorosły chce wszystkie swoje decyzje logicznie uzasadniać, łatwo wpadnie w pułapkę nieskończonych argumentów i negocjacji, a dziecko będzie uważać, że wystarczy przedstawić mu rozsądne argumenty, żeby otrzymać to, czego chce. Czasem wystarczy powiedzieć: „Nie, to mi nie odpowiada" lub „Rozumiem, co czujesz, ale nie zmienię swojego zdania". Nie musisz tłumaczyć wszystkich swoich decyzji, podawać swoich powodów ani też oczekiwać, że dziecko zgodzi się z każdą twoją decyzją.

Jeśli zaczniesz krzyczeć na dziecko, gdy zareaguje oporem na „nie", wzbudzisz w nim nieprzyjemne, głębokie poczucie toksycznego wstydu i poniżenia. Doświadczy ono nie tylko zerwania więzi, ale także poczucia, że jego impulsy są „złe". Kiedy rodzic złości się na dziecko, obszar przedczołowy może jednocześnie aktywować dziecięcy „hamulec" (reakcja na „nie") i „pedał gazu" (reakcja na złość rodzica). Jest to sytuacja toksyczna, przypominająca próbę prowadzenia samochodu z włączonymi hamulcami i pedałem gazu. W rezultacie „sprzęgło emocjonalne" dziecka nie jest w stanie odpowiednio zadziałać i skutkiem może być „atak wściekłości". Gdy obwody mózgowe dziecka są przeładowane, bardzo szybko wchodzi ono w niższy stan umysłu – podobnie jak rodzic.

RODZIC TRACI PANOWANIE NAD SOBĄ

Oto historia Dana, która ilustruje przebieg jego konfliktu z synem oraz proces naprawy relacji.

Razem z moim dwunastoletnim synem zaplanowaliśmy wizytę w sklepie elektronicznym, żeby kupić jakieś urządzenie do jego zestawu gier wideo. Tego dnia byłem bardzo zajęty, ale udało mi się znaleźć pół godziny przed bardzo ważnym spotkaniem. Odczuwałem nieprzyjemną presję czasu, lecz nie chciałem rozczarować syna i dlatego zgodziłem się na szybkie zakupy. Tak naprawdę jednak powinienem przełożyć je na inny dzień. Darowaliśmy sobie lunch i poszliśmy prosto do sklepu, gdzie odnaleźliśmy to, o co nam chodziło. Gdy sprzedawca wydawał nam sprzęt – który kosztował dwadzieścia dolarów – mój syn zapoznawał się z nowościami i znalazł dość kosztowną, nową grę wideo w baseball, którą od razu zapragnął kupić. Nie byłem przygotowany na większy wydatek, więc powiedziałem mu: „Musimy iść. To jest zbyt drogie". Syn chciał przeznaczyć na to część swoich oszczędności – miał odłożone około sześćdziesięciu dolarów z kieszonkowego. Ja usiłowałem przekonać go do zakupu jakiejś tańszej gry. Zaczęliśmy się kłócić: kwestionowałem sens jego wyboru, poruszyłem kwestię wartości pieniędzy, argumentowałem, że nie musi mieć wszystkiego, co mają koledzy.

Byłem głodny, a w dodatku spieszyłem się na spotkanie. Irytowało mnie, że syn prosi o kolejną grę, zamiast poprzestać na tych, które już ma. Zacząłem narzekać, że współczesne życie opiera się na dobrach materialnych i nie ma w nim miejsca na głębsze wartości. Następnie wygłosiłem „kazanie".

– Cóż, czterdzieści dolarów to sporo pieniędzy. Taki zakup trzeba planować z wyprzedzeniem. Musisz nauczyć się doceniać rzeczy, które masz. Nie możesz kupować wszystkiego, co ci się tylko spodoba. Zastanów się nad tym. Ale jeśli w przyszłym tygodniu nadal będziesz chciał tę grę, przyjdę tutaj z tobą i kupisz ją sobie za swoje pieniądze.

– Mam pieniądze i już to przemyślałem. Chcę ją kupić teraz. Mam wystarczająco dużo pieniędzy i nie możesz mi tego zabronić – odpowiedział.

– Nie kupisz tego! A teraz chodźmy! – zareagowałem stanowczo na jego upór.

– W porządku – odpowiedział. – Ale jak wrócimy do domu, to poproszę mamę i ona wróci tu ze mną i kupi mi tę grę.

– Nie zrobi tego.

– Zrobi – drażnił się ze mną. – Zobaczysz. To ona podejmuje ostateczne decyzje, a nie ty. Wróci tutaj ze mną i dostanę tę grę.

– Nie zrobi tego. Nie poprosisz swojej matki o tę grę – odpowiedziałem z niedowierzaniem.

– A właśnie, że tak – drażnił mnie dalej. – Od razu wsiądzie ze mną do samochodu i tu przyjedzie.

– Za chwilę nie kupię ci nawet tego, po co tu przyszliśmy.

– Powiem jej, jaki byłeś dla mnie niedobry. Zaraz tu ze mną przyjedzie.

– Jeśli powtórzysz to jeszcze raz, wyjdziemy do domu bez niczego.

– Dobra. Mama mi go kupi.

Rzuciłem wybrany sprzęt na ladę.

– Dość tego! Wychodzimy – powiedziałem.

Emocje wzięły górę i wybiegłem do samochodu. W drodze do domu mój syn ze łzami w oczach powiedział, że wie, iż jestem wrażliwym facetem, więc w stosownym momencie znajdzie sposób, żeby się na mnie odegrać. Ta groźba tylko dolała oliwy do ognia: wszedłem w niższy tryb funkcjonowania i wybuchnąłem. Zacząłem przeklinać i zagroziłem, że nie pozwolę mu grać na konsoli przez dziesięć miesięcy.

Gdy wróciliśmy do domu, pobiegł do matki i powiedział jej, że przeklinałem i byłem dla niego niemiły. Zaczął ją prosić, żeby natychmiast zabrała go do sklepu. Potem poszedł do swojego pokoju, a ja udałem się do swojego.

Krew we mnie wrzała. Wiedziałem, że nie jestem w stanie racjonalnie myśleć i z trudem radzę sobie z wściekłością. Rozważałem, czy nie zabronić mu grania przez cały rok albo czy nie schować sprzętu do gry. Potrzebowałem ochłonąć i odzyskać kontakt ze sobą. Wykonałem kilka głębokich oddechów i ruchów, które pomogły mi uwolnić napięcie w ciele. Powoli zacząłem się uspokajać. Myślałem o synu i o naszym konflikcie: rano świetnie się bawiliśmy, cieszyłem się, że kupię mu nowe urządzenie. Potem przypomniałem sobie jego ekscytację, kiedy opowiadał mi o nowej grze, jej możliwościach i o tym, ile przyniesie mu radości. Chciał nauczyć mnie grać, żebyśmy mogli to robić razem. Ale ja byłem zajęty myśleniem o nadchodzącym spotkaniu i ograniczyłem się jedynie do znalezienia czasu na wspólne wyjście do sklepu. W sklepie okazało się, że nie byłem psychicznie przygotowany na dodatkowy zakup, nawet z jego własnych oszczędności. Przekazałem mu całą serię sprzecznych informacji: że mógłby kupić tańszą grę, ale z jakiegoś powodu nie pozwoliłem mu skorzystać z jego pieniędzy na zakup nowszej i droższej. Moje argumenty nie miały sensu i on to dobrze wiedział. Na dodatek sam mi to komunikował.

Nie chciałem go słuchać. Gdy zaczął mi grozić, że zwróci się do matki, wszedłem w niższy tryb umysłu. Zupełnie nie uszanowałem jego potrzeby niezależności: chciał przecież tylko skorzystać ze swoich pieniędzy. A on odparł mój atak groźbą, że poskarży się mamie. Nie dostrzegłem emocjonalnego podłoża całej sytuacji, skupiłem się tylko na jego zewnętrznym zachowaniu. Oceniłem je jako wyraz braku wdzięczności i niechęci do rozsądnych ograniczeń dotyczących zakupów.

Wyznaczanie granic jest niezwykle istotne, ponieważ pozwala dziecku nauczyć się radzenia sobie z frustracją. Z drugiej strony, dzieci muszą mieć możliwość samodzielnego podejmowania decyzji, aby uczyć się na własnych błędach. Moje zastrzeżenia co do ceny były rozsądne, ale nie dostrzegłem frustracji syna, która przejawiała się w formie gróźb, że poskarży się mamie. Nie dostroiłem się także do jego uczucia ekscytacji i zachwytu nową grą. Straciłem kontrolę nad własnym myśleniem i przestałem być skuteczny w roli rodzica. Narzuciłem mu bezsensowną karę i użyłem niestosownych słów. Całkowicie zanurzyłem się w niższym stanie umysłu: byłem tylko automatycznymi reakcjami neuronalnymi.

Zastanawiając się nad tym doświadczeniem, zapragnąłem znowu nawiązać z nim kontakt i naprawić naszą relację. Zastałem go całego we łzach na podłodze we własnym pokoju. Powiedziałem, że bardzo mi przykro z powodu naszej kłótni. Odwrócił wzrok, ale przestał płakać. Przyznałem, że nie powinienem był tak się do niego zwracać, i chcę, żebyśmy obaj zastanowili się nad tym, co się stało. Powiedział mi, że myślał o tej grze już od dawna, o czym nie wiedziałem. Jego zdaniem, powinienem był pozwolić mu na ten zakup. Opisałem mu, jak rozumiem to, co się wydarzyło, i wyznałem, że byłem wtedy zajęty myśleniem o swoich problemach. Wykazałem zrozumienie dla jego entuzjazmu związanego z grą i powiedziałem, że z powodu własnych zmartwień nie potrafiłem odpowiednio zareagować. Zaczął płakać. Przytuliłem go i przyznałem, że zachowałem się jak pajac. Przeprosiłem go też za to, że przy nim przeklinałem.

Powiedziałem że rozumiem i szanuję, jak ważna jest dla niego możliwość samodzielnego rozporządzania własnymi pieniędzmi. Przedstawiłem także, jak on, moim zdaniem, przyczynił się do naszej kłótni, grożąc mi i chcąc się na mnie „odegrać". Chociaż rozumiałem jego złość, nie zmienia to faktu, że przesadził ze swoim zachowaniem, podobnie jak ja z moim.

Zakomunikowałem mu także, że porozmawiam później z mamą i wspólnie wymyślimy plan rozwiązania tej sytuacji. Wieczorem mieliśmy spotkanie rodzinne na temat tego, co się wydarzyło. Razem opowiedzieliśmy całą historię o moim wybuchu emocjonalnym. Najpierw popłynęły łzy, a potem śmialiśmy się serdecznie, naśladując siebie nawzajem. Syn całkiem nieźle mnie sparodiował.

ĆWICZENIE – WGLĄD W SIEBIE

- W jaki sposób twoja rodzina radziła sobie z konfliktami, gdy byłeś dzieckiem? Czy przypominasz sobie jakieś nieporozumienia lub konflikty na tle wyznaczania granic? Jak radzili sobie z tym twoi rodzice? Zastanów się nad jakąś sytuacją, w której doświadczyłeś toksycznego konfliktu w dzieciństwie. Co się wtedy wydarzyło? Jak się czułeś? Jak zachowali się twoi rodzice? Jak to się skończyło? Czy doszło do pojednania? Jeśli tak, to w jaki sposób wpłynęło ono na waszą relację?

- Zastanów się nad konfliktem ze swoim dzieckiem. Co się wydarzyło? Jak się czułeś? Jak zareagowało dziecko? Czy doszło w tobie do aktywacji jakiegoś nierozwiązanego problemu wewnętrznego lub nieprzepracowanej traumy? Czy rozpoznajesz wzorce, które uniemożliwiły ci porozumienie z dzieckiem? Czy w konflikcie wystąpiły elementy toksyczne? Jeśli wszedłeś w niższy stan umysłu, jaki był tego efekt w twoim wnętrzu, a jaki w twoim zachowaniu? Jak udało ci się wyjść z tego stanu? Jeśli nie dążyłeś do naprawy relacji, w jaki sposób zrobiłbyś to teraz lub przy następnej okazji w przyszłości?

- Jaki aspekt naprawy relacji jest dla ciebie najtrudniejszy? Co pomaga ci określić, że wszedłeś w niższy stan umysłu? Co pomaga ci z niego wyjść? Czy potrafisz wyczuć, kiedy tracisz kontakt ze swoim dzieckiem? Gdy już do tego dojdzie, w jaki sposób wycofujesz się z toksycznej interakcji, wyciszasz się i ponownie wchodzisz w wyższy tryb przetwarzania? W jaki sposób podchodzisz do procesu naprawiania relacji? Które aspekty komunikacji są dla ciebie najtrudniejsze? Jaką rolę w tym wszystkim odgrywa twój wstyd? Czy stoi na przeszkodzie naprawie waszej relacji?

- Jak możesz naprawić relację z samym sobą? Jakie mechanizmy obronne uniemożliwiają ci uświadomienie sobie swojego wstydu? Pomyśl o swoich doświadczeniach z dzieciństwa, które wiązały się z utratą porozumienia z rodzicem oraz uczuciem wstydu. Przypomnij sobie związane z nimi obrazy i wrażenia. Nie poddawaj ich cenzurze – po prostu obserwuj. Gdy będziesz gotów, zastanów się, jak możesz uzdrowić swoje stare rany. Przypomnij sobie problemy z przeszłości – rozpoznaj je i uwolnij. Możesz zostać rodzicem dla samego siebie dzięki nawiązaniu kontaktu ze swoim wnętrzem.

CO NA TO NAUKA?

Złożoność życia

Konflikt między potrzebą więzi a potrzebą autonomii był przedmiotem licznych badań. W naszych opowieściach życiowych pojawia się wiele przykładów zachowania, które służy zachowaniu własnej integralności w relacjach z innymi ludźmi. Badania nad rozwojem człowieka potwierdzają, że już od okresu niemowlęctwa próbujemy pogodzić swoją indywidualność z potrzebą więzi. W okresie dojrzewania mierzymy się z wyzwaniem, które polega na budowaniu własnej niezależnej tożsamości. W tym czasie koncentrujemy się na kontaktach z rówieśnikami i ulegamy wpływowi kultury nastolatków, która kształtuje naszą rzeczywistość. Jak powiedział pewien chłopiec: „Muszę nosić w ten sposób spodnie, żebym był taki jak ci, którzy próbują być inni". Konflikt wewnętrzny między potrzebą więzi a potrzebą autonomii nigdy nie zanika: dorośli również usiłują pogodzić swoje zobowiązania wobec innych z własną potrzebą niezależności. Doświadczają podobnych dylematów, chociaż mogą lepiej sobie z nimi radzić.

Dlaczego pogodzenie tych dwóch potrzeb wiąże się z takim napięciem? Próby głębszego zrozumienia tego skomplikowanego zagadnienia doprowadziły nas do badań nad systemami złożonymi. Teoria złożoności, znana również jako teoria chaosu lub dynamika nieliniowa układów złożonych, jest perspektywą zaczerpniętą z matematyki i dotyczy tego, jak systemy złożone (takie jak chmury lub ludzki umysł) organizują swoje funkcjonowanie w czasie. W niniejszej sekcji opiszemy kilka zasad tej teorii, szczególnie istotnych z punktu widzenia rodzicielstwa oraz relacji międzyludzkich.

Dlaczego chmury przyjmują tak niezwykłe kształty? Dlaczego cząsteczki wody, z których się składają, nie poruszają się w sposób bardziej przypadkowy w atmosferze? Dlaczego nie ukazują się po prostu jako pojedyncze pasma lub nie wyparowują? Naukowcy poszukiwali odpowiedzi na te pytania w teorii prawdopodobieństwa. Matematyka dostarcza wskazówek, dlaczego chmury i inne systemy złożone zmieniają się w czasie w określony sposób. System złożony to system otwarty (odbiera bodźce z zewnątrz, takie jak światło słoneczne lub komunikaty innych ludzi), który posiada warstwy elementów wykazujące chaotyczne zachowania. Ludzki umysł oraz mózg spełniają te kryteria.

Główne założenie dotyczące systemów złożonych jest takie, że posiadają one właściwości samoregulujące, wynikające z fizycznego powiązania ich elementów. Samoorganizacja decyduje o zmianach systemu w czasie, a zatem o położeniu lub aktywności poszczególnych jego składników. W wypadku chmury oznacza to położenie cząsteczek oraz ich przemieszczanie się w przestrzeni. Jeśli chodzi o mózg, samoregulacja dotyczy aktywacji konkretnych grup neuronów, a w wypadku umysłu – przepływu informacji oraz energii. Oto kilka cech charakterystycznych systemu złożonego:

- Samoorganizacja. System samorzutnie dąży do złożoności.
- Nieliniowość. Niewielkie zmiany warunków początkowych mogą doprowadzić do dużych i nieprzewidywalnych zmian systemu w czasie.
- Właściwości rekurencyjne. W miarę upływu czasu system dąży do odwoływania się do samego siebie, aby wzmocnić kierunek swojego rozwoju.
- Ograniczenia. Istnieją dwa główne czynniki wpływające na system: ograniczenia zewnętrzne i wewnętrzne.
- Stany. System zmienia się w czasie, wchodząc w różne stany istnienia lub aktywacji.

Dobre samopoczucie a złożoność

Teorię złożoności można zastosować do zjawiska zdrowia psychicznego. Sugeruje ona, że system jest najbardziej stabilny, elastyczny i adaptacyjny, gdy procesy samoorganizujące dążą do złożoności. Niełatwo określić, czym ta złożoność jest, ale można powiedzieć, czym nie jest. Z jednej strony jej przeciwieństwem będzie: jednostajność, sztywność, przewidywalność i brak ruchu, a z drugiej: przypadkowość, nieprzewidywalność, nieporządek oraz chaos. Złożoność znajduje się gdzieś pomiędzy tymi dwoma ekstremami.

Posłużmy się przykładem chóru. Gdyby wszyscy śpiewacy wydawali z siebie ten sam dźwięk, nie mielibyśmy do czynienia ze śpiewem, ale z nudną, głośną niezmiennością. Z kolei gdyby każdy śpiewał niezależnie od innych, byłaby to kakofonia dźwięków, czyli chaos. Złożoność jest harmonią, która znajduje się gdzieś pomiędzy tymi dwiema skrajnościami. Bogate, dodające energii poczucie złożoności (integracji) pojawia się wtedy, gdy system dąży do harmonii w naturalny i samoorganizujący się sposób.

Teoria złożoności sugeruje więc, że samoorganizujący się przepływ (*flow*) jest najbardziej stabilny, adaptacyjny i elastyczny. Oto bardzo praktyczna definicja zdrowia psychicznego, która opiera się na założeniu, że zdrowie wynika z integracji!

W jaki sposób umysł osiąga taki przepływ (*flow*)? Przede wszystkim, dzięki naturalnemu dążeniu do złożoności. To wspaniała nowina! Proces uzdrawiania wymaga tylko uruchomienia wrodzonego procesu: naturalnej orientacji umysłu na harmonijną integrację. Z kolei doświadczenia i sytuacje życiowe, które hamują to dążenie, można zdefiniować jako „stresujące". Obciążony stresem system dąży do jednej z dwóch skrajności: sztywności lub chaosu.

Teoria złożoności przynosi nowe spojrzenie na zrównoważone funkcjonowanie umysłu. Przy zdrowym przepływie energii i informacji system podlega nieustannym zmianom i dąży do złożoności (harmonii). Uczenie się przez całe życie to przykład otwartości na taką zmianę. Gdy pojawia się stres, przepływ energii i informacji zmierza ku skrajnym stanom: jednym z nich może być zamknięcie się w sobie, któremu towarzyszy uczucie wstydu, a drugim stan chaosu, kiedy wybuchamy złością. Zarówno zamknięcie w sobie, jak i wybuchy złości to przejawy zmian umysłu w kierunkach przeciwnych do harmonii.

Konflikt pomiędzy potrzebą więzi a autonomią

Ludzki umysł jest systemem otwartym (odbiera bodźce z zewnątrz), zdolnym do chaotycznego zachowania (w niektórych wypadkach aż za bardzo!). To złożony układ dynamiczny, który podlega ograniczeniom wewnętrznym i zewnętrznym. Dan definiuje go jako samoorganizujący się, ucieleśniony i relacyjny proces, który reguluje przepływ energii oraz informacji. Zachodzi on zarówno w naszym wnętrzu (jest ucieleśniony), jak i między ludźmi (jest relacyjny). Wewnętrznymi ograniczeniami umysłu są połączenia synaptyczne między neuronami mózgowymi, które zarządzają naturalnym przepływem energii w ciele i kształtują procesy mentalne. Zewnętrznymi ograniczeniami są relacje, jakie nawiązujemy z ludźmi. Relacja wymaga przepływu energii oraz informacji między dwiema osobami. Innymi słowy: komunikacja interpersonalna jest ograniczeniem zewnętrznym, które jednocześnie kształtuje nasz umysł.

Gdy odczuwamy potrzebę kontaktu z innymi ludźmi, wykorzystujemy ograniczenia zewnętrzne do modyfikacji złożonego systemu naszego umysłu. Mózg został stworzony w taki sposób, że reguluje swoje funkcje w odpowiedzi na zewnętrzne bodźce. To właśnie dlatego niemowlęta potrzebują więzi z opiekunami: dzięki nim mogą prawidłowo się rozwijać i regulować pracę mózgu. Zjawisko to nazywamy regulacją w diadzie (*dyadic regulation*). To właśnie diada rodzic-dziecko umożliwia dziecku osiągnięcie równowagi psychicznej. Interakcje z rodzicem stymulują rozwój struktur neuronalnych potrzebnych do nauczenia się samoregulacji. Są to obszary integrujące kory przedczołowej, łącznie z obszarami kory brzuszno-bocznej, przyśrodkowo przedczołowej, oczodołowo-czołowej oraz kory przedniej zakrętu obręczy. Obszary te odbierają informacje ze świata zewnętrznego w procesie komunikacji interpersonalnej i wykorzystują je do regulowania przepływu energii, przetwarzania emocji oraz osiągania równowagi fizycznej. Fundamentalna rola integrująca i regulująca obszarów przedczołowych polega na połączeniu ze sobą czterech elementów: procesów społecznych, poznawczych, emocjonalnych i fizycznych.

Interakcje z ludźmi umożliwiają obszarowi przedczołowemu regulowanie obu części autonomicznego układu nerwowego. Układ sympatyczny („pedał gazu") oraz parasympatyczny („hamulec") podlegają bezpośredniemu wpływowi kory oczodołowo-czołowej, zwłaszcza w prawej półkuli. Odbiera ona i przetwarza niezwykle ważne sygnały niewerbalne i wykorzystuje je do integracji rzeczywistości interpersonalnej ze światem wewnętrznym. Połączenie funkcji fizycznych z funkcjami emocjonalnymi, poznawczymi i społecznymi wskazuje na istnienie procesów integracyjnych w złożonym systemie umysłu.

Adaptacyjna samoregulacja umożliwia zatem utrzymanie równowagi w autonomicznym układzie nerwowym. Mechanizm ten można postrzegać jako maksymalizację złożoności. Brak równowagi zaś wskazuje na zmianę w kierunku jednej ze skrajności: przy nadmiernej aktywności „pedału gazu" (układ sympatyczny) umysł osiąga chaotyczny stan pobudzenia, który może przejawiać się zdenerwowaniem lub niekontrolowaną złością; zaś przy nadmiernej aktywności układu parasympatycznego dochodzi do usztywnienia i paraliżu emocjonalnego, które mogą przejawiać się jako rozpacz lub depresja. W niektórych sytuacjach dochodzi do jednoczesnej aktywacji „hamulca" i „pedału gazu", co doskonale widać w atakach dziecięcej wściekłości. Przejście w różne stany nierównowagi zachodzi pod wpływem interakcji z innymi ludźmi lub dawnych doświadczeń, zakodowanych w pamięci jako nasze „czułe miejsca".

Ograniczenia zewnętrzne (relacje) umożliwiają małemu dziecku rozwinięcie zdolności regulowania emocji, a także korzystanie z ograniczeń wewnętrznych (budowa i funkcje neuronów). Za równowagę pomiędzy tymi dwoma procesami w mózgu odpowiada prawdopodobnie obszar przedczołowy. Przez całe życie odczuwamy na przemian potrzebę więzi i potrzebę samotności. Samoorganizujemy się na podstawie zmieniających się wpływów zewnętrznych i wewnętrznych, które kształtują ścieżki złożonego systemu naszego umysłu.

Integracja jako równowaga

Jak możemy w sposób praktyczny przedstawić dążenie do złożoności? Teoria głosi, że systemy osiągają złożoność, gdy są zdolne do zachowania równowagi między dwoma przeciwnymi procesami: dyferencjacji (różnicowanie się poszczególnych elementów) oraz łączenia (elementy łączą się ze sobą w jedną funkcjonalną całość). Ten elastyczny i stabilny stan utożsamiamy z dobrym samopoczuciem.

Teorię złożoności możemy również wykorzystać do wyjaśnienia procesu komunikacji interpersonalnej. Harmonijna komunikacja wymaga uznania indywidualności obu stron dialogu, które spotykają się po to, by zintegrować zróżnicowane perspektywy. Poczuciu integralności towarzyszy wówczas kontakt i nawiązanie relacji. Jest to idealne rozwiązanie sprzeczności pomiędzy potrzebą więzi a potrzebą niezależności. Wyniki badań nad rodzicami i dziećmi wykazującymi bezpieczny styl przywiązania potwierdzają istotną rolę maksymalnie złożonej wymiany między dorosłym a dzieckiem.

W niektórych rodzinach istnieje tendencja do unikania takich ożywczych, złożonych poziomów indywidualności oraz więzi. Na jednym biegunie mamy rodziny, których członkowie nie mają prawa do indywidualności. Każdy musi lubić to samo pożywienie, zachowywać się w ten sam sposób i mieć takie same poglądy. Dyferencjacja jest tutaj bardzo ograniczona, co obniża stopień złożoności (oraz witalności) systemu rodzinnego. Dla kontrastu, w innych rodzinach zupełnie brakuje połączenia: wszyscy jadają osobno, mają różne zainteresowania i nikt nie wykonuje wspólnych działań; rozmowy wykazują brak zainteresowania życiem wewnętrznym innych członków rodziny. W takich rodzinach wysoce zróżnicowane jednostki żyją bez poczucia więzi. Oba te skrajne przejawy zaburzonej integracji są przykładami systemów niezrównoważonych.

W codziennym życiu każdej zdrowej rodziny nieuchronnie dochodzi do konfliktów, które również można interpretować z perspektywy teorii złożoności. Konflikt prowadzi do zaburzenia poczucia witalności oraz więzi. Mózg może wejść w stan chaosu lub sztywności, a wtedy znika integracja między dwiema komunikującymi się osobami. Przyczyną takiego rozłamu w relacji może być ingerencja zewnętrzna lub presja wywierana przez drugą osobę, która chce, byśmy dostosowali się do jej oczekiwań. Taką sytuację można postrzegać jako dążenie do zbyt silnego połączenia i brak poszanowania dla czyjejś wyjątkowości. Na drugim krańcu skali znajduje się zaburzenie interakcji polegające na tym, że jednostkom nie udaje się osiągnąć połączenia lub porozumienia, więc pozostają w stanie nadmiernej dyferencjacji. W takiej izolacji człowiek polega wyłącznie na autoregulacji, podczas gdy bardzo potrzebuje porozumienia z innymi. W obu wypadkach jednostka unika złożoności, a system popada w reaktywne stany usztywnienia lub chaosu oraz traci zdolność integracji prowadzącej do harmonii.

Z czasem wszyscy rozwijamy mechanizmy adaptacyjne (obronne), które można postrzegać jako reakcje umysłu na intruzywność lub izolację. Kształtują się one po to, abyśmy mogli lepiej radzić sobie z napięciem między swoją niezależnością a potrzebą więzi z innymi ludźmi. Naszym życiowym wyzwaniem jest więc znalezienie sposobu na uporanie się z tym napięciem.

Dalsza lektura

Chaos Theory in Psychology and the Life Sciences, R. Robertson, A. Combs (red.), New York 1995.

Dynamics and Indeterminism in Developmental and Social Processes, A. Fogel i in. (red.), New York 1997.

D. J. Siegel, *Psychowzroczność*, op. cit.

D. J. Siegel, *Rozwój umysłu*, op. cit.

D. J. Siegel, *Pocket Guide to Interpersonal Neurobiology. An Integrative Handbook of the Mind*, New York 2012.

D. J. Siegel, *Brainstorm, The Power and Purpose of the Teenage Brain*, New York 2013.

D. J. Siegel, T. P. Bryson, *Zintegrowany mózg – zintegrowane dziecko*, Poznań 2013.

Shame. Interpersonal Behaviour, Psychopathology, and Culture, P. Gilbert, B. Andrews, London 1998.

L. A. Sroufe, *Emotional Development. The Organization of Emotional Life in the Early Years*, New York 1996.

F. Walsh, *Normal Family Processes. Growing Diversity and Complexity*, New York 2012.

ROZDZIAŁ 9.

ROZWIJANIE EMPATII I WSPÓLNA REFLEKSJA

WPROWADZENIE

Dzieci naśladują nas i uczą się na podstawie obserwacji. Gdyby ich rozwój polegał tylko na słuchaniu tego, co do nich mówimy, nie byłoby w tym nic trudnego. Tymczasem one przyswajają sobie nasze wartości i dowiadują się, co jest dla nas ważne, obserwując, jak zachowujemy się w codziennym życiu. Nasz charakter – czyli to, kim naprawdę jesteśmy – przejawia się w naszym zachowaniu oraz w podejmowanych decyzjach. Niezależnie od tego, ile czasu poświęcamy na autorefleksję i pogłębianie introspekcji, ostatecznie to nasze czyny świadczą o naszych wartościach. Dzieci obserwują zewnętrzne przejawy naszego charakteru oraz nasz sposób bycia - i naśladują je. Obserwują nas także dlatego, że chcą dowiedzieć się, kim naprawdę jesteśmy.

Charakter człowieka rozwija się w reakcji na doświadczenia społeczne. Jaki charakter chcielibyśmy zbudować u swoich dzieci? Czy chcemy, aby wyrosły na troskliwe jednostki, zdolne do racjonalnego myślenia, cieszenia się życiem i budowania zdrowych relacji z innymi, oraz potrafiące wykorzystywać swoje wyjątkowe zdolności? Czy chcemy, aby rozwinęły w sobie współczucie i empatię, zachowując przy tym szacunek dla siebie i zdolność dbania o własne potrzeby? Jeśli taki jest nasz cel, to w jaki sposób możemy je w tym wspierać?

INTENCJONALNOŚĆ I UWAŻNOŚĆ

Żadna książka ani żaden specjalista nie podadzą nam gotowych recept na wszystkie możliwe trudności w codziennych kontaktach z dziećmi. Lepiej nie uzależniać się wyłącznie od gotowych technik wychowawczych. Można nauczyć się takiego bycia z dziećmi, które będzie wspierać w nich rozwój życzliwości, empatii, współczującego rozumienia i świadomej obecności.

Taki sposób bycia może płynąć tylko ze współczującej postawy rodzica wobec samego siebie. A więc poznając samych siebie, wykonujemy pierwszy krok w kierunku rozwijania autorefleksji u naszych dzieci. Postawa intencjonalna jest właśnie takim rozwijaniem samoświadomości.

W jaki sposób samoświadomość rodzica wspiera rozwój empatii u dziecka? Badania nad rozwojem człowieka oraz ostatnie eksperymenty neurobiologiczne potwierdzają, że o rozwoju decydują trzy powiązane ze sobą aspekty funkcjonowania mózgu: psychowzroczność (świadomość umysłu, funkcje refleksyjne oraz mentalizacja), samoświadomość (w sensie pamięci autobiograficznej oraz narracji) oraz elastyczne reagowanie (funkcje wykonawcze, zdolność planowania, organizowania oraz odraczania gratyfikacji). Dzięki tym wyżej zorganizowanym procesom mentalnym możemy reagować w sposób przemyślany i intencjonalny w różnych okolicznościach, łącznie z sytuacjami trudnymi i niejednoznacznymi.

Elastyczne reagowanie jest możliwe dzięki rozwiniętym funkcjom wykonawczym oraz intencjonalnemu podejściu do własnych działań i decyzji. Zdolności wykonawcze w połączeniu z pozytywną troską o innych i zrozumieniem własnych emocji pozwalają nam okazywać współczucie i empatię. Dzieci, które rozwijają te wzajemnie powiązane zdolności – psychowzroczność, samoświadomość i funkcje wykonawcze – lepiej radzą sobie z podejmowaniem intencjonalnych decyzji.

Uważność (*mindfulness*) to proces, który został szczegółowo zbadany na początku tego stulecia. Jest to również praktyka znana od tysięcy lat w wielu kulturach wschodnich i zachodnich. Pierwotnie termin ten oznaczał ogólną tendencję do życzliwego i intencjonalnego zachowania. Okazuje się, że uważność wspiera także samoświadomość, na którą my kładziemy tak duży nacisk. Zarówno uważność, jak i samoświadomość bazują na ciekawości, otwartości, akceptacji i życzliwości.

Co mogą zrobić rodzice, aby rozwijać wymienione cechy u swoich dzieci? Rozmaite badania wykazały, że mogą aktywnie wspierać kształtowanie się współczucia, życzliwości oraz zdolności rozumienia własnego i cudzego życia wewnętrznego za pomocą zabawy, opowiadania historii, a także rozmów z dzieckiem o emocjach i ich wpływie na nasze zachowanie. Wymienione elementy stanowią podstawę inteligencji społecznej i emocjonalnej, które bazują na psychowzroczności.

PSYCHOWZROCZNOŚĆ

Psychowzroczność (*mindsight*) to zdolność wyobrażania sobie i rozumienia czyichś przeżyć. Umożliwia ona „zobaczenie" umysłu drugiego człowieka (stąd psycho-wzroczność). Gdy dostrzegamy czyjś umysł, jesteśmy w stanie zrozumieć jego myśli i uczucia oraz zareagować na nie w sposób empatyczny. Przejawem psychowzroczności jest empatyczna wyobraźnia, która polega na poszukiwaniu sensu nie tylko we własnym życiu, ale także w życiu innych ludzi. Empatyczna wyobraźnia pozwala zrozumieć cudze intencje oraz wybierać elastyczne, stosowne w danym kontekście społecznym zachowania. Psychowzroczność pozwala nam zatem zrozumieć innych, ale także nieustannie pogłębiać rozumienie nas samych.

Rozwijanie psychowzroczności umożliwia dziecku przewidywanie oraz rozumienie zachowania innych ludzi. Wyobrażając sobie to, co, jego zdaniem, dzieje się w umyśle drugiego człowieka, uświadamia ono sobie, iż cudzy świat wewnętrzny może być źródłem motywacji. To umożliwia dziecku także zrozumienie własnego zachowania i ogólnej rzeczywistości społecznej. Rozwój psychowzroczności zaczyna się od zdolności odróżniania obiektów ożywionych od nieożywionych w okresie niemowlęctwa. Potem dzieci szybko uczą się podstawowych zasad interakcji międzyludzkich: spójności, wzajemności, komunikacji, dzielenia się emocjami oraz ekspresji emocjonalnej. Te doświadczenia decydują o tym, w jaki sposób będą rozumiały funkcjonowanie ludzkiego umysłu.

Naukowcy sugerują, że proces ten wiąże się z nabywaniem języka oraz rozwijaniem zdolności abstrakcyjnego myślenia. Język oraz myślenie poszerzają naszą perspektywę, a także pozwalają tworzyć obrazy mentalne i posługiwać się nimi. Człowiek rodzi się z genetycznie zaprogramowaną psychowzrocznością, ale o jej rozwoju decydują dalsze doświadczenia życiowe. Wydaje się, że zależy ona od procesów mentalnych, które umożliwiają osiągnięcie spójności oraz aktywują włókna integrujące w prawej półkuli mózgu i w obszarze przedczołowym.

Być może przyszłe badania przyniosą więcej wiedzy na temat wpływu doświadczeń z dzieciństwa na integrujące obszary mózgu, które umożliwiają rozwój psychowzroczności.

ELEMENTY UMYSŁU

Refleksyjne rozmowy z rodzicami pomagają dzieciom rozwijać psychowzroczność. Warto więc zapoznać się z podstawowymi elementami umysłu, które tworzą naszą rzeczywistość wewnętrzną. Są to: myśli, uczucia, wrażenia fizyczne, wspomnienia, przekonania, postawy oraz intencje. Przedstawimy tutaj krótką ich charakterystykę.

POZNAWANIE INNYCH UMYSŁÓW

Współczucie (*Compassion*)

To zdolność współodczuwania z drugim człowiekiem i okazywania mu zrozumienia. Polega na troskliwym podejściu do czyichś nieprzyjemnych doświadczeń emocjonalnych. Współczucie zależy prawdopodobnie od systemu neuronów lustrzanych, dzięki któremu potrafimy odzwierciedlać emocje drugiej osoby, poczuć jej ból – nie identyfikując się z nim – oraz udzielić jej wsparcia.

Empatia (*Empathy*)

Jest to zdolność rozumienia wewnętrznych przeżyć drugiego człowieka. To wyobrażona projekcja własnej świadomości na uczucia innej osoby, współodczuwające zrozumienie. Czasem uznawana za złożony proces poznawczy polegający na wyobrażaniu sobie umysłu drugiego człowieka. Empatia ma wiele definicji – niektóre z nich wskazują na rezonans emocjonalny z drugą osobą oraz troskę przypominającą współczucie. Empatia wiąże się z psychowzrocznością, za którą odpowiadają obszary integrujące mózgu: prawa półkula oraz kora przedczołowa.

Psychowzroczność (*Mindsight*)

Zdolność dostrzegania i wyobrażania sobie własnego lub cudzego umysłu, która umożliwia zrozumienie ludzkiego zachowania w kategoriach procesów mentalnych. Inne terminy określające ten proces to: mentalizacja, teoria umysłu, czytanie umysłu oraz funkcje refleksyjne. Psychowzroczność wiąże się z wglądem, empatią oraz integracją.

Wgląd (*Insight*)

Zdolność wnikliwej obserwacji i rozróżniania, prowadzących do wiedzy. W połączeniu z introspekcją przynosi głęboką znajomość siebie. Wgląd niekoniecznie wiąże się z empatią czy współczującym podejściem do innych ludzi.

Wspólna refleksja i dialog

Są to rozmowy, które koncentrują się na wewnętrznych procesach psychicznych, takich jak myśli, uczucia, doznania fizyczne, spostrzeżenia, wspomnienia, przekonania, postawy oraz intencje.

Myślenie

Myślenie polega na przetwarzaniu informacji i zazwyczaj przebiega poza naszą świadomością. Jesteśmy jednak w stanie uświadamiać sobie rezultaty tego procesu, czyli nasze myśli przejawiające się w postaci słów lub obrazów.

Wyróżniamy dwa podstawowe tryby myślenia, które dla uproszczenia nazywamy trybem lewo- i prawopółkulowym. Myśli ujęte w słowa powstają w procesie *przetwarzania lewopółkulowego*: jest to tryb liniowy, logiczny i analityczny, zmierzający do zrozumienia relacji przyczynowo-skutkowych. Przetwarzanie lewopółkulowe dokonuje ocen typu „dobre–złe" i charakteryzuje się niską tolerancją dwuznaczności. Tryb ten nie radzi sobie ze sprzecznymi informacjami oraz skrajnie odmiennymi perspektywami. Takie informacje szybko ulegają uproszczeniu w celu znalezienia logicznego i słusznego rozwiązania. W wypadku dominacji lewopółkulowego trybu myślenia sygnały niewerbalne oraz kontekst społeczny są najczęściej ignorowane. Pamiętaj o tych ograniczeniach, gdy będziesz zastanawiał się nad procesem myślenia – samodzielnie lub w rozmowie z dzieckiem.

Przetwarzanie prawopółkulowe jest innym trybem myślenia, które wydaje się funkcjonować w tle, czekając aż je zauważymy i zrozumiemy. Myśli prawopółkulowe przejawiają się w postaci zestawu wyobrażeń lub doznań, które nie są liniowe ani logiczne. Niełatwo opisać te procesy za pomocą słów, ale udzielają nam one bezpośredniego wglądu w nasze odczucia i wspomnienia, a także pomagają odnaleźć sens w życiu.

U niemowląt dominuje prawa półkula, która wymaga komunikacji niewerbalnej z rodzicami. Dzieci w wieku przedszkolnym posługują się obiema półkulami, ale ciało modzelowate, które łączy je ze sobą, nie jest jeszcze w pełni rozwinięte. W tym okresie dziecko zaczyna rozwijać zdolność do wyrażania swoich myśli za pomocą słów. Ciało modzelowate dzieci w wieku szkolnym jest już wystarczająco dojrzałe, aby mogły one funkcjonować w wysoce zintegrowany sposób. U nastolatków zaś zachodzi proces reorganizacji mózgu, który ma głęboki wpływ na zmianę ich sposobu myślenia.

Uczucia

Subiektywne doświadczenia wewnętrzne przejawiają się w postaci nieustannych przypływów i odpływów energii oraz informacji w umyśle. Świadomość własnych emocji pozwala nam odbierać tę podstawową muzykę swojego umysłu. Gdy emocje pierwotne przybierają bardziej złożoną postać, nasz umysł nadaje im znaczenie. Poznawanie rzeczywistości wewnętrznej drugiego człowieka jest głębokim procesem, który pozwala odnaleźć głębszy sens w tym nieustannym przepływie.

Emocje pierwotne mogą przybrać formę emocji podstawowych, do których należą: smutek, złość, lęk, wstyd, zaskoczenie, radość i odraza. Jesteśmy w stanie poczuć i nazwać te złożone, intensywne emocje za pomocą słów. Czasem jednak zbyt duża koncentracja na słowach uniemożliwia głębsze zrozumienie naszych przeżyć oraz doświadczeń wewnętrznych naszego dziecka. Wtedy intuicja i doznania fizyczne okazują się niezwykle pomocne w odkrywaniu głębszego sensu naszych emocji.

Wspólna refleksja w dialogu z dzieckiem dotyka różnych elementów umysłu i uwzględnia istotny wymiar emocji pierwotnych. Dlatego niezwykle ważne jest, aby pytać dzieci o to, co przykuwa ich uwagę, co jest dla nich ważne, czy odbierają daną rzecz jako „dobrą" czy „złą", a także co chciałyby robić i w jaki sposób rozumieją pewne zjawiska. Warto także próbować wspólnie nazwać emocje podstawowe, których doświadczają.

Doznania fizyczne (*Sensations*)

Żyjemy w morzu doznań, które kształtują nasze subiektywne doświadczenie dużo silniej niż słowa. Czasem są one nieokreślone i nieukształtowane. Z powodu dominacji świadomości lewopółkulowej bazującej na języku, możemy nie dostrzegać tych dynamicznych i płynnych procesów lub je bagatelizować. Najnowsze badania sugerują jednak, że to doznania fizyczne leżą u podstaw mózgowych procesów podejmowania racjonalnych decyzji. Dzięki nim czujemy, że żyjemy.

Doznania fizyczne są fundamentem naszego życia psychicznego. Mimo że bywają ignorowane w naszym współczesnym świecie, są one bogatym, niewykorzystanym źródłem wiedzy oraz mądrości. Uzyskanie spójnej samoświadomości zależy od naszej wrażliwości i świadomości własnych stanów wewnętrznych oraz związanych z nimi stanów fizycznych.

Omawiając zagadnienie doznań fizycznych razem ze swoim dzieckiem, zachęć je do zastanowienia się nad tym, co czuje jego ciało. Oto pytania, jakie możesz zadać: „Jak czuje się teraz twój żołądek? Czy twoje serce bije szybko? Czy twoja szyja jest napięta?". Skoncentrujcie się na tych doznaniach i zastanówcie, co oznaczają. Możesz zapytać: „Jak myślisz, co twoje ciało próbuje ci teraz powiedzieć?". Bądź otwarty na informacje niewerbalne. Na początku możecie tylko opisywać swoje odczucia, bez dodatkowego wyjaśniania czy interpretacji. Doznania fizyczne doprowadzą was do lepszego poznania siebie.

Spostrzeżenia (*Perceptions*)

Każdy człowiek postrzega rzeczywistość na swój sposób. Uszanowanie wyjątkowego indywidualnego punktu widzenia nie jest jedynie aktem dobrej woli, ale ma swoje neurologiczne uzasadnienie. Jednak zachowanie otwartości na niepowtarzalne doświadczenie każdego człowieka nie zawsze przychodzi nam z łatwością. Często mamy poczucie, że nasz punkt widzenia jest jedynie właściwy, a innych ludzi - błędny.

Metapoznanie (*metacognition*) jest myśleniem o własnym myśleniu. To umiejętność, której dzieci powoli się uczą. Nauka ta rozpoczyna się między trzecim a dziewiątym rokiem życia od rozróżniania między pozorem a rzeczywistością: co jest moim spostrzeżeniem rzeczywistości a co samą rzeczywistością. Małe dzieci wierzą, że to, co widzą w telewizji, dzieje się naprawdę, ale starsze bez trudu rozumieją, że ekipy filmowe potrafią stworzyć efekty specjalne, które wyglądają na prawdziwe.

Kolejnym elementem metapoznania jest zmiana reprezentacyjna i uświadomienie sobie, że nasz sposób myślenia o danym zjawisku może ulec zmianie. Z kolei różnorodność reprezentacyjna polega na zrozumieniu, że czyjś punkt widzenia na dane zjawisko może się różnić od naszego. Dziecko zaczyna rozumieć, iż takie doświadczenie jak przejażdżka kolejką górską dla jednego człowieka będą ekscytującą przygodą, a dla drugiego przerażającym przeżyciem.

Rozumienie emocji to kolejny element metapoznania. Jest to tak zwane metapoznanie emocjonalne. Dzieci uczą się, że emocje wpływają na ich zachowanie oraz na sposób postrzegania świata. Dowiadują się także, że można odczuwać jednocześnie kilka pozornie sprzecznych uczuć.

Wszystkie te elementy metapoznania są bardzo istotne w dialogu i wspólnej refleksji z dzieckiem. Są także częścią tego, co nazywamy inteligencją emocjonalną. Nic więc dziwnego, że rozwój metapoznawczy nie kończy się w dzieciństwie, lecz trwa całe życie.

Wspomnienia

Pamięć jest podstawowym sposobem kodowania doświadczeń przez umysł: przechowuje on wspomnienia, a następnie wydobywa je, wpływając na przyszłe doświadczenia i działania. Wyróżniamy dwa podstawowe rodzaje pamięci: jawną i ukrytą. Przychodzimy na świat z pamięcią ukrytą, która pozwala nam przechowywać wspomnienia związane z ciałem, zachowaniem, emocjami oraz spostrzeżeniami. Obejmuje ona również zdolność do generalizacji doświadczeń życiowych w postaci modeli mentalnych, które kształtują nasz odbiór rzeczywistości.

Pamięć jawna rozwija się nieco później: pamięć semantyczna (faktograficzna) zwykle po ukończeniu pierwszego roku życia, a pamięć autobiograficzna dopiero u dwulatków. W przeciwieństwie do pamięci ukrytej towarzyszy jej poczucie, że przypominamy sobie konkretne wydarzenie. Potocznie to właśnie tę jawną formę pamięci uznajemy za „pamięć".

Istnieje wiele powodów, dla których należy rozmawiać z dziećmi o ich wspomnieniach. Pamięć dzieci, z którymi rodzice przeprowadzają tego typu rozmowy, funkcjonuje znacznie lepiej niż reszty. W takiej rozmowie rodzic i dziecko podejmują wzajemny wysiłek tworzenia opowieści o swoim wspólnym życiu. Łącząc przeszłość, teraźniejszość i przyszłość we wspólnej historii, łączą się również ze sobą nawzajem. Proces ten jest głównym czynnikiem odpowiedzialnym za spójne poczucie „ja" u człowieka.

Przekonania (*Beliefs*)

Przekonania to jest to, co myślimy o sobie i innych. Nawiązują one do naszych teorii na temat funkcjonowania świata. Powstają na bazie dawnych doświadczeń, które zadecydowały o powstaniu nieuświadomionych modeli mentalnych. Oznacza to, że mogą na nas oddziaływać, nawet jeśli nie jesteśmy ich świadomi.

Już małe dzieci mają swoje przekonania i teorie na temat świata. Warto je poznawać, zadając im pytania otwarte typu: „Jak myślisz, dlaczego tak się stało?", „Jak to według ciebie działa?", „Co teraz o tym myślisz?", „Jak myślisz, dlaczego ona płakała?". Istnieje wiele sposobów zwracania uwagi na przekonania. Niezwykle ważne jest, aby w trakcie takiej rozmowy z dzieckiem zachować otwarty umysły i skupić się na jego punkcie widzenia.

Postawy (*Attitudes*)

Postawy decydują o naszym sposobie reagowania, postrzegania i interpretowania rzeczywistości, a zatem oddziałują na wszystkie poziomy naszego doświadczenia. W bezpośredni sposób wpływają na nasze nastawienie do danej sytuacji oraz odczucia i zachowanie. Odgrywają również istotną rolę w interakcjach międzyludzkich.

Warto omówić z dzieckiem kwestię postaw oraz ich przeciwieństwa, czyli tymczasowych stanów umysłu. Rozmowa o emocjach i myślach pomaga dziecku zrozumieć naturę tymczasowych zmian psychicznych, które mogą wywierać ogromny wpływ na jego trwałą postawę wobec ludzi.

Intencje (*Intentions*)

Każdy człowiek ma określone intencje, czyli swoją wizję pożądanej przyszłości. Nie zawsze udaje się ją zrealizować, bo nasze działania nie prowadzą automatycznie do pożądanych rezultatów. Czasem mamy sprzeczne intencje, co szczególnie wyraźnie widać w relacjach rodziców i dzieci. Zapewne pragniesz, aby twoje dziecko było „szczęśliwe", ale jednocześnie odmawiasz mu wielu rzeczy i stawiasz granice jego żądaniom, ponieważ chcesz mu przekazać pewne wartości. Intencje są wielowarstwowe, co sprawia, że nasze zachowania mogą wydawać się sprzeczne i dezorientujące.

Rozmowa z dzieckiem o naturze intencji pomoże mu dostrzec różnicę pomiędzy pożądanym celem a faktycznym rezultatem. Załóżmy, że twój syn chciał zaprzyjaźnić się z jakimś chłopcem, ale w rzeczywistości zachowywał się agresywnie i odstraszył potencjalnego przyjaciela. Był przekonany, że jego działania są zaproszeniem do zabawy, tymczasem zostały one odebrane jako nieprzyjemne. W takiej sytuacji warto zastanowić się wspólnie nad jego intencją i ewentualną modyfikacją zachowania w przyszłości. Wytłumaczenie dziecku, że nasze intencje nie zawsze są postrzegane tak, jakbyśmy tego chcieli, jest istotnym elementem nauki radzenia sobie w skomplikowanej rzeczywistości społecznej. Wspólna refleksja i dialog na ten temat pomagają rozwijać kiełkujące kompetencje społeczne i umożliwiają rozpoznanie prawdziwych motywów, które stoją za naszym działaniem lub słowami.

WSPÓLNA REFLEKSJA

Rozmowy z dziećmi na temat ich świata wewnętrznego inicjują w nich rozwój psychowzroczności. Jeśli zamiast tego rodzice koncentrują się wyłącznie na dziecięcym zachowaniu i nie biorą pod uwagę procesów psychicznych, które o nim decydują, zwykle osiągają jedynie krótkotrwałe rezultaty i nie pomagają dzieciom w poznaniu samych siebie. Nazywamy to rodzicielstwem doraźnych rozwiązań. Tacy rodzice reagują zbyt pospiesznie i robią wszystko, żeby w danym momencie oszczędzić sobie i dziecku nieprzyjemnych doznań. Jednak gdy próbujemy zbyt szybko zażegnywać konflikty, mamy małe szanse na osiągnięcie swoich celów. Tylko perspektywa długoterminowa pozwala budować charakter dziecka.

Postawa pełna miłości i cierpliwości - do dzieci oraz do samego siebie - umożliwia prowadzenie dialogu, który docenia i wzmacnia indywidualność. Wspieramy rozwój psychowzroczności u dzieci, gdy szanujemy subiektywną rzeczywistość drugiego człowieka. Na przykład, czytając dziecku bajkę, można zainicjować rozmowę na temat myśli i uczuć bohaterów. Takie dyskusje pomagają rozwijać empatyczną wyobraźnię oraz dostarczają dzieciom odpowiedniego słownictwa do opisywania własnych procesów mentalnych. Badania nad dziećmi niesłyszącymi wykazały normalny poziom psychowzroczności u tych, które były wychowywane przez rodziców biegle posługujących się językiem migowym, oraz niski poziom psychowzroczności u tych, których rodzice nie potrafili swobodnie się z nimi komunikować. Zdaniem naukowców, różnica ta bierze się stąd, że ci ostatni nie rozmawiali z dziećmi na temat ich myśli i uczuć. Inne badania udowodniły, że dzieci, które rozmawiają z rodzicami o emocjach - a zwłaszcza o ich przyczynach - znacznie lepiej rozumieją rolę uczuć w ludzkim życiu. Takie rozmowy - może im towarzyszyć zabawa albo opowiadanie złożonych historii - są podstawą rozwijania psychowzroczności.

Natomiast ograniczoną psychowzroczność wykazują dzieci, których rodzice podejmują próby nadmiernej kontroli i często okazują nieprzyjemne emocje. W innych badaniach potwierdzono niewystarczająco rozwiniętą zdolność refleksji u dzieci, których rodzice zachowują się w sposób intruzywny lub przerażający. Naukowcy odkryli jednak, że to nie sama intensywność emocji jest problemem. Gdy w trudnych sytuacjach rodzice dostarczali dziecku wsparcia, miało ono okazję rozwinąć bardziej złożoną wiedzę na temat własnej i cudzej psychiki. Zamiast traktować codzienne napięcia w sposób problematyczny, można więc wykorzystywać je do wspólnej nauki i pogłębiania psychowzroczności u swoich dzieci na drodze wspólnej refleksji.

W rozwoju psychowzroczności grają rolę również niewerbalne i nieuświadomione aspekty życia. Język jest wartościowym narzędziem, ponieważ umożliwia nam rozwijanie wiedzy na temat świata. Badania sugerują jednak, że psychowzroczność zależy w większej mierze od niewerbalnego przetwarzania prawopółkulowego niż od języka. W istocie psychowzroczność bazuje na prawej półkuli, odpowiedzialnej za płynną integrację subtelnych i niejednoznacznych aspektów interakcji społecznych. Tworzenie takich reprezentacji i ich przetwarzanie zaliczamy do skomplikowanych umiejętności umysłowych, które bez udziału naszej świadomej uwagi odnajdują sens w rzeczywistości społecznej.

Gdy twoja córka snuje się z kąta w kąt z nieszczęśliwą miną po powrocie ze szkoły, możesz pomyśleć, że zachowuje się tak, bo nie poszło jej na próbie teatralnej i nie zakwalifikowała się do szkolnego przedstawienia. Tworzysz pewne wyobrażenie o jej umyśle , opierając się na sygnałach, jakie wysyła w danym momencie, oraz na tym, co wiesz o niej z przeszłości. Czasem kierujemy się także intuicją i wysuwamy pewne wnioski, nie wiedząc do końca, na czym je opieramy. Pamiętaj, że nasze niejasne odczucia i intuicja wiążą się głównie z przetwarzaniem prawopółkulowym, które w dużej części odpowiada za indywidualną jaźń i umysł społeczny. Zwracanie uwagi na takie doznania pomaga otworzyć się na subiektywne doświadczenia innych ludzi oraz reagować nie tylko na ich czyny, ale także na ich świat wewnętrzny. Zamiast więc strofować córkę za jej irytujące zachowanie, możesz porozmawiać z nią na temat jej uczuć i zapytać, co wprowadziło ją w taki nastrój: „Miałaś zły dzień? Chcesz o tym porozmawiać?".

Opowiadanie jest także sposobem na pogłębianie samorozumienia. Małe dziecko, które opowiada o tym, jak minął mu dzień, ma okazję przypomnieć sobie i zintegrować różne wydarzenia i emocje. Możesz mu pomóc podejść do tych przeżyć w sposób ciepły i nieoceniający, uwzględniając zarówno trudne, jak i przyjemne chwile. W ten sposób codzienne emocjonalne wzloty i upadki zostają zintegrowane w pamięci dziecka.

Pora zasypiania to dobry moment na przypominanie sobie minionych wydarzeń. Zachęć dziecko do współtworzenia takich opowieści, aby w dowolnym momencie mogło podzielić się swoimi wspomnieniami albo zadawać pytania. Taka opowieść mogłaby wyglądać, na przykład, następująco: „Robiłeś dzisiaj tyle różnych rzeczy. Po śniadaniu poszedłeś do parku i świetnie bawiłeś się na huśtawce. Huśtałeś się bardzo wysoko, zupełnie samodzielnie. Jak się wtedy czułeś? Nie spodobało ci się, jak powiedziałam, że przyszedł czas na drzemkę. Gdy się obudziłeś, byłam w ogródku i sadziłam kwiatki, a ty byłeś zły, bo zaczęłam pracować w ogrodzie bez ciebie, więc wyrwałeś kilka kwiatków. Bardzo się zdenerwowałam i podniesionym głosem kazałam ci przestać. Czy to cię przestraszyło? Odczułeś silne emocje i zacząłeś płakać. Gdy już poczułeś się lepiej, zasadziłeś kilka czerwonych kwiatów tuż obok moich. Przed obiadem pomogłeś mi umyć sałatę, porwać ją na małe kawałki i włożyć do miski. Czy pamiętasz, co powiedział tatuś? Tatuś powiedział, że to była wyśmienita sałatka. A ty wydawałeś się bardzo z siebie dumny. Co jeszcze pamiętasz z dzisiejszego dnia?".

Z kolei trudne emocje najlepiej omawiać w ciągu dnia, kiedy ty i dziecko jesteście jeszcze w miarę wypoczęci. Także rysowanie albo opowiadanie historii przy użyciu maskotek lub lalek pomaga dzieciom zrozumieć to, co się wydarzyło w ciągu dnia, oraz przetworzyć i zintegrować trudne przeżycia.

W pewnym sensie rodzic jest osobistym sekretarzem swojego dziecka: rejestruje jego doświadczenia i dzieli się swoimi przemyśleniami na ich temat, pozwalając mu je zrozumieć. Dzięki temu dowiaduje się ono, kim jest, i zaczyna rozumieć swój świat. Wspólna refleksja i dialog sprzyjają wewnętrznej spójności, ponieważ pomagają zrozumieć procesy wewnętrzne, które decydują o naszym zachowaniu.

BUDOWANIE KULTURY EMPATII

Refleksja i dialog rozwijają psychowzroczność, ponieważ budują k u l t u r ę e m p a t i i w rodzinie. Obejmuje ona zestaw założeń, wartości, oczekiwań oraz przekonań, które wpływają na nasze interakcje z bliskimi i decydują o naszych wartościach. Praktyki kulturowe przejawiają się na wielu poziomach życia społecznego. Wartości związane z duchowością, altruizmem, edukacją, materializmem lub współzawodnictwem przenikają wiele różnych światów, w których żyjemy. W domu rodzinnym tworzymy świat, w którym bezpośrednio i pośrednio wyrażamy swoje wartości przez nasze słowa i zachowanie. Kultura empatii oznacza poszanowanie różnic, wzajemny szacunek oraz interakcje zbudowane na współodczuwaniu. Jeśli świadomie wybierzemy najważniejsze dla nas wartości, stworzymy taką kulturę w swoim domu rodzinnym.

Kultura empatii oznacza także dzielenie się emocjami: zarówno bólem, jak i radością. Empatia wynosi rezonans emocjonalny na płaszczyznę pojęciową i pozwala nam korzystać z języka w celu prowadzenia głębokich dialogów i okazywania sobie zrozumienia. Gdy członkowie rodziny rozumieją siebie i szanują, częściej okazują sobie troskę. Możemy doceniać taką współczującą postawę w swoim domu na podobnej zasadzie, jak nagradzamy szkolne lub sportowe osiągnięcia dziecka. Empatia i życzliwość są naturalnym następstwem integracji, poszanowania różnic oraz łączenia się z drugim człowiekiem we współczującej komunikacji. Jeśli będziemy postępować zgodnie z tymi wartościami, nasze dzieci będą nas naśladować.

Dzięki psychowzroczności jesteśmy w stanie zrozumieć świat wewnętrzny swoich bliskich. Każdy członek rodziny podlega dyferencjacji, a następnie łączy się z innymi w pełnej współczucia interakcji. Wgląd, empatia oraz integracja to trzy filary rodzicielstwa opartego na psychowzroczności. Refleksyjne rozmowy na temat naszych historii życiowych, pozwalają wyrażać myśli i uczucia związane ze wspólnymi doświadczeniami rodzinnymi. W ten sposób skupiamy się na psychowzroczności, a wspólny język naszego wnętrza staje się częścią życia rodzinnego. Angażowanie dzieci w rozmowy, które koncentrują się na subiektywnych doświadczeniach innych ludzi oraz stymulowanie ich empatycznej wyobraźni za pomocą zabawy i opowieści umożliwia im wyrażanie swojej rzeczywistości wewnętrznej.

Doskonaląc umiejętność wspólnej refleksji, wspieramy rozwój psychowzroczności w rodzinie. Psychowzroczność jest zdolnością, którą możemy rozwijać przez całe życie dzięki głębokim relacjom z ludźmi. Wprowadzając refleksję i dialog do życia rodzinnego, jesteśmy w stanie łączyć się z dziećmi w istotnym procesie rozwijania psychowzroczności oraz budowania bliskości. Wykraczamy poza swoją indywidualną jaźń i stajemy się częścią „my", które wzbogaca nasze życie, a także świat, w którym żyjemy.

ĆWICZENIE - WGLĄD W SIEBIE

- Przeprowadźcie spotkanie rodzinne, na którym każdy członek rodziny będzie mógł podzielić się swoimi odczuciami oraz przemyśleniami na dany temat. Jest to okazja do zgłębiania elementów umysłu oraz rozwijania psychowzroczności. Tematem rozmowy mogą być rzeczy, które lubicie i których nie lubicie w swojej rodzinie, albo wasze odczucia na temat ostatnich wydarzeń. Ustalcie taką porę spotkania, o której wszyscy są wypoczęci i skoncentrowani. Zadbajcie o to, by nic wam nie przeszkadzało. W spotkaniu powinni wziąć udział wszyscy członkowie rodziny, nawet jeśli nie chcą się wypowiadać. Praktyka ta rozwija szacunek do mówienia i słuchania. Warto ustalić kolejność wypowiadania się, aby wszyscy wiedzieli, kiedy mają mówić, a kiedy słuchać. Niektóre rodziny umawiają się, że przemawia tylko ta osoba, która w danym momencie trzyma w ręku wybrany przedmiot, a gdy skończy mówić, przekazuje go dalej. Zamiast tego możecie ustalić, że będziecie wypowiadać się po kolei. Poszanowanie prawa drugiego człowieka do mówienia i bycia wysłuchanym (bez przerywania) pozwala docenić wartość refleksji w rodzinie.

- Usiądź ze swoim dzieckiem i omów z nim wasze wspólne przeżycia. Zwróć uwagę na różne aspekty wydarzeń, które zapamiętaliście. Wysłuchaj go uważnie i podziel się z nim swoimi przemyśleniami. Spróbuj poprowadzić rozmowę w taki sposób, aby skupić się na wewnętrznym świecie uczuć i motywacji, a nie tylko na zachowaniu. Ścisłe ustalenie faktów nie jest najważniejsze, gdyż celem jest współtworzenie opowieści: liczy się sam proces tworzenia. Bawcie się dobrze!

- Stwórzcie księgę rodzinną. Każdemu członkowi rodziny poświęćcie osobny rozdział, w którym zaprezentuje on – za pomocą słów lub obrazów – swoją indywidualną historię. Poszczególne wpisy mogą zawierać zdjęcia, rysunki, opowieści oraz wiersze. Pozostałe strony mogą dotyczyć wydarzeń rodzinnych, takich jak zwyczaje, uroczystości, wycieczki lub święta, a także innych ludzi, którzy są dla was ważni. Współtworzenie historii rodzinnej ma na celu udokumentowanie bieżących wydarzeń i budowanie poczucia więzi.

CO NA TO NAUKA?

Język, kultura i psychowzroczność

Jesteśmy istotami społecznymi. Ewolucja człowieka trwa już miliony lat. Wiele pokoleń różnych gatunków zwierząt przed nami przetrwało dzięki spontanicznym mutacjom, które umożliwiły im adaptację do środowiska oraz reprodukcję. Od niedawna nasza ewolucja w większym stopniu polega na zmianach sposobu wykorzystywania umysłu niż na zmianach materiału genetycznego i budowy ciała. Ta transformacja mentalna – albo ewolucja kulturowa – wiąże się z poszukiwaniem sensu oraz przekazywaniem wiedzy z jednego umysłu do drugiego, z pokolenia na pokolenie.

Większość ssaków to istoty społeczne, a za funkcje społeczne odpowiada część limbiczna mózgu. Naczelne mają wyjątkowo dobrze rozwiniętą zdolność odzwierciedlania swoich stanów psychicznych przy użyciu różnych form komunikacji, dzięki czemu są w stanie funkcjonować w grupach. Razem z szympansami wyewoluowaliśmy od wspólnego przodka ponad pięć milionów lat temu. Rozwinęliśmy nowe, znacznie bardziej skomplikowane zdolności umysłowe niż naczelne i potrafimy tworzyć reprezentacje umysłu – swojego i innych. Wielu naukowców sugeruje, że zdolność ta, którą tutaj nazywamy psychowzrocznością, umożliwia nam rozwijanie sztuki i nauki.

Ewolucja kulturowa nabrała rozpędu właśnie dzięki rozwojowi ludzkiej zdolności tworzenia reprezentacji umysłu. Oto przemyślenia Steve'a Mithena na ten temat.

> Musimy zdawać sobie sprawę z wpływu środowiska kulturowego na moment pojawienia się oraz samą naturę teorii umysłu. Jednostki, które odziedziczyły teorię umysłu zakodowaną w genach, miały znaczącą przewagę reprodukcyjną w społecznościach naszych przodków. (...) Na tej podstawie możemy przypuszczać, że pod względem ewolucyjnym język służył jako środek zachowania spójności społecznej*.

Jeśli zakładamy, że pojawienie się języka pełniło funkcję społeczną, to w jaki sposób doświadczenia dziecka związane z językiem wpływają na jego rozwój?

> Od czwartego roku życia dzieci angażują się w „czytanie umysłu" innych ludzi. Wydaje się, że robią to bez ustanku, wręcz kompulsywnie. Nie ma żadnych wątpliwości, że to wyraźnie odróżnia nas od szympansów. (...) Obecność fikcyjnych bestii w sztuce paleolitu dowodzi, że już ci jaskiniowi malarze potrafili „odczytywać umysły". (...) Prawdopodobnie warunkiem wstępnym było wykształcenie jakiejś formy zdolności językowych.

* *Understanding Other Minds. Perspectives from Developmental Cognitive Neuroscience*, S. Baron-Cohen, H. Tager-Flusberg, D. J. Cohen (red.), Oxford 2000. Kolejne cytaty w tym rozdziale pochodzą z tej samej antologii.

Przyjęcie takiego spojrzenia na naszą ewolucję i kulturę pozwala dostrzec związek między rozwojem języka a zdolnością „widzenia" lub „wyobrażania sobie" umysłów. Antropolożki kulturowe Penelope Vinden i Janet Astington zauważyły, że rozwój języka, rozumienie emocji i zabawa idą z tą umiejętnością w parze.

> Język gra fundamentalną rolę w naszym życiu, ponieważ dzięki niemu tworzymy kulturę. Jest narzędziem interakcji: korzystanie z języka to nie indywidualna umiejętność, ale proces zbiorowy, który opiera się na wspólnym tle kulturowym. (...) Przyjmujemy mentalistyczne podejście do samych siebie i innych ludzi, łącznie z najmłodszymi, czyli niemowlętami. Przypisujemy im stany umysłowe, co przejawia się w słowach, których używamy oraz w naszym sposobie nawiązywania interakcji. Dlatego gdy dzieci uczą się języka, przejmują również teorię umysłu zakorzenioną w naszym sposobie porozumiewania się.

Niektóre kultury mają immanentnie wbudowane założenia oraz przekonania na temat teorii umysłu. Istnieją jednak takie, w których nie przejawiają się one codziennym życiu. Vinden i Astington zauważają, że nie we wszystkich kulturach ludzie wyobrażają sobie umysł tak jak my, a niekiedy wręcz posiadają przeciwny pogląd. W niektórych społecznościach pojęcie „umysłu" w ogóle nie istnieje: ludzie wyjaśniają sobie swoje zachowanie na różne sposoby niezwiązane z mentalizacją. Ich członkowie prawdopodobnie uzyskaliby niskie wyniki w testach na psychowzroczność, opracowanych na Zachodzie. Na tej podstawie Vinden i Astington wysuwają następujące wnioski:

Być może nasza koncentracja na zjawiskach świata psychicznego jest tylko przejawem zachodniej obsesji kulturowej. Dzieci wychowujące się w innych kulturach mogą budować sobie inne wyjaśnienia zachowania i cech osobowych w swoim kontekście kulturowym.

Perspektywa ta okazuje się niezwykle przydatna, gdyż pozwala nam odnaleźć wskazówki na temat rozwijania psychowzroczności. Chociaż we wszystkich kulturach spójność jest niezbędnym elementem komunikacji, to jednak nie zawsze odnajdziemy w nich złożone poglądy na temat umysłu albo słowa, które pozwalają mówić o zjawiskach świata psychicznego. Wydaje się, że psychowzroczność jest uwarunkowanym genetycznie potencjałem każdego człowieka , ale nie wszystkie kultury ją rozwijają. Uwarunkowania kulturowe wpływają nawet na nasze podstawowe definicje umysłu oraz jaźni, dlatego należy o tym pamiętać przy interpretowaniu wyników badań oraz przy ocenie użyteczności wskazówek na temat wychowywania dzieci w różnych warunkach kulturowych.

Teoria teorii umysłu. Empiryczne elementy składowe psychowzroczności

Naukowcy z różnych dziedzin – od antropologii po neurobiologię – nieustannie poszukują źródła ludzkiej zdolności rozumienia siebie nawzajem. Wellman i Lagattuta przedstawiają ogólne stanowisko w tej kwestii.

Ludzie są istotami społecznymi. Jesteśmy wychowywani przez ludzi i wychowujemy kolejnych ludzi, żyjemy w rodzinach, współpracujemy ze sobą, komunikujemy się i rywalizujemy. Nie tylko żyjemy w społeczeństwie, ale także myślimy społecznie. Przejawia się to zwłaszcza w naszych poglądach na temat ludzi, relacji, grup, instytucji społecznych, konwenansów, manier oraz zasad moralnych. Badania na temat teorii umysłu opierają się na założeniu, że pewne podstawowe poglądy umożliwiają rozwój różnych perspektyw, koncepcji i przekonań. Nasze codzienne rozumienie drugiego człowieka jest zasadniczo mentalistyczne, czyli myślimy o innych ludziach w kategoriach ich stanów mentalnych: przekonań, pragnień, nadziei, celów oraz uczuć. W rezultacie codzienny mentalizm jest powszechnym i niezbędnym elementem naszego rozumienia świata społecznego.

Simon Baron-Cohen, Helen Tager-Flusberg oraz Donald Cohen podkreślają istotną rolę zdolności związanych z teorią umysłu.

Zrozumienie własnego i cudzego zachowania – w kategoriach działania oraz stanów intencjonalnych – pełni kluczową rolę w procesie socjalizacji dziecka oraz rozwijaniu zdolności człowieka dorosłego. Zdolność odczytywania umysłów innych ludzi wynika z długiej historii ewolucyjnej, ma swoje korzenie w neurobiologii i przejawia się już w pierwszych, intymnych relacjach społecznych.

Doświadczenia, które pogłębiają samorozumienie wiążą się z sytuacjami, które rozwijają naszą psychowzroczność. Gdy rozumiemy własny umysł, łatwiej jest nam zrozumieć umysły innych. Rodzice, którzy rozmawiają z dziećmi o emocjach – a zwłaszcza o ich wpływie na zachowanie i myślenie – pomagają im w rozumieniu ludzkiej emocjonalności. Chris i Uta Frith zgłębiają to zagadnienie, przyglądając się pewnym mechanizmom neurofizjologicznym, które leżą u podstaw teorii umysłu.

Przypuszczamy, że jeden z aspektów ludzkiej zdolności do odgadywania intencji innych ludzi wyewoluował z mechanizmu związanego z analizowaniem ruchów innych istot. Informacja na temat czyjegoś zachowania zostaje połączona z informacją na temat naszego własnego stanu mentalnego, która powstaje w obszarze przyśrodkowej kory przedczołowej. Mechanizm, który pozwala ludziom rozwijać teorię na temat swojego własnego umysłu oraz umysłów innych ludzi, prawdopodobnie wynika nie tylko ze zdolności do introspekcji (monitorowania własnego umysłu), ale także z adaptacji o wiele starszego mózgu społecznego, związanego z monitorowaniem cudzego zachowania.

Naukowcy wyjaśniają tym samym, w jaki sposób łączymy nasze wewnętrzne przeżycia z zachowaniem innych ludzi. Rozwój człowieka nabrał rozpędu dzięki doświadczeniom społecznym. Nasza rzeczywistość nie jest jedynie przypadkowym środowiskiem, w którym żyjemy, ale niezbędną matrycą, dzięki której wyewoluował nasz umysł i rozwija się umysł małego dziecka. Rhiannon Corcoran stworzyła model ilustrujący proces tworzenia teorii umysłu.

Model ten wygląda następująco: gdy próbujemy określić, co myślą lub w co wierzą inni, na początku dokonujemy introspekcji. Próbujemy ustalić, co sami myślelibyśmy na ich miejscu oraz jakie moglibyśmy mieć przekonania lub intencje. Dokonujemy tego poprzez odwołanie się do własnej pamięci autobiograficznej, z której wydobywamy dowolną, istotną w danym momencie informację na swój temat.

Oznacza to, że introspekcja (samorozumienie) idzie w parze z rozumieniem innych oraz samego umysłu. Corcoran podkreśla, że „świadomość istnienia własnego i cudzych umysłów (mentalizacja) pojawia się w podobnym okresie życia co pierwsze wspomnienia autobiograficzne". Inni naukowcy także zwracają uwagę na zbieżność między psychowzrocznością, funkcjami wykonawczymi i pamięcią autobiograficzną. Wszystkie te zdolności wymagają prawidłowego funkcjonowania obszarów przedczołowych. Funkcje wykonawcze obejmują planowanie, organizowanie oraz hamowanie impulsów, a zatem są przejawem zdolności do elastycznego reagowania.

Jeśli psychowzroczność jest ściśle związana z tymi istotnymi procesami mentalnymi, to jakie doświadczenia pomagają ją rozwijać? Corcoran pisze:

> Jednym z najważniejszych wniosków z tych badań jest to, że czynniki środowiskowe mają silny wpływ na właściwy przebieg procesu mentalizacji. Kilku autorów podejrzewa, że zaniedbanie lub przemoc rodzicielska, a także traumatyczne wspomnienia mogą być przyczyną niewystarczająco rozwiniętej mentalizacji. (…) Badania wyraźnie dowodzą, że rozwija się ona pod wpływem interakcji interpersonalnych w środowisku rodzinnym.

Na inicjację procesu mentalizacji wskazują takie zjawiska jak: empatyczne interakcje (dzielenie się swoimi stanami emocjonalnymi), komunikacja niewerbalna, współdzielenie uwagi (skoncentrowanej na trzecim obiekcie) oraz zabawa i udawanie (tworzenie wyimaginowanych sytuacji poprzez nadawanie obiektom nieożywionym cech istot żywych). W trakcie swojego rozwoju dziecko coraz wyraźniej przejawia psychowzroczność w postaci myślenia o myśleniu. Dzięki temu dziecięca mentalizacja staje się coraz bardziej złożona i coraz lepiej dostosowana do skomplikowanego świata społecznego.

Psychowzroczność i mózg. Integrująca rola prawej półkuli oraz obszarów przedczołowych

W jaki sposób mózg tworzy reprezentacje umysłu? Aby zilustrować ten proces przyjrzyjmy się podstawowym sposobom przetwarzania informacji. Termin „centralna koherencja" nawiązuje do teorii Uty Frith, która zakłada, że sposób, w jaki oddalone od siebie obwody mózgowe łączą się w jedną, spójną całość, decyduje o zdolności tworzenia reprezentacji umysłu. Francesca Happé nawiązuje do tej teorii:

> Rozumienie społeczne nie może być rozpatrywane w oderwaniu od spójności. Aby uszanować cudze myśli i uczucia w realnych sytuacjach życiowych, człowiek musi wziąć pod uwagę kontekst oraz zintegrować rozmaite informacje. Jednostki wykazujące zaburzenia centralnej koherencji oraz przetwarzania skoncentrowanego na szczegółach znacznie gorzej radzą sobie z łączeniem informacji.

W jaki sposób umysł pełni funkcję integrującą? Odpowiedzi możemy szukać w badaniach nad obwodami mózgowymi. Naukowcy odkryli, że prawa półkula oraz integrujące obszary przedczołowe są aktywne w procesie mentalizacji.

> Prawa półkula mózgowa znacznie lepiej niż lewa radzi sobie z przetwarzaniem słabych lub niejasnych powiązań i znaczeń. Ponadto jest w stanie utrzymać aktywność przez dłuższy czas. W sy-

tuacjach, w których nie istnieje jedna wysoce prawdopodobna interpretacja bodźca, prawa półkula odgrywa znacznie większą rolę niż lewa. Dotyczy to, między innymi, rozważania różnych perspektyw lub rezygnacji z jednej interpretacji na rzecz innej. (...) Wykazuje również przewagę w kwestii odczytywania podtekstów.

Autorzy zauważają, że wyraźne odróżnienie funkcji obszarów przedczołowych od funkcji prawej półkuli nie zawsze jest możliwe, co potwierdzają skany mózgu. Procesy mentalizacji przebiegają zarówno w prawej półkuli, jak i w korze przedczołowej. Oba te obszary są wysoce zaangażowane w pełnienie funkcji integrujących.

> Wybór odpowiedniej reakcji w wypadku zadań wieloznacznych lub wielostopniowych wymaga utrzymania rozległej sieci reprezentacji w umyśle przez dłuższy okres czasu. Kora przedczołowa wydaje się najbardziej odpowiednia do tego cellu ze względu na wysoki stopień połączenia z tylnymi oraz podkorowymi obszarami mózgu.

W zależności od natury zadań może dojść do aktywacji różnych obszarów mózgu. Badania pokazują, że zadania, które wymagają utrzymywania oraz aktualizowania wieloznacznych i relacyjnych danych, wymagają aktywacji prawej półkuli, natomiast rutynowe i schematyczne sytuacje angażują lewą półkulę. Podsumowując swoje podejście, Brownell i współpracownicy piszą:

> Uważamy, że zarówno prawa półkula, jak i przedczołowe obszary mózgu pełnią kluczową rolę w prawidłowej mentalizacji. Uszkodzenia tych obszarów mogą prowadzić do zakłóceń w wy-

konywaniu zadań. Konieczność przechowywania alternatywnych lub słabo uchwytnych interpretacji lub skojarzeń przez dłuższe okresy czasu, nowość sytuacji (to znaczy: brak gotowego algorytmu podejmowania decyzji), a także emocjonalne zabarwienie wyboru zwiększają prawdopodobieństwo udziału prawej półkuli. (…) Ogólnie mówiąc, prawa półkula przechowuje surowy materiał, z którego korzystają obszary przedczołowe oraz limbiczne w procesie podejmowania decyzji.

Z zaprezentowanej powyżej dyskusji wynika, że mentalizacja wymaga koordynacji różnych obwodów neuronalnych. Doświadczenia, które sprzyjają integracji rozwijającego się mózgu dziecka, wiążą się z dialogami refleksyjnymi oraz komunikacją interpersonalną, pogłębiającą dziecięce rozumienie drugiego człowieka i samego siebie. Być może przyszłe badania interdyscyplinarne udzielą dokładniejszych wyjaśnień na temat wpływu doświadczeń rodzinnych na procesy integrujące obszarów przedczołowych oraz prawej półkuli mózgowej, które umożliwiają rozwijanie psychowzroczności.

Dalsza lektura

R. Coles, *Inteligencja moralna dzieci*, Poznań 2004.

R. Coles, *Lives We Carry with Us. Profiles of Moral Courage*, New York 2010.

M. J. Doherty, *Theory of Mind. How Children Understand Others' Thoughts and Feelings*, New York 2009.

J. Dunn i in., *Young Children's Understanding of Other People's Feelings and Beliefs. Individual Differences and Their Antecedents*, „Child Development" 1991 nr 62.

R. Ensor i in., *'You Feel Sad?' Emotion Understanding Mediates Effects of Verbal Ability and Mother–Child Mutuality on Prosocial Behaviors*, „Social Development" 2011 nr 1.

P. Fonagy i in., *The Capacity for Understanding Mental States*, „Infant Mental Health Journal" 1991 nr 12.

P. Fonagy, M. Target, *Attachment and Reflective Function. Their Role in Self-Organization*, „Development and Psychopathology" 1997 nr 9.

M. L. Howe, M. L. Courage, *The Emergence and Early Development of Autobiographical Memory*, „Psychological Review" 1997 nr 104.

M. H. Johnson, M. De Han, *Developmental Cognitive Neuroscience*, Sussex 2011.

C. C. Peterson i in., *The Mind Behind the Message*, „Child Development" 2012 nr 2.

A. Shahaeian i in., *Culture and the Sequence of Steps in Theory of Mind Development*, „Developmental Psychology" 2011 nr 5.

D. J. Siegel, *Rozwój umysłu*, op. cit.

D. J. Siegel, *The Mindful Brain*, New York 2007.

D. J. Siegel, *Psychowzroczność*, op. cit.

D. J. Siegel, *Brainstorm*, New York 2014.

M. Tomasello, *Constructing a Language. A Usage-Based Theory of Language Acquisition*, Cambridge 2005.

M. Tomasello, *Kulturowe źródła ludzkiego poznania*, Warszawa 2002.

Understanding Other Minds. Perspectives from Developmental Cognitive Neuroscience, S. Baron-Cohen, H. Tager-Flusberg, D. J. Cohen (red.). Oxford 2000.

R. Welch, K. Melissa, *Mother-Child Participation in Conversation About the Past*, „Developmental Psychology" 1997 nr 33.

H. M. Wellman i in., *Sequential Progressions in a Theory-of--Mind Scale. Longitudinal Perspectives*, „Child Development" 2011 nr 3.

Refleksje końcowe

Rodzicielstwo to okazja do nauki przez całe życie. Dzięki naszym dzieciom pozostajemy w relacji, która zachęca nas do pogłębiania więzi z ludźmi i z samym sobą.

Nikt z nas nie jest skazany na odtwarzanie przeszłości. Dzięki zrozumieniu własnego dzieciństwa mamy szansę podejmować świadome wybory w codziennych interakcjach z dziećmi. Pozbywając się bagażu z przeszłości, podnosimy jakość swojego życia, zyskujemy większą elastyczność i spontaniczność.

Z powodu minionych traum i problemów wewnętrznych czasami może nam być trudno zaoferować dzieciom radosny kontakt i bezpieczną więź. Jednak nauka przynosi nam wspaniałą nowinę: zmiana stylu przywiązania u dziecka jest możliwa. Rodzice powinni jak najszybciej dostarczyć mu doświadczeń, które pozwolą na wykształcenie bezpiecznego stylu przywiązania. Nigdy nie jest za późno, aby zacząć budować więź z dzieckiem za pomocą spójnej komunikacji, elastycznych reakcji, naprawiania relacji, emocjonalnego porozumienia i wspólnej refleksji.

Nie trzeba mieć wspaniałych rodziców, aby samemu być dobrym rodzicem dla swoich dzieci. Rodzicielstwo to okazja do ponownego wychowania samego siebie poprzez nadawanie sensu własnym doświadczeniom z dzieciństwa. Nie tylko nasze dzieci na tym skorzystają. Gdy zintegrujemy dawne doświadczenia w spójną opowieść o swoim życiu, sami otrzymamy zastrzyk nowej energii.

Dokonaliśmy niezwykłego odkrycia: spójność opowieści życiowej rodzica najsilniej koreluje z bezpiecznym stylem przywiązania u dziecka. Dzięki temu wiemy, jak wzmocnić naszą więź z dzieckiem. Nie jesteśmy skazani na powtarzanie wzorców z przeszłości, ponieważ możemy wypracować poczucie bezpieczeństwa w dorosłym życiu poprzez zrozumienie własnych życiowych doświadczeń. Osoby, które miały trudne dzieciństwo, mogą osiągnąć spójność wewnętrzną, jeśli zrozumieją swoją przeszłość i jej wpływ na dzisiejsze interakcje z dziećmi. Zrozumienie własnej historii życiowej umożliwia nawiązanie głębszych relacji z bliskimi oraz doświadczanie większej radości w swoim życiu.

Integracja wydaje się być kluczowym warunkiem spójnego życia. Bycie uważnym, obecnym, otwartym na własne przeżycia i cudze doświadczenia rozpoczyna proces pogłębiania samoświadomości. Gdy mówimy o integracji, mamy na myśli proces, który łączy nasze emocje z doznaniami fizycznymi w ramach tworzonej na bieżąco historii naszego życia i przejawia się nie tylko w naszych myślach, ale i w działaniach.

Emocje to procesy integrujące. Nasza równowaga emocjonalna i sposób, w jaki dzielimy się emocjami, odzwierciedlają nasz poziom integracji wewnętrznej. A zatem większa świadomość własnej emocjonalności umożliwia nawiązywanie lepszych relacji z innymi ludźmi. To dzięki dzieleniu się uczuciami potrafimy tworzyć głębsze więzi.

Gdy funkcjonujemy w wyższym trybie przetwarzania, możemy się zatrzymać, zastanowić, rozważyć różne reakcje, a następnie dokonać wyboru z szerokiego spectrum możliwości.

Inteligencja emocjonalna to wgląd, empatia i elastyczność. Gdy nasz umysł wchodzi w niższy tryb przetwarzania, dochodzi do zablokowania zdolności integrujących i zaczynamy reagować automatycznie. Wpadamy w pułapkę własnych nieprzepracowanych traum i nierozwiązanych problemów.

Większość z nas ma jakieś problemy wewnętrzne, które wymagają uwagi i świadomej pracy. W różnych sytuacjach każdy z nas może wpaść w niższy stan przetwarzania. Ale nie musimy pozwalać, by duma lub wstyd przesłaniały nam świadomość własnych schematów reagowania i zachowania. Możemy pracować nad swoją psychowzrocznością, która jest w stanie wyzwolić nas z więzienia przeszłości. Psychowzroczność zależy od integracji, która umożliwia dostrzeganie świata wewnętrznego: swojego i innych ludzi. Dzięki niej potrafimy skupić się na myślach, uczuciach, spostrzeżeniach, wrażeniach, przekonaniach, postawach oraz intencjach, które stanowią istotę naszego subiektywnego doświadczenia.

Integracja różnych aspektów naszych doświadczeń to esencja spójnego życia. Zintegrowanie doznań fizycznych, emocji i historii życiowych pełni kluczową rolę w rozwoju psychowzroczności i uważności. Głębsza samoświadomość pozwala budować poczucie więzi z samym sobą i swoimi dziećmi w miarę jak łączymy teraźniejszość z przeszłością i stajemy się aktywnymi autorami własnej opowieści życiowej.

Proces emocjonalnego dostrojenia przynosi szansę na nawiązanie bezpośredniego kontaktu z dziećmi. Dostrojenie jest formą integracji interpersonalnej. Kluczową rolę odgrywa w nim dzielenie się sygnałami niewerbalnymi, do których należą ton głosu, kontakt wzrokowy, wyraz twarzy, gesty, dotyk oraz czas i intensywność reakcji. Uświadamianie sobie komunikatów dziecka musi łączyć się jednak ze świadomością własnych doznań. Są one fundamentalnym czynnikiem rozpoznania własnych uczuć i wartości. Komunikacja emocjonalna pozwala poczuć w swym wnętrzu radość swoich dzieci, dzielić z nimi pozytywne stany emocjonalne i je wzmacniać. Dzięki emocjonalnemu porozumieniu możemy również poczuć bólu dziecka i uspokoić je, zapewniając mu opiekę. Na tym właśnie polega miłość.

Dążenie do spójności jest zadaniem na całe życie. W swojej najgłębszej formie oznacza ono integrowanie energii i informacji – esencji naszego umysłu. Bierzemy udział w mentalnej podróży w czasie, łącząc ze sobą przeszłość, teraźniejszość i przyszłość w procesie nadawania sensu naszemu życiu oraz pogłębiania samoświadomości. Trudno odnaleźć właściwe słowa na opisanie tego procesu, ale sprowadza się on do jednego: nawiązywania kontaktu z drugim człowiekiem i z samym sobą.

Dążenie do wewnętrznej spójności może stać się życiową przygodą. Integracja to wyzwanie, które nie ma końca. Jeśli zachowasz otwartość na rozwój i zmianę, proces ten stanie się dla ciebie odkrywczą podróżą. Mamy nadzieję, że dzięki tej książce zyskasz wiedzę, która pomoże ci otworzyć umysł na nowe możliwości, wzbogacić relację z dziećmi oraz kontynuować swoją podróż w kierunku zintegrowanego, spełnionego i spójnego życia.

Podziękowania

Nigdy nie udałoby się nam napisać tej książki, gdyby nie wsparcie naszych rodzin, przyjaciół i znajomych. Jesteśmy winni wdzięczność naszym dzieciom, rodzicom, studentom oraz nauczycielom, którzy uczyli nas życia i budowania relacji.

Dziękujemy również rodzicom oraz kadrze z First Presbyterian Nursery School za pomysł połączenia osiągnięć nauki ze sztuką wychowywania dzieci. Ich entuzjastyczne nastawienie było dla nas bardzo ważne.

Jesteśmy wdzięczni Michaelowi Siegelowi i Priscilli Cohen za to, że spotykali się z nami na wczesnych etapach powstawania tekstu i przedstawili nas wspaniałej agentce literackiej, Miriam Altshuler. Książka ta powstała także dzięki jej entuzjazmowi. Jesteśmy wdzięczni wydawcy Jeremy P. Tarcherowi z Penguin/Putnam, który dostrzegł jej wartość dla rodziców. Wspaniale współpracowało się nam również z redaktorką Sarą Carder, która doprowadziła tekst do ostatecznej formy, a wybitne umiejętności korektorskie Katherine L. Scott pomogły nam udoskonalić tę książkę.

Jesteśmy wdzięczni utalentowanemu Evanowi Hartzellowi za jego fotografie oraz Markowi Pagniano za artystyczną opinię ekspercką.

Chcielibyśmy także podziękować dr Mary Main, za to, że zachęcała nas do napisania tej książki na fundamencie wiedzy naukowej. Jesteśmy wdzięczni dr L. Alanowi Sroufe'owi za recenzję ostatecznej wersji pierwszego wydania, która pomogła nam zaprezentować najnowszą wiedzę z dziedziny przywiązania i rozwoju. Pragniemy również podziękować Deanie Eichenstein oraz Julien Fyrhie za pomoc w przeglądaniu najnowszych pism naukowych.

Przez cały ten czas otrzymaliśmy istotne informacje zwrotne od wielu ludzi, którzy wspaniałomyślnie poświęcili swój czas na szczere i wnikliwe komentarze. Wyrazy wdzięczności kierujemy do Jonathana Frieda, Jolee Godino, Lisy Lim, Shelly Pusich, Sarah Steinberg, Melissy Thomas oraz Caroline Welch, dzięki którym książka ta stała się bardziej zrozumiała dla rodziców.

INDEKS

A

B

C

D

E

F

G

H

I

J

K

L

M

N

O

P

R

S

T

U

V

W

Z

Ż

SPIS RZECZY

O Autorach

Daniel J. SIEGEL jest profesorem psychiatrii klinicznej Uniwersytetu Kalifornijskiego w Los Angeles. Wybitny ekspert w dziedzinie neurobiologii interpersonalnej - wspólnego pola badań biologii, nauki o mózgu, psychologii rozwojowej, psychiatrii i nauk kognitywnych. Głównym przedmiotem jego zainteresowań jest integracja - proces psychiczny i neuronalny leżący u podstaw zdrowia psychicznego.

Daniel J. SIEGEL ukończył medycynę na Uniwersytecie Harvarda. Następnie specjalizował się w pediatrii i psychiatrii dziecięcej. Kieruje Mindsight Institute (Instytut Psychowzroczności), który oferuje intensywne programy edukacyjne dla rodziców, nauczycieli, lekarzy, coachów oraz naukowców. Prowadzi także własną praktykę terapeutyczną.

Jest autorem wielu publikacji i książek, m.in.: *Rozwój umysłu* (wyd. oryg. 1999), *The Mindful Brain* (2007), *Psychowzroczność* (wyd. oryg. 2010), *Brainstorm. The Power and Purpose of the Teenage Brain* (2015).

Mary HARTZELL jest specjalistką od rozwoju dziecka, nauczycielką i superwizorką z ponadtrzydziestoletnim doświadczeniem w pracy z dziećmi i wychowawcami. Ukończyła Uniwersytet Kalifornijski w Los Angeles ze specjalizacją w dziedzinie edukacji wczesnoszkolnej i psychologii. Prowadzi przedszkole inspirujące się metodą Reggio w Santa Monica w Kalifornii .